U0738501

21 世纪旅游管理学精品图书

休 闲 管 理

（第 2 版）

王婉飞 著

ZHEJIANG UNIVERSITY PRESS
浙江大学出版社

内容简介

本书共分为10章,全面地论述了休闲管理理论与实践。第1至5章为理论篇,主要对休闲管理理论进行了阐述和梳理,分析了休闲产业与经济、休闲消费行为、休闲空间、休闲文化与教育等相关内容。第6至10章为休闲项目实践篇,主要从城市、乡村、度假、生态和房地产五个视角探讨了不同休闲项目的实践研究,探讨了城市休闲产品的营销推广策略,综述了国内外休闲农业与渔业的发展态势,并做了杭州农家休闲茶室的专题研究,分析了海滨、邮轮、温泉、高尔夫四种有代表性的度假形式,介绍了国外国家公园开发管理的经验及对我国国家公园发展的启示,分析了郊野观光这种生态休闲的特点功能和开发的注意事项,最后提出了分时度假和产权酒店是休闲房地产的两种主要经营模式。

图书在版编目 (CIP) 数据

休闲管理/王婉飞著. —2版. —杭州:浙江大学
出版社,2015.11(2022.7 重印)
ISBN 978-7-308-15276-1

Ⅰ.①休… Ⅱ.①王… Ⅲ.①休闲娱乐—商业管理
Ⅳ.①F719.5

中国版本图书馆 CIP 数据核字 (2015) 第 252417 号

休闲管理(第 2 版)

王婉飞　著

责任编辑　王元新
责任校对　杨利军　　陈晓璐
封面设计　春天书装
出版发行　浙江大学出版社
　　　　　（杭州市天目山路 148 号　邮政编码 310007）
　　　　　（网址:http://www.zjupress.com）
排　　版　杭州青翊图文设计有限公司
印　　刷　嘉兴华源印刷厂
开　　本　787mm×1092mm　1/16
印　　张　13.25
字　　数　339 千
版 印 次　2015 年 11 月第 2 版　2022 年 7 月第 5 次印刷
书　　号　ISBN 978-7-308-15276-1
定　　价　39.00 元

版权所有　翻印必究　　印装差错　负责调换

浙江大学出版社市场运营中心联系方式:0571-88925591;http://zjdxcbs.tmall.com

前　言

随着社会经济快速持续发展,人们生活水平日益提高,闲暇时间从双休日到引入黄金周制,又到形成全年 115 天的休息日,出行旅游、休闲度假已然成为人们生活方式的重要组成部分,"休闲"一词也越来越引起人们的关注。尤其是近年来,国家出台了一系列有利于休闲产业发展的重大政策,包括《国民旅游休闲纲要》《关于进一步促进旅游投资和消费的若干意见》等,更加聚焦于国民休闲的规模扩大和品质提升。休闲逐步走入人们的生活,成为一种生活态度、生活方式和生活质量的标志。

然而,作为一个城镇化水平相对较低的发展中国家,我国开展休闲活动、发展休闲产业仍处于起步阶段,我们更多的是把休闲和旅游结合在一起,而离将休闲作为一种大规模常规性的社会生活方式还有一定的距离。随着中国人口城镇化速度的加快,休闲需求将越来越多样化,休闲方式也越来越丰富,这就要求我们对中国的休闲产业有一个正确的认识,对休闲项目与活动的经营管理须加强引导和规范,休闲市场的全方位培育也亟须培养适应时代需求的休闲管理方向的人才。

本书就是在这样的背景下写作的,其于 2009 年 2 月第 1 版由浙江大学出版社出版。并于 2015 年 10 月修订再版。

《休闲管理》由浙江大学管理学院休闲管理研究所所长、浙江大学旅游研究所副所长、浙江大学管理学院旅游管理系教授、博士生导师王婉飞负责全书的撰写工作和修订。

笔者自 1997 年就开始关注并研究中国休闲与度假旅游市场,尽管当时市场还处于产业萌芽阶段。自 2001 年以来,笔者曾多次主办或协办了"休闲国际论坛"(于 2015 年 11 月 1 日在杭州举办的"2015 中国(国际)休闲发展论坛"上获"2015 中国年度休闲贡献人物"奖),在 2008 博鳌国际旅游论坛以及我国香港和台湾地区及美国、意大利、澳大利亚等国家召开的国际会议上被邀请担任分会场演讲嘉宾或主持人,期间将自己的研究成果与参会代表多次做了广泛交流,引起国内外学术界和企业界的高度关注和热情参与。其研究项目已获得国家哲学社会科学基金和浙江省科技厅重大专项重点项目的资助;其研究成果在国际 TOP、SSCI 期刊发表并获国家旅游局优秀论文奖,被相关部门采纳。笔者受邀兼职担任了相关领域政府部门的负责人和企业的顾问,这些部门也成为本研究的实践基地。

笔者作为中国休闲管理学科方向开创者及浙江大学管理学院旅游管理系休闲管理学

科方向带头人,在本书写作和修订过程中与弟子进行了多次深入细致的研讨,如李凌、单文君、樊玲玲、周丹、彭春萍、王毅菲、苏富高、铃木达宜(日本)、应舜、毛润泽等,收集并参阅了大量相关资料。本书凝聚了笔者多年来曾主持的国家社科基金、浙江省社科(自然)基金、浙江省科技厅等课题研究成果的结晶。在完成了本书撰写和修订的同时,"休闲与度假旅游管理"的学术团队形成,从而为休闲管理的进一步深入研究奠定了基础。

本书共分为10章,全面地论述了休闲管理理论与实践,在国内尚属开拓性的尝试:第1至5章为理论篇,主要对休闲管理进行了理论阐述与研究。其中第1章为休闲理论与研究,对休闲与游憩、旅游进行了概念的辨析和界定,对国内外休闲理论研究及实践进展进行了梳理和综述,并提出了建立我国休闲理论学科体系的构想。第2章探讨了休闲经济与产业。第3章对休闲消费行为进行了分析,对休闲市场进行细分和目标定位,并以杭州为例,研究了居民休闲生活质量影响因素,提出提升休闲生活质量的对策。第4章为休闲空间研究,着重分析了城市内部休闲空间和环城游憩空间。第5章论述了休闲文化与教育的相关内容。第6至10章为休闲项目实践篇,主要有城市、乡村、度假、生态和房地产五个视角。其中第6章为城市休闲,列举了有代表性的城市休闲产品,并探讨了城市休闲产品的营销推广策略。第7章为乡村休闲,从休闲农业与休闲渔业两个角度展开,综述了国内外休闲农业与渔业的发展态势,并做了杭州农家休闲茶室的专题研究。第8章为度假休闲,主要分析了海滨、邮轮、温泉、高尔夫四种有代表性的度假形式。第9章为生态休闲,一方面介绍了国外国家公园开发管理的经验及其对我国国家公园发展的启示;另一方面分析了郊野观光这种生态休闲的特点功能和开发的注意事项。第10章为休闲房地产,提出分时度假和产权酒店是休闲房地产的两种经营模式。

本书撰写过程中,参考了大量文献资料和大量国内外著名学者的研究成果,并借鉴了中国台湾地区、日本和欧美国家休闲管理发展的经验,笔者从中得到许多的启迪和帮助。此外,本书的调研和资料收集工作得到了众多管理部门的大力支持和鼎力相助,在此深表谢意!

休闲领域的研究,对中国休闲市场、休闲文化教育、休闲产业经济、城乡休闲及休闲项目管理等方面的发展具有开拓意义。笔者在国内高校首次开设了休闲管理这门研究生课程,并以本书为教材。本书既可以作为国内高校相关专业的专业研究型参考书或教材,同时也对从事休闲管理的业内人士及一般读者具有一定的参考价值。由于资料及研究的局限,本书难免有不妥和疏漏之处,敬请广大读者不吝指正并给予宽谅。

作 者

2015 年 9 月

目　录

休闲管理

休闲
管理

第一章　休闲理论研究

第一节　休闲与游憩、旅游

一、休闲的定义

《说文解字》中将"休"解释为"人倚木而休","闲"通"娴",即"女在家里为娴"。从无休止的生产劳作中解脱出来,做自己喜爱的事,独立于自然和他人的束缚,这是个体对生活的追求之一。休闲是人类社会进步的指示器,反映了一个国家经济发展水平和社会文明程度的高低。随着人们收入的不断增加和闲暇时间的持续增多,休闲在人们的生活中占据越来越重要的地位。但人们对"休闲"一词的理解,存在着较大的局限性,把休闲等同于旅游、游憩、闲暇等早已司空见惯。在此,我们把国内外学者对"休闲"一词的理解加以归类评述,以便我们对休闲进行更为深入的研究。

（一）从时间的角度

基斯特和弗瓦认为:"休闲是人们从劳动和其他工作中解放出来,自由地放松、转换心情,取得成就并促进个人发展的可利用的时间。"May 和 Petgen 认为:"休闲是生存问题解决以后剩下来的时间。"凯普兰发现,如果把休闲定义为"自由时间",则我们的社会中就存在四种不同形态的自由时间:"富有者持久而自愿的闲暇,失业者临时而无奈的空闲,雇员们定期而自愿的休假和伤残者长期的修养,以及老年人自愿的退休。"由此可以看出,不同的自由时间对于不同的拥有者来说是不同的。王宁把休闲看成是"在工作时间和其他必要时间以外的闲暇时间内进行的自由活动"。楼嘉军指出:"所谓休闲是个人闲暇时间的总称,也是人们对可自由支配时间的一种科学和合理的使用。"[①]

由上所述可知,学者们从时间的角度定义的休闲一般是指在日常生活中拥有的闲暇时间,在这段时间内自己可以支配时间去做自己想做的事。所以更为确切地说这是一种时间的利用,是个人在闲暇时间里所从事的各种非工作性活动,是一种社会普遍存在的、正常的人类行为,是一种社会建构和发展人的个性的场所。

（二）从心理体验的角度

休闲心理学家大多将休闲看做是一种心理体验,是一种精神状态,它包含了对获得快乐的自我表达。如格拉齐亚就把休闲视为一种愉悦的感觉,他认为休闲和休闲活动是有区

---

① 楼嘉军.休闲初探.桂林旅游高等专科学校学报,2000(2).

别的,并不是所有的休闲活动都能给人们带来休闲的感觉。其他学者如纽林格(Neulinger)、曼内尔(Mannell)也都认为休闲是一种主观的感觉,是一种以人的闲适、放松、愉悦、发展等为目的的"精神状态"。他们认为,休闲是为了做或体验某种东西而自由选择的一种感知;自己醉心于其中的活动越是与工作无关,目标性越强,那么这样的体验就越有可能被定义为休闲。纽林格甚至希望可以用某种方式来测量休闲,即使这种测量必须是针对个人的感知。

从体验的意义上来定义休闲,是将休闲看做是人们发自内心的一种自愿选择,从而揭示了人们选择休闲的心理本质和内心动机。但这一定义存在的缺陷是:由于一项活动是否被定义为休闲在很大程度上取决于参与者个人的体验,同样一项活动,对于一个人来说可能是休闲,而对于另一个人则可能不是。

(三)从生存状态的角度

这类观点主要以亚里士多德及其追随者为代表,他们认为休闲是生存的一种自由状态,是对必然性的摆脱。这一定义无疑是所有休闲定义中最为抽象的。来自哲学领域的休闲学者们认为,休闲与人的本质相联系,它与人的自我价值的实现密切相关,是人在完成社会必要劳动后,为不断满足多方面需要而处于一种文化创造、文化欣赏、文化建构的生命状态。因此,休闲常被用来表述人们从容、宁静的状态,被看成是一种优雅的存在状态。马惠娣认为休闲与闲暇时间是两个不同的概念:"闲暇时间只是计算时间的一种方式,是休闲的物质基础,而休闲则是人的一种存在状态和理想。"[①]休闲是一种成为人的过程,是一个人完成个人与社会发展任务的主要存在空间。休闲不仅是寻欢作乐,也是寻找生命的意义。

这类概念更多的是从哲学的意义上对休闲进行定义,考察的主要是休闲的哲学本质,认为自由是人类追求的最终目标,追求自由是人的本性。社会的进步、文明的演化、人类的解放和个性的发展,都是为了追求自由,为了实现由必然王国向自由王国的飞跃,使人真正"成为人"。而人类真正的自由是在闲暇时间里发展的,因而休闲才是生活的本来目的,而不是达到这一目的的手段。

(四)从经济学角度

在早期的经济学理论中,休闲就被看做是一种时间的非生产性消费。持这一观点的经济学家把时间本身看做是一种消费品,因而休闲就是一种以时间为消费对象的消费活动。如欧文(Owen)就认为,休闲可以被看做是一种用于生理、工作和家务劳动以外的自愿性活动的时间消费。事实上,消费者的休闲更重要的是一种物质和服务的消费活动。尤其是在现代社会中,由于工作时间的减少和闲暇时间的增多,人们在工作之余用于恢复体力和脑力的时间已经非常充裕,因而休闲中消遣和休息的成分日益减少,休闲成了一种更积极的自主选择活动。在这样的背景下,与其说休闲是时间的消费,不如说休闲是一种以闲暇时间为载体的对休闲物品和休闲服务的消费活动。

综合以上观点,本书定义"休闲"如下:所谓休闲是个人在工作和其他必要劳动之外的时间里进行的主要以物质和服务消费为主的活动,从而满足闲适、放松、愉悦、发展等身心状态的需要。

---

① 马惠娣.人类文化思想史中的休闲——历史·文化·哲学的视角.自然辩证法研究,2003(1).

二、休闲与游憩

《雅典宪章》中将"工作"、"居住"、"交通"和"游憩（recreation）"列为城市的四项功能。因此，在城市研究、旅游研究领域里，"leisure and recreation"总是被译为"休闲与游憩"。可见，休闲和游憩存在一定的相同之处。

从目的上看，休闲与游憩都是为了使人得到全面的发展。游憩是含有修养、娱乐、消遣、恢复健康等意义的一种行为，是在自愿、有选择的、没有承担义务的情况下，利用非义务性时间完成的行为。[①] 而休闲则含有必然性生存的成分，是人受外在目的、因素的制约而进行的活动。[②]

从经济上看，在休闲和游憩过程中不一定存在消费。休闲"以缩短劳动工时为前提，劳动工时的缩短会使劳动时间更紧凑，劳动条件更好，休闲活动更丰富，对劳动产生更有益的影响。因此，休闲是一个国家生产力水平高低的标志，是衡量社会文明的尺度……"[③]

从时间上看，休闲活动泛指人们在闲暇时间内根据个人意愿来打发和消磨时间的活动，但休闲不等于游憩。游憩活动可以在闲暇时间内进行，也可以在非闲暇时间内进行。只有在闲暇时间内所进行的游憩活动才是休闲活动，而许多休闲活动也不是游憩活动。

从空间上看，休闲的空间没有严格的规定，室内空间也可以进行休闲活动，如在家看电视。而游憩则是在离开居所一定范围内进行的。城市游憩空间由小到大可划分为：社区游憩空间、城市游憩空间和地区游憩空间。[④]

因此，游憩可定义为游憩者自主离开居所一定范围内进行的，以满足人们的休息、消遣、文化需要为主要目的，由游憩者旅行和停留所引起的现象和关系的总和，是人的自主性生存所表现的活动。游憩行为包括旅游行为和单纯意义的精神消费的游玩行为。城市游憩设施配置具有既要为本地市民服务，又要为外来旅游者服务的特点。

三、休闲与旅游

休闲与旅游似乎是一对孪生姐妹，一提起休闲必然会联想到旅游，一说到旅游便会和休闲相挂钩。李仲广也曾写道，旅游从本质上与休闲没有任何区别，旅游是那些发生在异地的休闲。

休闲在社会经济生活中的重要性越来越显现。作为一种社会建制和生活方式，休闲必然会对社会的各个领域发生深刻影响，与之密切相关的旅游业也将面临新的变化和新的任务。

从时间上看，休闲是指"闲暇时间"或"自由时间"，即当工作、生活事务、睡眠和其他基本需求得到满足以后可以自由使用的时间，因此，休闲时间分布在每一天，不局限于节假日。从活动意义上看，它是指满足个人爱好和兴趣的活动，因此内容极其丰富，不局限于旅游。从经济上看，旅游是在一定的社会经济条件下产生的一种社会经济现象，尽管旅游的首要目标和最终结果都不是经济问题，但是旅游作为第三产业的一种，其收入和支出直接

① 楼嘉军.休闲新论.上海：立信会计出版社，2005.
② 方卫平.闲暇的特点、意义与质量分析.浙江大学学报，1996(4).
③ 马惠娣.文化精神之域的休闲理论初探.齐鲁学刊，1998(3)：90—107.
④ 秦学.城市游憩空间结构系统分析——以宁波市为例.经济地理，2003(2).

影响政府的财政收入,在旅游过程中,必然存在消费,而在休闲过程中则不一定存在消费。

旅游,准确地说是游憩活动中的经济活动部分。作为一种产业,其收入和支出直接影响政府的财政收入,因此可以将其界定为有物质消费行为的游憩活动。

四、小　结

目前,休闲已成为社会文化、社会生活、社会经济的重要组成部分。作为一种文化,健康、积极的休闲成为引导人们自我发展、自我实现的动力和途径;作为一种全新的生活方式,休闲成为人们生活质量和生活方式提高的标志;作为一种产业,休闲将精神产品的生产和销售纳入整个经济活动,使之成为一个整体。[①] 完善休闲的概念,对于进一步完善我国的休闲学科体系,引导人们积极、健康地休闲具有重要的理论和实践意义。

第二节　休闲理论研究进展

一、国外休闲理论研究进展

(一)国外休闲研究的历史背景

尽管从亚里士多德最早提出"休闲是科学和哲学诞生的基本条件之一"等思想至今已有 2500 多年的历史,但正如保罗·朗格让先生所说:"就休闲的现代形式、范围、内容来看,它是大工业社会的产物。"[②]产业革命极大地推动了生产力的发展,从而使得人们的自由时间增多,可以用于各种发展自我的"非生产性劳动"。随着资本主义经济的发展,人们可自由支配收入普遍提高;人口出生率的降低、家用设备的现代化、女性社会地位的提高等都在一定程度上改变了人们的生活方式。城市的发展,一方面使规模化的休闲服务成为可能;另一方面城市生活的压力和单调也使社会化的休闲消费成为必要。这些构成了休闲研究的最初起因。

20 世纪初,随着经济危机以及两次世界大战的爆发,资本主义的繁荣被打破。西方国家面临着众多的社会经济发展问题,此期间休闲研究并无太大进展。直到 20 世纪五六十年代,休闲问题才重新回到研究者的视野之中。这是因为,一方面,战后重建使得西方国家的经济得以复苏,社会重新恢复繁荣;另一方面,"二战"以后,西方国家普遍推行以"贝弗里奇计划"为蓝图的福利国家模式。社会和经济的全面发展极大地促进了人们对休闲的需求,也为更加广泛、多元、深入的休闲研究提供了充分的现实背景。

20 世纪 80 年代中期以来,全球进入和平与发展时期,与此同时,科学技术的飞速发展也对人们的生活方式产生了深刻的影响,这些都为休闲研究的繁荣提供了良好的社会环境。尽管西方学者为"休闲"的定义已争论了几百年,但至今仍没有一个统一的定义,但正如 K. Roberts(1999)在《现代社会中的休闲》一书中所指出的:"休闲已经成为人们日常生活

---

① 赵琳琳.休闲、游憩、旅游辨析.中国科技信息,2007,20:169－171.
② 保罗·朗格让.终身教育论.北京:华夏出版社,1989.

中的重要组成部分,也是人们生活质量的标志……休闲时间、休闲花费、人们对休闲活动的参与比例都在不断增加。人们的财富——物质的、精神的、社会的,都越来越取决于其休闲,休闲兴趣和休闲活动正在成为人们整体生活方式的核心。"休闲已从凡勃伦所说的一个阶级名称发展为一个重要的消费门类,从人类社会发展的未来预测变成了现实经济社会中越来越重要的一个特征。在此背景下,休闲研究的重要性越发突出,休闲研究的视角也更加多元。

（二）国外休闲研究的现状与趋势

目前国外,尤其是发达国家,已经建立了包括休闲哲学、休闲社会学、休闲行为学、休闲经济学、休闲心理学、休闲美学、休闲政治、休闲运动、休闲宗教学、休闲人类学等在内的完善的休闲学科体系。同时,建立了许多组织机构,主要有如下一些。

1. 世界休闲组织

世界休闲组织（World Leisure Org）成立于1952年,又称世界休闲与娱乐协会（World Leisure and Recreation Association）,简称为"世界休闲"。它是一个具有联合国咨询地位的非官方机构,与联合国教科文组织和有关国家和地区的官方、非官方机构有着良好的合作关系。

2. 世界休闲组织教育特别委员会

成立于1982年,其总目标就是要在全世界促进并激励培训与发现休闲领导人,通过国际交流与合作制订休闲教育项目与策略。

3. 欧洲旅游和休闲教育协会

成立于1991年,其宗旨在于开展各种跨国性的旅游和休闲教育活动。它提供了一个促进教育人员和学生之间交流、跨国性研究的平台。

4. 美国休闲研究院

是一个美国休闲和娱乐协会,它致力于通过促进创造性的、有意义的休闲和娱乐项目来提高美国人的生活质量。

5. 加拿大休闲研究协会

是由那些对娱乐和休闲研究、休闲服务感兴趣的加拿大人和世界学者,以及业界人士所组成的一个非正式组织,每三年召开一次加拿大休闲研究大会。

6. 世界休闲娱乐教育协会

以向全世界推广健康的文娱活动为目标,致力于培养优秀人才,积极搜集和研究各国有关的信息,建立和发展可让人一目了然看到相关信息的网站,邀请更多的国内外专家学者参加国际研讨会,与世界文娱活动专家共享宝贵的信息。

这些机构有的主要从事休闲相关研究、培训和教育,有的则以服务业界、促进行业内交流为主旨;有的属全球性的国际机构,有的则立足本国。

西方一些国家进行学校休闲教育也取得了一定的效果。例如,在英美,很多大学都设有休闲专业、休闲系,甚至休闲学院。比较有影响的包括谢菲尔德大学、伦敦大学、明尼苏达大学、北卡罗来纳大学、佛罗里达大学、旧金山州立大学、印第安纳州大学、纽约大学等。这些院校均设有休闲或相关专业,部分学校还有相应的硕士和博士学位授予权。

除此之外,作为休闲研究的交流平台和宣传阵地,20世纪六七十年代以来,尤其是80年代后期,国外出版了众多以休闲为主要内容的学术类刊物（见表1-1）。

表 1-1　国外休闲期刊

刊名	相关情况
《休闲研究》(Leisure Studies)	季刊,出版地为英国,乃休闲研究协会的刊物,发表与休闲有关的不同学科研究文章,包括社会学、心理学、人类地理学、规划、经济学等
《世界休闲期刊》(World Leisure Journal)	季刊,主要面向休闲研究者,为世界休闲协会刊物,1991 年开始出版
《休闲研究期刊》(Journal of Leisure Research)	出版地为美国,由全国娱乐和公园协会与 Texas A & M 大学娱乐、公园和旅游科学系共同出版,发表各种与休闲直接相关的研究、调查报告、评论文章等
《休闲研究年刊》(Annals of Leisure Research)	季刊,出版地为澳大利亚,旨在促进休闲研究及教育的发展,所发表的文章内容涵盖休闲研究的广泛领域,包括娱乐旅游、艺术、户外休闲、娱乐、体育、文化演出等方面的理论和应用性文章
《休闲》(Leisure)	季刊,为加拿大休闲研究协会的刊物,得到 Ontario 休闲研究理事会的支持,面向研究者和业界,强调研究的应用,发表各类涉及休闲和娱乐的文章
《休闲管理者》(Leisure Manager)	月刊,为休闲业专业人士提供有关调查、信息,以便于其经营决策
《澳大利亚休闲管理》(Australia Leisure Management)	双月刊,出版地为澳大利亚,为休闲业界、研究者、投资者、管理者提供有关澳大利亚休闲产业(游乐园、文化、娱乐、节事、体育、旅游等)的信息

除上述刊物外,《旅游研究期刊》(Journal of Travel Research)、《旅游管理》(Tourism Management)、《旅游研究年刊》(Annals of Tourism Research)等研究刊物上也经常刊登一些休闲研究文章。

随着休闲研究的发展,各类相关著作越来越多,角度越来越全面,分工越来越细致。以近 20 年为例,所出版的著作涵盖了哲学、社会学、经济学、管理学、市场营销学、休闲史学、运动学、研究方法、政治和公共政策、法律等方面,形成了一个完整的休闲学科体系。

二、国内休闲理论研究进展

(一)国内休闲理论研究现状

在我国,著名学者于光远最早提出要进行休闲理论研究。在他的大力倡导下,1995 年成立了北京六合休闲文化策划中心,成为我国第一个休闲研究民间学术机构。之后,在他和龚育之、成思危等学界泰斗以及我国知名休闲学研究学者马惠娣等人的推动下,相继成立了中国休闲研究会等学术机构。随之有一大批学者进入了休闲研究领域,召开了一系列学术会议,发表了一批研究成果,建立了一支庞大的研究队伍。

1.著作文章

20 世纪 90 年代初,我国有学者开始涉足休闲研究。1996 年,在第四届世界休闲大会上,马惠娣提交的《文化精神领域的休闲理论》(On Leisure Theory in The Field of Cultural Spirit)一文,引起了国外学者的关注,她也成为第一位参与国际休闲学术研究的大陆学者。随后,在 1996 年中国软科学第一届学术年会上,她又提交了一篇相关论文,标志着休闲研究在国内的萌芽和传播。自此以后,我国休闲研究从无到有、从粗浅到逐步完善,从引进到自我发展,目前已有一定数量的著作和文章,内容涉及哲学、社会学、经济学、管理学等不同领域。2000年,以于光远等为主编,翻译出版的"国外休闲研究译丛"介绍了当今世界休闲研究的最新成果,填补了我国在这方面的空白。2005年,我国著名学者于光远、成思危、龚育之主编的"中国学人休闲研究丛书"——《论普遍有闲的社会》《民闲论》《走向人文关怀的休闲经济》《休闲:人类美丽的精神家园》《中国公众休闲状况调查》出版发行,该套丛书较系统地探讨了有关休闲的理论与实践问题。

2. 相关机构

在于光远、马惠娣等人的大力推动下,中国休闲研究会、中国文化研究所休闲文化研究中心、中国艺术研究院休闲文化研究中心、中国软科学研究会休闲研究专业委员会等学术机构相继成立。

作为我国最早从事旅游和服务贸易研究的学术机构之一,中国社会科学院旅游研究中心也更名为旅游与休闲研究中心,中国社会科学院财政与贸易经济研究所旅游研究室同时改名为旅游与休闲研究室。2002年,北京联合大学旅游学院设立休闲管理系。同年,中山大学在重新组建地理科学与规划学院时,也在旅游发展与规划研究中心基础上,成立了旅游与休闲学系。杭州商学院旅游学院已把休闲学纳入旅游管理专业的本科课程之中。东北财经大学旅游学院也在相关专业的研究生课程中渗透了休闲学内容。浙江大学管理学院旅游管理系成为我国高校早期培养休闲管理硕士研究生的高校单位,2009年开始招收休闲管理研究方向博士生。2004年浙江大学亚太休闲教育中心成立。2007年,浙江大学成为我国高校休闲学研究方向的第一个博士点。

2009年,中国旅游协会休闲度假分会成立。该分会的宗旨是:推广积极向上的休闲文化,树立健康休闲观念,提高大众休闲度假生活质量;促进业界沟通,推进休闲度假理论研究,制订和推广规范,提高休闲度假服务水平,拓展休闲度假消费领域,促进中国休闲度假业的可持续发展。

我国第一家以休闲经济与休闲文化研究为宗旨的专业网站——中国休闲研究网于2002年建立,成为国内外休闲研究者和业界沟通交流的一个重要平台。

3. 会议与课题

2000年8月"中国休闲产业国际研讨会"首次在北京召开,成为我国休闲研究的一个里程碑。与会代表围绕"休闲产业——新的经济增长点"这个中心议题,就休闲产业在中国、休闲组织的变化及服务管理、女性、青少年、老年休闲项目的开发与创新、休闲产业与经济发展、假日旅游等问题展开了充分探讨。

2001年11月,由国家旅游局和杭州市政府合办,杭州宋城集团协办的"中国休闲经济国际论坛"邀集了许多国内外学者,就休闲经济在中国的发展进行了深入讨论。

2002年10月,由中国软科学研究会、中国艺术研究院休闲研究中心联合举办的"中国休闲与社会进步学术研讨会"在北京召开,会议的主题为"休闲——一个新的文化现象"。此后,该学术年会基本上每年召开一次(2003学术年会因"非典"原因停办),年会的主题围绕休闲而展开,包括"全面建设小康社会中的休闲问题"(2004)、"文化与城市发展"(2005)、"休闲在现代生活中的价值"(2006)、"休闲发展中的哲学问题"(2007)、"休闲与国计民生"(2008)、"休闲:通往人类福祉与世界和谐之路"(2009)、"休闲学的理论与实践"(2010)、"闲暇时间分配与生活方式变迁及其城市的休闲气质"(2011)、"生活方式与时间分配"(2012)、"变迁:中国休闲文化十年"(2013)、"社会变革中的闲暇时间研究"(2014)、"科技时代与休闲生活方式"(2015)等。

浙江大学、杭州市人民政府、世界休闲组织等自 2004 年连续召开的"中国国际休闲度假大会"是我国唯一以"休闲度假"为主题的国际大会，由国际权威组织与政府鼎力支持，引起国内外业界的高度关注和热情参与。大会众多议题探讨关于城市定位、旅游资源、开发资本运营、投融资、休闲度假、景区景点、旅游地产产权酒店、分时度假的经营模式及行业发展趋势等内容，均是各级政府、行业企业共同关心的热点问题。

同时，休闲研究也逐步受到相关部门的重视。由马惠娣等人主持的"休闲产业与社会条件支持系统"，"闲暇时间、我国公众文化精神生活现状的调查与研究"等国家级课题相继完成，在学术界引起了较大反响。

4. 研究领域

从 20 世纪 90 年代后期开始，我国学者从不同角度探讨了休闲问题。作为休闲研究的基础性工作，部分学者从介绍国外休闲研究入手，分析了休闲的概念、休闲研究的一般内容以及国外休闲研究的基本情况，为建立我国自己的休闲研究体系提供了一个参考背景。

休闲是一个综合的社会现象，从理论研究角度看，其多重性、复杂性、交叉性特征尤为明显，对此我国研究者分别从经济学、社会学、哲学、文化学等角度对休闲的价值、特点等进行了分析。有关休闲产业和休闲经济的讨论是整个休闲研究中的热点之一，很多学者探讨了休闲的特点、休闲经济的成因、休闲经济的作用、休闲产业的概念、休闲产业在国民经济中的地位等。

总体来说，笔者认为发展休闲产业和休闲经济是适应社会经济发展变化的必然，不仅能够促进经济发展，解决就业问题，而且有利于公民素质的提高和社会的全面发展。

马惠娣(2001)、徐峰(2002)等学者在介绍国外休闲产业发展的基础上，探讨了如何推动我国休闲产业的发展等问题。而对于休闲经济在我国的发展，是大部分研究者最为关注的问题。研究者分析了休闲经济在我国蓬勃发展的原因、作用、目前存在的问题、制约发展的因素以及未来发展的对策。研究者普遍认为，科技进步、经济发展引起的消费结构变化、居民收入水平和教育水平的提高、闲暇时间的增多以及休闲在全球的发展等因素促进了休闲在我国的发展。而发展休闲产业对于扩大内需、促进消费、加快城市化进程、解决就业问题、改善投资环境、促进地区经济增长、缩小地区和城乡差距等均具有重要意义。同时，我国休闲产业的发展也面临着诸多制约因素，如没有正式的产业体系，难以制定相应政策和产业标准并对其进行扶持和管理；政府有关部门对休闲产业发展势头准备不足，缺乏统一规划和协调；观念意识落后等。

另外，部分研究者还就休闲城市、休闲社会与文化、休闲经济与产业、休闲旅游、休闲体育、休闲农业、休闲教育等进行了探讨，进一步丰富了我国休闲研究的内容。

5. 存在问题

经过近二十年的努力，我国休闲研究已有所起步，并获得了一定的发展，对一些基本问题进行了初步分析。但总的来说，不管是在研究方法、研究内容还是研究体系方面，都还存在很多问题。

在研究方法上，以定性研究为主，量化方法应用少，不同研究者之间的研究成果缺乏连贯性、可比性、对接性。

在研究内容上，比较粗浅，大部分停留在基本概念解释、国外理论介绍阶段，对休闲发展的本质、规律、机理的探讨甚为罕见;虽不乏精品力作,但述而不论、研而不究者甚多,其中不少研究仅就休闲的表面现象进行描述,尚未深入到经济、社会、伦理分析的内核,简单粗浅的理论解释性文献多、深邃系统的理论研究成果少;在学科分布上,大部分研究者为哲学、社会学等理论学科背景,经济学、管理学、统计学、市场学等应用学科领域研究者的介入不够,数量经济和数理模式分析、实证性的探讨、实验性的经验研究等在文献数量和篇幅上微乎其微,从而使得研究成果说理多于数据,概念多于操作。

另外,目前的休闲研究在概念术语上尚未统一,缺乏系统的研究框架和方法论,学科层次结构及相互关系没有得到充分的论析,肤浅、交叉、雷同问题较为普遍,因此其至多只是一个日渐熙攘的研究领域,距离一个学科的基本要求还相去甚远。

(二)建立我国休闲理论学科体系的构想[①]

1.建立我国休闲理论学科体系的必要性

随着休闲消费在社会经济活动中的蓬勃兴起,休闲学科赖以建立的物质基础已经形成,这一物质基础的运动规律也在逐步显露,要求理论研究对此作出分析、解释和指导。

(1)实践发展的需要

近几年,我国经济持续增长,人民生活水平不断提高,恩格尔系数稳步下降,城乡居民消费类型正从温饱型向小康型和富裕型转变,与休闲相关的支出在总支出中的比例不断提高。一到节假日,各大旅游景点车马如织,游人似海;娱乐、电影、出版、演出、艺术品市场异常活跃,各类休闲书籍、读物火爆热销;茶艺馆、酒吧、咖啡屋等如雨后春笋般涌现;健身场馆宾客盈门,体育用品普遍畅销。休闲作为一种新的消费形式,带动了城市居民生活结构、社会结构、产业结构以及行为方式和社会建制的变化。

然而,与此颇为不适应的是,整个社会对休闲的认识、研究还相对比较落后:各级政府没能深刻认识到休闲对社会进步、人类发展、经济繁荣的重要性;对休闲发展缺乏长远的战略规划,尚未制定明确的发展政策。从业界来看,虽然看到了休闲需求的市场潜力,但在提供服务的过程中缺乏创新,还没有探索出一条既能充分发挥中国传统文化优势,又能够满足现代人需求的休闲供给模式。从普通百姓来看,尽管休闲活动有了较大发展,但实际上只是在工作和休闲时间上与世界接轨,而在休闲意识、形式、内容上依然相对比较落后。因此,建立休闲科学,加强休闲研究和教育,已经成为摆在政府相关部门和科研教育工作者面前的一个迫切任务。

(2)国际比较的需要

从国际研究的比较来看,尽管我国文化自古便有修身养性、怡情益智的传统,但是"休闲"一词却是近几年才出现的一个"舶来品",休闲消费也是一个相对较新的经济事物;尽管我国的休闲研究已引起了有关方面的重视,但相对来说还极为幼稚和粗浅。而国外休闲研究已有上百年历史,形成了分工细致、涵盖广泛的完善的学科体系。与之相比,从研究方法、研究内容到研究队伍,我国都还存在较大差距。

在当前消费休闲化与休闲社会化、市场化的全球发展趋势下,如何使我国的休闲发展真正成为"推动社会发展的五大推动力之一",如何建立符合中国文化传统和发展现状的休闲学科研究体系,如何处理好休闲研究中的借鉴与创新、理论研究与实际应用、文化与经济等关系,不仅关系到休闲学科的长远发展,更是关乎我国社会文化和经济进步的一个重要问题。

2.建立我国休闲学科体系的几个重要问题

李光、任定成曾指出:"学科的特征在于它不依赖于其他学科的独立性。这种独立性反映在它的研究对象、语言系统和研究规范上。"[①]在休闲学科体系的建立过程中,首先需要确定本学科的研究对象、基本术语、研究方法、基本框架等问题。

(1)研究对象

任何学科都以它研究的特殊对象和特殊的矛盾性质规定其研究范围和内容,对此加以科学的概括就是学科的定义或称为义界。从科学哲学的角度来看,休闲学科的研究对象就是人类的休闲动机和行为及其所引发的哲学、社会、经济、文化、心理和生理现象,也就是说,休闲研究要探究休闲活动的基础、动因、运行机理、形态结构和特征以及对社会各方面的影响。

(2)基本术语

从 Kuhn(1970)[②]和 Hirst(1974)[③]的观点来看,作为学科,其概念必须具备一种不可分解性(irreducibility),即必须是该学科独有的、其他学科所不能取代的理论术语。目前对休闲学科的一些基本术语还缺乏统一、独立、完善的界定等,还不能做到"进一步细化"。诚然,休闲是一种系统动态开放、活动内容涉及面广、形式复杂多样且呈发展变化的社会文化和经济现象,对此学术界站在不同的角度得出不同的认识和定义不足为奇。问题的关键在于,休闲学科的概念术语如何摆脱其他相关学科对其内涵和外延的束缚,形成本学科特有的、统一的概念术语并逐渐指导休闲学科思维方式和研究方法的形成。

(3)研究方法

休闲是一个综合的社会文化和经济现象,因此休闲研究需要借鉴各个基础学科的方法,从而具有跨学科的基本特点;但休闲研究必须能够使用"不可分解"的概念术语,通过系统化、专有化的研究方法,揭示本学科特有研究对象的本质和规律。休闲学的方法需要逐步从其他相关学科移植、渗透和融合而来,再与休闲研究特有的对象、概念和问题相结合,经过一个过滤、积淀、整合的过程,从而形成休闲学科独特的理论体系。

(4)基本框架

作为一门新兴的跨学科,休闲研究要能够揭示、解释、引导、重构人类的休闲活动及其所引发的社会文化和经济现象,至少要从两个方面、三个层次来进行,即休闲的需求和行为、休闲的供给和组织两个方面,宏观、中观和微观三个层次。在宏观层面,需要从整体的角度研究休闲哲学、社会、经济问题;中观层面,则包括对产业、行业(如旅游业、游戏业、影视业、博物馆业、娱乐业等)组织的运行、管理以及对休闲个体间交往、影响的研究;在微观层面,需要从机构组织、企业管理、个体消费角度研究休闲的消费行为、管理行为和组织行为。

休闲管理

① 李光,任定成.交叉科学导论.武汉:湖北人民出版社,1989.

② Kuhn,T. The Structure of Scientific Revolutions. Chicago:University of Chicago Press,1970.

③ Hirst,P. Discipline and the Nature of Knowledge. London:Routledge,1974.

第二章 休闲产业与经济

第一节 休闲经济界定

一、休闲经济的含义

日本学者田松青认为休闲经济是在休闲产业普遍发展的基础上孕育而生的,不同于传统的旅游业和娱乐经济,是一种具有时代特征的新的经济形态,假日经济是休闲经济的特殊表现形式。[①]

一般认为,休闲经济是以人的休闲消费、休闲心理、休闲行为、休闲需求为考察对象,以满足人的个性、多样性、多元性发展为目的,在"人的存在"与"人的成分"之间充当媒介,研究人类休闲行为和经济现象之间互动规律的一门人文社会科学。[②]

对于休闲消费,儒家代表孔子就称,一个人要真正成为君子,在没有压力的时候,就要学会诗、书、礼、射、骑,这些就是很好的表达。所以,休闲经济是相对于实体经济而言的,是因生活之"虚"产生的。

南华工商学院院长易江教授从"行为经济学"角度解释道:休闲经济是因生活不能承受之重而产生的,"当生存的压力减轻了,生活的期待便来了。我们不知道如何度过八个小时以外的时间,故而生活感受到了空虚,打麻将或者是无目的地到处走,都不能将生活之'虚'解决"。

暨南大学旅游管理学研究所所长梁明珠教授认为,旅游的发展有三个阶段,第一个是观光,第二个是休闲,第三个是度假,而我国目前旅游的发展阶段正好是观光往休闲转型的阶段。

广州博量万天总经理、营销学博士刘文伟认为,休闲经济以价值而论,是"创意价值"的产业;以概念而论,则有两层:一个是指"休闲居住",这是目前房产营销经常打出的口号;一个是指"休闲生活",是"走出家门,放松自我"的消费行为,那么就与衣食住行、交通、旅游、购物等连接在一起,故称为"经济"。他认为这两部分的产值都可成为推动国民经济增长的亮点。

刘文伟还认为,不论是指宏观产业发展或微观个人生活常态,"休闲是绝对需要足够的钱来支撑的"![③]

休闲经济主要研究人们在进行休闲活动时的投入产出问题,对消费者的休闲消费行为进行归纳,从而总结出休闲经济的一般规律,对日后休闲经济的进一步发展提供理论依据。

---

① 田松青.休闲经济.北京:新华出版社,2005.
② 钱利安.我国休闲经济兴起的因素分析.商场现代化,2008(2):273—274.
③ 休闲经济=闲心+闲情+闲钱+财富+快乐.金羊网,2007-01-13.

随着中国经济的发展和人们思想观念的转变,休闲经济在未来将成为社会主义市场经济的重要组成部分。

二、休闲经济的产业特征

(一)品种多

休闲产品相对于其他消费品来说选择范围很大,比如其中休闲旅游一项就包括了很多种不同类型,例如野外探险、体味农家、欣赏自然风光、走访历史遗迹等。再加上已被人们广泛接受的消费活动形式,例如电视、广播、报纸杂志、网络等;还包括各种休闲运动项目,例如网球、高尔夫等,这些都属于休闲产品范畴。

(二)受众广

休闲产品的种类繁多一定程度上就造成了其消费群体种类的多样化。无论是处于求学期的青少年,还是工作家庭稳定的中年人,抑或是退休在家的老年人,无论是男性还是女性,只要是生活在现代社会,休闲活动都是他们必不可少的消费形式。

(三)文化性

休闲产品并非物质产品,人们对其进行消费也并不是出自于生活必需,更多的是为了满足自己精神上的需要,它的出现伴随的是人们自我意识的增强以及对生活品质的追求。因此,从某种角度来讲,休闲消费是一种精神状态,是一种文化体现。

(四)个性化

休闲消费一般起始于教育水平较高、经济条件较好的群体,因为这类人往往自我意识强烈、追求个性化的特征比较明显。在进行休闲消费时,很多人希望休闲产品是为他们量身定做的,因为这样就能显示自己的与众不同,显示自己的生活品位,因此休闲产业必定日趋个性化。

三、我国休闲经济的问题

虽然目前我国休闲经济有了一定的发展,但存在的问题也不少。

(一)休闲经济发展不平衡

对休闲产品进行消费的前提是具有足够的休闲时间和可支配收入,这就导致了休闲经济的发展区域差异性大。东部沿海地区的休闲经济由于经济水平发达和居民消费理念的前卫而比西部欠发达地区来得发达。

(二)休闲产品结构不合理

虽然休闲产品种类繁多,但就目前而言,人们在进行休闲消费时往往偏向于较为传统的方式,比如大多数人还是习惯在休息日看电视、上网、逛街等,而对于一些更具知识性、文化性、参与性的休闲产品消费则不多。

(三)休闲观念陈旧

我国的休闲经济虽然取得了长足发展,但很多居民的休闲观念还是受传统思想的束缚。一些经济条件不好的人往往认为休闲消费既然不是生活必需品,则过多消费属于浪费现象,还不如把钱存在银行或者进行投资,至于平时休假日则待在家中。

(四)政府制度支持不完善

合理的制度政策,是促进休闲消费、推进休闲经济发展的制度保障。在我国休闲政策的制定和实施仍然需要完善。以"带薪休假"制度为例,2008年《职工带薪年休假条例》颁布实施,但一直以来,"带薪休假"制度的落实力度不够。建议政府相关部门应尽快从全国范围出台落实带薪休假的相关细则,并进一步加大劳动监察部门主动监督和追责力度,提高违法者的违法成本,严格追究不执行"带薪年休假"制度用人单位的违法责任,以不断提高带薪休假的落实率。

【案例分析】

休闲时代的来临,取决于四大重要因素①

中国已经进入休闲时代,以大规模的休闲人数为基础,形成了中国社会生活的新现象。2013年,中国国内旅游人数达到32.62亿人次,国内旅游总收入达到26276.12亿元,如果扩大到休闲领域,这些数据当可加倍。传统的旅游概念,基本是观光旅游,而现代的休闲概念,包含了一切自由时间消费的产品与行为。简而言之,闲,是可自由支配的时间;休,是消磨自由时间的方式,休闲则是对自由时间的多样化安排。从时间维度上,有小闲,八小时之外的闲暇是一天中的三分之一;有中闲,大周末是一周中的三分之一;有大闲,法定假日和带薪假期是一年中的三分之一。在空间维度上,一是家庭休闲,休闲空间的基础;二是社区休闲,休闲空间的放大;三是城市休闲体系,休闲空间的延伸;四是环城市休闲游憩带,休闲空间的拓展;五是乡村休闲,休闲空间的发散;六是异地休闲,休闲空间的辐射;七是网络休闲,新型空间的突破;八是互为空间,形成完整的网络体系。休闲产业,可以定义为为满足休闲需求而形成的供给体系。

休闲时代的来临,取决于若干重要的因素。首先是经济发展,2013年,中国国内生产总值突破50万亿元人民币,按照美元折算,人均达到6700美元。其次是消费升级,从消费发展的阶段看,在求温饱的时期,主要解决"吃、穿、用"的问题。进入小康时期之后,形成新的概念,是"住、行、游"的追求,住是房地产市场的培育,行是交通体系的培育和汽车产业的完善,把"游"字加上去,是旅游发展的根本定位,意味着旅游成为小康生活的基本要素,是小康社会的发展目标之一。到中等发达时期,就是更多的精神消费追求,是"文、体、美"的概念。到发达时期,可能就是"多、新、奇"的个性化消费时代。而休闲消费需求,则涵盖了各个层次,包含了各个方面。第三是假日的增加,中国的法定假日经过20年来的三次调整,从双休日到黄金周,现在已经形成了40个双休日加两个黄金周再加三个小长假的总体格局,一共115个假日,带薪休假虽然还需要一个历史时期,但也在逐步落实中。第四是条件的完善,基础设施和服务设施的各个方面,都形成了根本性的变化。

但是,现在也存在着一系列的问题。第一是休闲资源与产品的不足。从观光旅游来说,中国资源丰富,世界一流。但是在休闲资源方面,由于地理气候等方面的局限,并不十分丰富。尤其是在度假资源方面,差距较大,一是滨海度假资源短缺,需求大量外溢。二是湖泊度假污染严重,产品发展困难。三是山地度假条件较好,正在积极发展。四是休闲度

---

① 节选自《休闲时代:创造未来文化遗产》.报告起草人:魏小安、张凌云、厉新建等,http://blog.sina.com.cn/s/blog_61d172d20102ve85.html,2015-03-08.

假同质化程度高,文化含量不足。五是缺乏品牌,尤其是缺乏世界性的品牌。但是从消费角度来看,观光追求多看,急匆匆;休闲是慢生活,深度体验,对细节的要求更高。这也意味着下一步对文化的追求更多,范围更广,体验更深。

第二节 休闲产业的发展预测

一、发展休闲产业的意义

休闲产业在我国的迅速崛起毫无疑问会给我国经济带来巨大的促进作用,对于我国国民经济发展有着极其重要的意义。

(一)发展休闲产业可缓解我国供给与需求之间的结构性矛盾

近年来,我国一直存在内需求不足的情况,从而造成资源配置低效,当然这种内需不足是结构性的,因此一些产品往往需要得不到满足,而另一些则需要通过出口才能达到供给平衡。随着生产力的发展和经济水平的提高,人们最基本的物质需求得到了满足,但日益旺盛的精神需求却仍然得不到满足,比如对休闲产品的需求很多时候都没有相应的产品能够满足,出于这种情况,需求就需要供给来创造和引导。因而,我国需要着力发展休闲产业,积极地引导广大群众对休闲产品进行消费,从而大幅度促进经济发展。

(二)发展休闲产业可创造更多的就业机会

休闲产业属于第三产业中新兴的支柱产业,而服务业的发展往往能通过创造就业岗位来大幅度促进就业率的提升。众所周知,旅游业是一个综合性的产业,旅游业的发展同时会带动交通、酒店、餐饮、休闲娱乐等相关产业的发展,因此,休闲产业中的重要组成部分——休闲旅游就能有效解决就业问题。具体而言,比如乡村休闲旅游就能通过休闲旅游业来解决农村剩余劳动力过多的问题。而一些城市休闲活动也能有效为下岗分流职工创造再就业机会。

(三)发展休闲产业可起到调节国民地区收入的作用

就我国目前而言,各地区之间的经济发展水平有很大差距,城市远远高于农村,而沿海地区又优于内陆地区,同时人们之间的贫富差距也越来越显著。而通过休闲产业的发展,一些不发达地区可以通过当地特有资源有效开发休闲产品,从而带动当地经济发展,促进人民生活水平提高。比如一些中西部地区,通过本身的资源和政府在政策上的引导和支持可以充分利用现有优势发展当地的休闲产业,开发具有一定吸引力的旅游产品。而乡村休闲旅游的快速发展,更是能有效减少城乡之间的差距,带领农民脱贫致富,同时也可以带动当地其他相关产业的发展,促进当地的整体发展。

(四)大力发展休闲产业可促进我国与国际接轨

休闲产业在国外已经具有了一个很长的发展历史,休闲产业中的各个部分发展得相当成熟,而我国由于休闲产业发展时间有限,实践探索也不足,因此很多地方做得还不够好。但通过对我国产业体系和产业发展的完善,并向国外先进的地区学习有用的经验,吸取教训,可以为我国休闲产业的健康快速发展奠定一个良好的基础。

二、休闲产业发展预测

随着我国经济的进一步发展以及人们的休闲消费观念的逐渐放开,我国的休闲产业必定会得到更加迅速的发展,同时也会体现出以下一些趋势。

(一)市场化

随着休闲产业的进一步发展,各类休闲活动的档次也会逐渐被提升,无论是基础的劳动力、资金、土地等生产要素,还是更高层次的技术、设备、管理要素,都将作为资源因素而受到市场经济规律的影响。因此,随着休闲产业的进一步成熟,它也必将会变得越来越市场化。

(二)个性化

休闲产业是伴随着人们自我意识的增强而出现的,因此与一般生活必需品所不同的是,人们在进行休闲消费时往往偏向于自我个性的展现、对生活品质的崇尚与追求。在未来,人们的思想将会变得越来越前卫,因此对于个性化的追求也将越来越明显。对此,休闲产业也必将朝着个性化的方向发展。在产品开发上,也都将针对不同人群和不同需求来设计不同的产品。

(三)规模化

虽然我国的休闲产业在近几年取得了快速的发展,但相比较西方发达国家,我国的休闲产业还是相当不成熟的,在竞争力上也有所欠缺。因此,随着休闲产业的进一步发展,一些具有比较优势的公司为了提升自己在市场上的地位,增强自己的竞争优势必将注重品牌化的经营,通过扩大知名度,提升市场形象,从而扩大企业规模,取得规模化优势。

(四)全球化

随着我国经济的迅速发展和国际地位的提升,中国对于外国居民的吸引力已变得越来越强。因此,当我国的休闲产业进一步发展,休闲管理理念的进一步完善,我国特有的民族优势必将吸引更多的国际友人来对我国的休闲产品进行消费。

【案例分析】

休闲产业助推城市功能转型提升[①]

在新型城镇化快速推进的时代背景下,我们需要从城市功能优化与产业体系支撑互动共生的视野,对休闲产业发展与现代城市功能优化、转型、提升之间的内在关系进行再认识、再思考,寻找推进新型城镇化的产业新路径,同时揭示休闲产业内化于城镇化进程的新依据与新举措,从而推动休闲产业与新型城镇化进程实现协同演进和协调发展。

城市功能是城市综合价值的根本体现,也是城市持续发展的动力和主要决定力量,城市功能的实现程度直接体现着城市化水平和城市综合竞争力的高低。因此,对现代城市功能的培育、提升与优化,始终是城市化的核心任务。对于当前国内大多数处于全面城市化、深度城市化关键发展阶段的各类城市,尤其是那些传统工业主导型城市和近年兴起的各类新城而言,这一任务格外迫切而艰巨。

---

① 李萌.休闲产业助推城市功能转型提升.中国旅游报,2014-7-16.

回顾国内外城市功能发育的历程,可以明显发现,早期城市一般形成于安全防御及生产、交易集聚的需要,古代城市多以军事、政治功能为重,附带贸易功能。现代城市则以政治、经济、文化等生产性功能为核心,后现代城市正在朝着满足城市中人的多重需求的多元、混搭功能方向发展。在生产性功能占据主导地位的阶段,城市的功能布局、资源配置主要以生产为导向,对城市中最为核心的要素"人"的社会生活需要尤其是休闲生活需要的满足往往存在缺失和不足。城市应有的宜人性、亲和性难以得到体现。但不论是从生产的可持续性来看,还是从"以人为本"的新发展理念来看,城市功能转型都是必然要求。就我国而言,已进入"结构转换型"城市化新阶段,城市的角色和功能正在经历深刻变化,由单一的生产型功能为主,向具有生态、生产、生活等综合功能的方向转变,追求城市功能的多元化、复合化、柔性化、人性化、生态化,成为城市功能转型提升的内在追求与核心目标,也是提高新型城镇化质量效益的必然路径。

城市功能则主要是通过产业结构来体现,城市功能的发育、发展需要相应产业予以支撑。休闲产业作为一种融合了经济产业和社会事业综合特征、耦合性非常突出的产业,在现阶段众多生产型城市向生产、消费、服务型城市转型的过程中,具有特殊重要的功能与作用。第一,休闲产业的发展推动消费升级,增强城市经济活力,带动消费型现代服务业的快速发展,促进三次产业有机融合,为区域经济结构调整、发展方式转变提供新的推动力量和发展空间。第二,休闲产业的发展能促进生态环境的保护和环境质量的提高,为优化市民休闲环境质量,扩大市民公共利益空间,有效提升居民闲暇生活的品质,做出直接贡献。第三,休闲产业的发展有助于促进人自身与他人、与环境之间的沟通与理解,形成浓厚的自由、创新、多元的区域环境与氛围,增强城市的亲和力,提高城市吸纳、积聚各类高级动态性城市发展要素的能力。因此,休闲产业应该作为城市发展"新的推动力"、"持久增长点"和"柔性润滑剂"来给予大力推动。它对于促进人的全面发展、促进城市化品质的不断提升以及深度体现以人为本的城市化本质理念意义重大。

但休闲产业这一社会性、公共性特征非常突出的经济产业,其发展能否从上述理论的"应然"转变为实践中的"实然",能否切实发挥优化城市功能的作用,则很大程度上取决于城市关于产业经济发展的顶层设计、政策导向和相关的资源配置安排。首先,在当前先进制造业和现代服务业并重发展、产城融合发展、经济社会和谐发展成为发展新理念的情况下,城市的国民经济社会发展计划、城市总体规划、产业发展规划、土地利用规划、主题功能区建设规划等都需要对休闲产业做出恰当的定位和安排;其次,在产业管理体制机制、产业扶持政策及专项资金设置、招商引资产业目录编制、年度土地指标配给、产业统计指标体系、转型发展绩效考核等方面,都需要对休闲产业发展做出系统化的谋划、安排和投入;最后,休闲产业自身更需要把握当前产业发展已呈现出的创新性调整的新趋势,关注信息化、网络化条件下生产方式和生活方式发生的新变化,注重通过新技术、新模式、新业态形成产业自身创新发展的动力与优势。否则,无论理论分析多么有力,休闲产业也难以真正深度参与、内化于新型城镇化的进程,实现与新型城镇化的协同演进发展。

第三节　休闲产业链的构建

休闲产业链是指所有提供各种休闲产品和服务的企业与机构的总和。休闲产业作为一个综合性较强的产业,它的发展会同时带动交通、旅游、娱乐、商业等行业的发展。

由于休闲产业链结构的复杂化和多样化,在进行构建时可以从内部和外部同时入手,从而可以相互配合、统筹安排。

一、内部整合

(一)提高产品质量

一个产业链健康与否,关键在于构成该产业链的各组成部分是否具有高质量。因此,内部整合的第一步是提高各休闲产品质量,对功能接近的产品进行整合达到规模效应,但对于一些质量低下的产品则可通过竞争等方式进行淘汰。

(二)合理进行产品布局

除了产品质量以外,产业链的结构是否合理很大程度上也决定了该产业链能否高效运转。因此,在保证链内产品的高质化的同时也应对其进行合理布局,从而使各产业能够更加快速有效地相互配合。

(三)规模效应化

随着休闲产业各组成部分的总体质量提高,达到规模效应的有效方法是进行产业集群,从而达到资源整合有效化、信息传递的便捷化,减少成本,促进整个产业链的有机结合。

二、外部整合

(一)观念整合

现在大多数消费者一提到休闲产品想到的就是休闲旅游或者就是平时诸如走亲访友、聊天逛街、打牌下棋或者看电视、上网之类的活动,这就需要有关部门加大休闲消费的宣传,让消费者了解更多有关休闲消费的信息,提升休闲品位。

(二)信息整合

休闲产业到目前为止发展还很不成熟,其中的一大表现就是信息不对称和流通不畅通等问题,很多休闲产品的提供者拥有很多资源可供消费者选择,但由于缺乏有效的沟通途径而导致消费者无法了解。除了供应商和消费者之间的信息流通不畅,处于产业链的很多上下游企业之间的信息交流也不畅通,因此需要构建一个良好的信息平台,以达到信息的有效整合。

(三)人才整合

作为一种新兴产业,休闲产业的从业人员培训尚未成熟,员工职业素养和工作能力有待进一步加强。因此,要提升这个休闲产业链的发展,必须引进国外休闲管理理念和人才,通过建立和加强培训体系增强从业人员的素质,提高服务水平。

(四)环境整合

一个产业能够良好地发展,除了自身发展健全之外,还必须依靠有效的外部环境,包括政策法规、市场环境、体制建设等,因此休闲产业的发展过程中也必须注意这些外部环境的整合,从而在硬件和软件上都创造一个良好的环境供休闲产业的发展。

【案例分析】

做大做强杭州智慧文创与休闲产业链①

1. 产业链基础与发展前景

文化创意产业是杭州市十大产业发展的"排头兵",杭州市围绕推进全国文化创意中心建设,做强动漫、游戏、影视、设计等优势产业,推进文化创意产业集聚发展。2013 年,文化创意产业增加值高达 1359.51 亿元,占全市 GDP 比重的 16.3%,增幅 18.0%。

杭州市围绕推进国际重要的旅游休闲中心建设,已初步形成旅游观光、休闲保健、文化体验、商务会展"四位一体"的产业发展模式。2013 年,旅游休闲产业实现增加值 538.10 亿元,增长 11.3%,占全市 GDP 比重的 6.5%。

休闲产业是近代工业文明的产物,随着知识经济时代的来临,新技术和其他一些趋势可以让人们生命中 50%的时间用于休闲。大众休闲时代即将来临,休闲经济将在整体经济中处在越来越重要的地位。

2. 产业链发展方向与目标

充分利用杭州下一代互联网、4G/3G 网络、家庭光网、有线数字电视网络、无线广播资源等优势,支持建设符合三网融合思路的智慧家庭业务商用试验网;开展智能家居、家庭商务、家庭金融等数字家庭业务,逐步实现电子政务、远程教育、远程医疗、社区服务等信息服务进入家庭。完成杭州智慧旅游应用的下一代互联网改造,从智慧城市建设、智慧旅游各类应用主体的实际出发,在全市建立智慧旅游"公共服务"、"综合监管"和"市场营销"三大平台,推动智慧旅游进行跨部门、跨行业、跨区域资源整合、共享交换和协同应用。

3. 产业链发展重点

(1)智慧文创。大力发展动漫、数字娱乐、数字影视、工业设计等产业领域,积极促进文创产业与旅游、信息、工业、农业、建筑等行业的不断融合,着力增强文创产业的渗透力、拓展力与竞争力。

(2)智慧家庭。支持建设符合三网融合思路的智慧家庭业务商用试验网;开展智能家居、家庭商务、家庭金融等数字家庭业务,逐步实现电子政务、远程教育、远程医疗、社区服务等信息服务进入家庭。

(3)智慧旅游。建设智慧旅游公共信息服务平台,依托移动互联网技术、虚拟技术、GIS 技术以及精准感应技术,通过手机 APP、门户网站、互动信息屏(触摸屏)、游客集聚地的电子屏以及数字电视等多种信息传播媒介,向游客提供全面的、立体的旅游信息和旅游咨询服务。

4. 产业链布局

以滨江(高新区)、余杭为双核心,西湖、上城、下城、拱墅、萧山为扩展区,其他县(市)为辐射区,共同推动杭州智慧休闲产业的全面发展。

休闲管理

---

① 杭州市政府研究室政校合作基地课题组.做大做强杭州五大智慧产业链.杭州日报,2014-6-19.

第三章 休闲消费行为分析

第一节 我国城镇居民休闲消费行为特征分析

随着社会经济的发展,我国城市居民的可自由支配收入和闲暇时间不断增加,我国休闲消费正迅速崛起。

一般而言,休闲消费的发展水平受三个主要因素的影响:首先,是休闲消费支出占消费者收入的比例。不同收入水平的居民对于休闲消费的需求也是不一样的。因为一旦休闲产品的消费价格占有其收入水平的比例过高,则会影响其他生活必需品的消费,从而影响其生活质量。比如,月收入只有 1000 元的人对于休闲消费的需求肯定远远低于月收入 10000 的人,当然这两者在收入上有差别之外,消费理念上也是很不同的。此外,一旦休闲消费开支过多,居民的储蓄量也会大幅度减少,而中国居民存钱意识比较强,因此一旦收入有限则宁可存银行也不会进行不必要的休闲消费。

其次,是居民对休闲项目的价格承受能力,这也是决定消费者购买力的重要因素。休闲项目收费标准也直接引导居民休闲消费行为的取向,当收费比较高、超过了消费者的心理承受价位,则会导致消费量严重下降。当然,很少有情况是所有消费者都对某一产品失去了消费能力,更多的时候是某种休闲项目的价格较高致使出现两个阶层的消费群体,一种是消费不起一些现在已经比较普遍的休闲产品的消费者,这些人或许会认为高尔夫球都是比较高档的活动。另一种是高层消费者,这些人具有强烈的享乐意识和休闲消费意识,而雄厚的经济实力更是让他们能进行很多奢侈的休闲活动,比如海滨旅游、游艇。

再次,是居民休闲时间的充足程度。虽然收入水平提高了,居民的价格承受能力也上升了,但如果没有足够的闲暇时间,个人或家庭仍然无法进行休闲消费。随着我国休假制度的改革,居民的可自由支配时间得到了大幅增加,有效降低了休闲消费的时间成本,从而为休闲经济的发展奠定了基础。

相对于一般商品的消费,我国城镇居民休闲消费行为有着如下的特征。

一、受休闲时间的软制约

区别于一般商品的消费,休闲消费在受资金约束的同时也受休闲时间的制约。对于高收入者而言,虽然有足够的可支配收入来进行消费,但由于可支配时间的制约,导致这批消费群体仍然无法进行休闲消费。而对于收入水平较低的消费者来说,一旦进行休闲消费除了需要支付金钱外,时间单位成本也越来越高,这也是制约他们休闲消费的重要因素之一。

二、消费需求多元化

消费群体的多层次性导致休闲消费体现出多元化的特点。首先,对于高收入者来说,消费时的个性化体现变得越来越重要。这个群体的人在进行消费选择的时候往往会偏向于那些能够体现生活品质、生活质量的活动,而休闲消费正好满足了他们的这一需求。其次,对于中等收入者而言,一定的经济实力让他们对于休闲消费的价格幅度有了较大的接受和容忍能力。但这批人往往接受过较多的教育,有较高的知识修养,因此在消费过程中通常会体现出较强的理性,以期用有限的时间和金钱换来最大的休闲效用。最后,对于低收入水平的消费群体,他们往往会对休闲消费这一刚刚兴起的行为采取观望态度。一方面是由于对未来收入缺乏信心,另一方面也是因为一时难以转变早已形成的保守消费理念。也就是说,收入水平的层级性显著差异使各阶层在休闲消费方面体现出多元化的特征。

三、以体验性消费为主

这里所指的体验性消费主要是指精神消费,当然,在强调精神消费为核心的同时并没有排除物质消费的特征,因为所有精神领域的消费都是以物质为基础的。消费者在进行休闲消费时,往往是想在享受或参与外界活动的过程中获得心灵上的体验。无论是欣赏原生态的自然风光,还是体味原汁原味的农家生活,旅游者都在追求着以愉悦为目标的休闲体验,追求一种精神上的满足,获得一种心灵上的需要。当然,由于休闲者个体的不同特征,休闲消费的具体要求会体现出复杂性和多样性。但是,随着消费者教育水平的普遍提高,他们对休闲产品的总体认识逐渐从外在的质量、价格等层面上升到知识、文化、品位等更高层面,以期通过这些因素的共同消费来满足自己的体验需求。

四、趋于个性化

物质生活得到满足之后人们有了对精神的更高追求,随着社会文明的进步,越来越多的消费者开始追求休闲消费上的品位化和个性化。个性化消费首先表现在休闲消费的效果差异性,即不同的消费者在对同一休闲产品进行消费时,对其最终的评价往往相差甚远。随着休闲消费的逐渐普及,休闲活动的形式也越来越多样化,这也就导致了不同消费群体在进行消费选择时往往偏向于那些符合自己社会层次的休闲内容,从而体现出自己的与众不同。特别是高收入人群,往往希望通过对休闲产品的消费来体现自己的独特风格,体现自己的消费档次。因此,只要条件允许,这些消费者通常会要求消费产品是根据他们自己的需求而量身定做的。

五、非理性增强

在进行休闲消费的群体中,一些处于高端的顾客群的休闲消费理念和休闲行为往往是过于奢侈、过于攀比的,很多人对休闲产品的追求并不是出于本身对于这些项目的喜爱,而是纯粹在享乐主义的意识主导下,想通过对高档休闲产品的消费来凸现自己的消费层次和生活水平,更多的时候是想显摆自己的地位和财富,正是在这种非理性的消费意识引导下,很多消费者进行不必要的休闲产品消费。而这对一些底层的消费者也产生了一定的示范效应,很多居民虽然收入并不高,但往往也崇尚消费一些高端的休闲产品,表现自己的生活品位。在这种"非理性"的诱导下,休闲消费就逐渐失去了它原来放松心情、释放压力、丰富生活的本质。

六、休闲消费国际化

相比国外的休闲消费状况,我国休闲消费的兴起时间并不长,成熟度也不高,因此在比较长的一段时间内,我国的休闲产业处于较低水平。但随着休闲产业的进一步发展,在国外比较普及或者受欢迎的休闲活动渐渐得到我国城市居民的青睐,例如野外拓展、海滨旅游、游艇旅游、自助露营、自驾车旅游、城郊一日游等休闲旅游。其中,乡村旅游在众多旅游种类中显得尤为受欢迎,它往往发生在城郊游憩带的范围之内,时间通常为1~2天,主要是由城市交通系统的完善和居民私家车拥有数量的增加而导致的。而进行乡村旅游的游客其主要目的是放松、减压而非观光和游览。这些在国外十分常见的休闲活动在国内的兴起充分表明我国城市居民对休闲旅游有着强烈的需求。

第二节 休闲市场细分和目标定位

根据消费者不同,可以将休闲市场细分成不同部分,在此,本书不对所有具体市场进行描述,而是就几个在未来具有较大增长趋势和良好发展前景的细分市场进行分析。

一、老年休闲市场

目前,中国老龄化程度正在逐渐加剧,独生子女政策也让老人的儿女越来越少,生活变得日益简单。此外,由于身体原因,很多休闲娱乐项目老年人都不宜参加,休闲娱乐方式的单调直接影响着老年人生活和生命质量的提高。同时,随着老年人数量的不断增加、观念的逐渐更新以及我国社会福利制度的日益完善,老年市场正日趋成为休闲市场的重要组成部分,值得引起休闲市场开拓和发展者们的注意。

天津市社科院社会学教授郝麦收说(来源:新华网),了解老年人的休闲需求,关注老年人的休闲生活,开发及繁荣老年人休闲产品市场,帮助老年人学会、拥有积极健康的休闲生活对老年人及整个社会都具有重要意义。

"在目前老年人休闲服务发展的初期,政府搭台提供公共性休闲服务设施的作用举足轻重。"郝麦收说,老年人一般活动范围较小,休闲活动地域比较固定。因此,政府应针对老年人在休闲娱乐方面的实际需求,加大对社区老年活动中心等公共休闲服务设施的投入力度,充分利用老年协会、老年大学、老年活动中心、公园等有效载体,开展适合老年人的群众性文化休闲娱乐等活动。

南开大学老龄发展战略研究中心主任原新教授认为,一方面政府应积极鼓励和支持老年人休闲产业的发展,另一方面服务行业应该积极挖掘老年休闲产业的商机,针对老年人的消费需求和消费特点,加快开发受老年人欢迎的休闲娱乐产品。例如,当前越来越多的老年人开始有了出游的愿望,旅行社应针对目前面向老年人的旅游产品数量少、个性化服务管理不足的现状,加快开发符合老年人特点的新旅游线路和旅游服务。

（一）老年市场崛起的现实可能性

一方面，老年市场具有足够的购买潜力。中国已经处于老龄社会初期，未来将成长为全球老龄产业市场潜力最大的国家。据预测，2050全世界老年人口将达到20.2亿人，其中中国老年人口将达到4.8亿人，几乎占全球老年人口的四分之一，是世界上老年人口最多的国家。2014—2050年间，中国老年人口的消费潜力将从4万亿元左右增长到106万亿元左右，占GDP的比重将从8％左右增长到33％左右，是全球老龄产业市场增长潜力最大的国家。[①]

另一方面，老年人消费观念转变。过去的老年人思想往往过于传统，认为一旦有了孩子，所有的心思和生活重心都应该放在孩子身上——从孩子出生到上学，从大学毕业到成家，再到孩子有自己的下一代。老年人总认为自己的钱应该用于儿子辈和孙子辈，自己则永远省吃俭用，除了生活必需品上的开支外，其余都用于下几代的身上。但现在的老年人受当代先进思想的渲染，越来越意识到老年人应该有自己的生活，应该满足自己老年时代的需求，再加上子女们的极力支持，越来越多的老年人逐渐接受了进行休闲消费的思想和理念，为老年市场的兴起奠定了良好的基础。

（二）老年休闲市场的细分

根据国外工商老年学生命阶段模型，55岁以上人群被定义为老年市场，具体可以细分为以下四类。

1. 身体健康的享乐主义者

约占老年人口的18％。这类老年群体发生疾病、退休、失去亲人的概率很低，而且具有较为充足的可支配收入，因此在消费行为上最有可能接近年轻人，喜欢旅游、娱乐等。

2. 身体健康的遁世主义者

约占老年人口的36％。这类老年群体经历过失去亲人、工作等事故，因此在心理上变得比较阴暗，虽然身体上健康，却很少主动与外界联系，很少进行休闲娱乐活动。

3. 多病外出者

约占老年人口的29％。这类人与第二类老年人刚好相反，他们虽然身体状况不好，但思想仍然积极乐观，对生活充满了热情，只要条件允许，就会主动参加社会休闲活动，进行身体锻炼。

4. 身体虚弱的幽居者

约占老年人口的17％。这类群体身体状况相当不好，因此难以进行户外活动，但思想上仍然对外界保持关心，通过电视、广播，甚至网络等媒体获取信息。

（三）老年休闲市场的构成

具体来说，老年休闲市场应当包含以下类型。

1. 旅游市场

退休后的老年人，因为有足够的休闲时间和金钱，因此只要身体状况允许，都会选择在空余时间进行休闲旅游。但老年人在选择旅游目的地时，通常会选择那些纯自然或者具有历史纪念意义的地方。而且一般会要求旅游活动行得慢、吃得软、买得廉。

休闲管理

---

① 吴玉韶，党俊武.老龄蓝皮书:中国老龄产业发展报告(2014).北京:社会科学文献出版社,2014.

2.文化娱乐市场

老年人的文化娱乐市场一般也包括电视、网络、广播、报纸杂志等形式。通过对这些文化娱乐活动的参与,老年人能在不出家门的同时也了解外面发生的事情,使他们既能满足打发空余时间的要求,也能保持与外界的沟通而不被淘汰。

3.体育保健市场

随着年纪的增加,老年人的身体状况逐渐下降,因此老年人往往希望通过参加一些体育锻炼来增强体质。同时,老年人在选择保健活动时往往会选择那些群体性、娱乐性的活动形式,这样既能达到强身健体的目的,又能与同龄人保持联系与交流。

【案例分析】

未来老年旅游市场的四大发展趋势①

一、老年市场有望成为未来分众休闲市场的领头军

20世纪,中国的休闲产业经历了一个休闲意识从认知到休闲快速增长的时期,大众休闲是这个时期的典型特征。

老年群体作为未来休闲市场结构中的重要组成部分,与年轻人有不同的出游喜好。同样,不同年龄不同群体的老年人,对旅游也有不同的需求,以分众休闲的意识引导产品的规划设计是必要的,即需要针对不同年龄不同群体的老年人群进行定位,细分旅游群体,"量身订制"旅游产品,精心布置旅游线路。

二、老年养生疗养的产品将成为未来老年旅游消费的主流

根据老年市场所体现出来的"慢旅游"的特征,度假属性的休闲产品是老年市场的主导产品,在老年市场对养生、保健、养老等旅游需求的刺激下,度假住宅、康体疗养两大产品有望成为未来老年旅游的主流。两大产品的设计对气候的适宜性和综合配套服务比较敏感,所以气候适宜、环境良好的近程区域最具有潜力,能成为养老住宅和康体疗养度假产品开发的热点区域。

三、候鸟型养老将成为一种潮流

据中国老年科研中心调查,目前我国城市空巢家庭已达49.7%,农村空巢和类空巢家庭达48.9%。而北京、上海老年人家庭"空巢"比例分别达到34%和36.8%。

空闲时间的增多、空巢家庭的增大、可支配资金的自由,让越来越多的老年人从家中走了出来,像"候鸟"一样四处度假旅游。候鸟型养老旅游成为老年人的时尚。

有专家认为:在未来5~10年内,候鸟型养老将成为一种潮流。

四、老年休闲度假市场的联动消费现象显现

虽然老年旅游产品的购买者都是老年人本身,但是为表爱心,在周末、黄金周等空闲时间探视老人、与老人一起在休闲度假地休闲旅游成为众多家庭的选择,由此在旅游度假地引发一种老人度假,牵动子女被动消费的消费链现象。

这个特点将随着老年休闲度假市场份额的增长越发凸显出来。因此,老年休闲度假产

---

① 廖朝霞,刘明丽.我国老年旅游市场特征及发展趋势观察.中国旅游报,2011-3-29.

品的设计在以老年消费者自身的需求为核心的同时，需要将潜在的子女消费一并考虑，设计综合性产品。

二、女性休闲市场

女性休闲市场是指目标消费群体以女性为主体，为专门适应女性休闲消费的特点与规律而形成的特定的休闲消费市场。就目前形势看，随着我国女性独立意识和经济状况的转变，我国女性的社会地位日益提高，女性在休闲产品的选择方面也越来越趋于多样化和个性化，对我国的休闲产业发展起到了很大推动作用。因此，企业应该对女性休闲市场高度重视，从女性消费角度出发，在认真了解和研究的基础上，开发出适合广大女性休闲的优质产品和服务，并采取有效的营销对策，这样才能拓展女性休闲市场，从而获得利益。

随着我国女性社会地位的日益提升和自我意识的完善，女性休闲市场逐渐在整个休闲市场中突现出重要地位。

（一）开发女性休闲市场的可行性

1. 女性经济上的独立

根据第六次全国人口普查数据显示，2010年我国15～64岁女性劳动年龄人口为4.9亿人，与2000年相比净增了6469.3万人，比男性多增加663.5万人。2010年16～59岁女性的就业率为69.9%，表明我国该年龄城乡女性近七成在从事有收入的社会劳动。2010年女性非农就业率达46.8%，分别比1990年和2000年提高了21.8和15.7个百分点。[①] 可见，我国女性在社会上的地位大幅度提高，越来越多的女性开始外出工作而非在家相夫教子，随着工作的稳定，女性的经济收入也就变得相对稳定。

2. 女性自我意识的增强

随着社会经济和教育文化事业的发展，女性受教育水平有了较大幅度的提高，女性的社会经济地位得到提升，女性逐渐成为社会经济活动的参与者和重要角色。随着经济地位的独立和提高，现代女性的自我意识也随之增强。越来越多的女性在追求工作上有成就的同时，也希望达到工作和生活的平衡，因此她们会愿意在工作之余进行一些休闲娱乐活动来增加自己生活的愉悦性。此外，女性在家庭中的地位也不是从前的从属地位，很多情况下反而是掌管家中财物的重要角色，等等。这些因素都使女性的价值观发生了根本性变化，自主意识增强，希望生活多样化，对物质享受和精神享受提出了新的要求，因此追求休闲消费的欲望也越来越强，休闲项目的消费也逐渐增多。

3. 女性闲暇时间增多

随着价值观的转变和社会的逐渐认可，女性在社会中扮演的角色也有了根本性的变化，不再需要永远待在家里做家务，因此自主支配的时间会比较多。其次，相对于男性，女性的生存压力毕竟没有那么大，因此也会相对有更多的工作之余的时间可以进行休闲娱乐活动。随着社会生产力的普遍提高、科技的快速进步以及各种各样家政服务公司的涌现，使得女性耗费在家务劳动上的时间相对减少，因此女性闲暇时间增多。

① 杨慧.女性就业现状及行业与职业分布性别差异.中国妇女报，http://acwf. people. com. cn/n/2013/306/c99013-20688261. html,2013-3-6.

（二）女性休闲市场细分

1.青年女性市场

青年女性往往参加工作已有一段时间,也就是说积累了一定的物质财富,而且往往未婚或者已婚而无子女。此外,这类群体的思想较为前卫,自我意识也比较强,会追求生活的个性化和时尚化。因此,既有钱又有闲还有意识,这就导致青年女性市场将会成为休闲市场的重要组成部分。

2.中年女性市场

这类女性群体基本属于已婚且有孩子的,伴随着家庭的稳定和经济基础的巩固,这类群体往往也有足够的资本进行休闲消费。但与青年女性不同的是,中年女性在进行消费选择时往往受家庭因素的影响,比如长时间的休闲度假会选择在孩子和丈夫放假的时候。

3.老年女性市场

老年女性市场属于老年休闲市场,因此特征上也就体现出前面提到的那些内容。但相对于男性而言,老年女性在群体性要求上更明显一些,她们更喜欢将健身和娱乐、结交朋友联系在一起。

【案例分析】

上海女性白领休闲活动调查①

该调查以上海女性白领为主要调查对象,主要采用问卷法兼访问法。通过调查发现:

上海女性白领在家休闲行为特点为:以传播媒介为载体的休闲活动为主,自娱怡情为辅,是较为静态式的放松休闲。"上网聊天、游戏、看新闻等"和"看电视、影碟"是最受欢迎的在家休闲活动,接着是"读报纸书籍"、"听音乐、广播",而"陪孩子玩"、"棋牌"、"养花鸟鱼虫和宠物"和"吹拉弹唱等自娱活动"等怡情类的休闲活动相对较少。

上海女性白领家外休闲行为特点为:以娱乐放松为主,寻求刺激或成就感为辅。选择较多的休闲活动是"购物、逛街"、"和朋友同事聚会"、"看电影、表演",接下来,"旅游度假"和"探亲访友"仅发生在周末/假期里,选择比例较小的选项有:"体育、健身"和"与男友约会"、"SPA、美容"、"逛公园"、"学习与进修"、"歌舞娱乐"、"参加社会工作或公益活动"和"泡吧"等。具体调研结果如表3-1所示。

表3-1　上海女性白领休闲活动

休闲活动公式		周末/假期		工作日	
		频数	频率	频数	频率
家里休闲活动	上网聊天、游戏、看新闻等	318	75.4%	308	73%
	看电视、影碟	284	67.3%	254	60.2%
	读报纸书籍	186	44.1%	155	36.7%
	听音乐、广播	186	44.1%	154	36.5%

① 张琴.上海女性白领休闲行为研究[D].上海师范大学,2011.

休闲活动公式		周末/假期		工作日	
		频数	频率	频数	频率
家里休闲活动	陪孩子玩	78	18.5%	57	13.5%
	棋 牌	34	8.1%	13	3.1%
	养花鸟鱼虫和宠物	27	6.4%	20	4.7%
	吹拉弹唱等自娱活动	22	5.2%	5	1.2%
	其 他	4	0.9%	6	1.4%
家外休闲活动	购物、逛街	317	75.1%	267	63.3%
	和朋友同事聚会	237	56.2%	163	38.6%
	看电影、表演	211	50.0%	160	37.9%
	旅游度假	196	46.4%	—	—
	探亲访友	142	33.6%		
	体育、健身	82	19.4%	60	14.2%
	和男友约会	80	19.0%	69	16.4%
	SPA、美容	74	17.5%	43	10.2%
	逛公园	66	15.6%	48	11.4%
	学习与进修	66	15.6%	57	13.5%
	歌舞娱乐	39	9.2%	32	7.6%
	参加社会工作或公益活动	24	5.7%	—	—
	泡 吧	11	2.6%	8	1.9%
	其 他	4	0.9%	8	1.9%

三、中年人休闲市场

休闲消费最为重要的两个因素是足够的可支配收入和充裕的自由支配时间,基于此,中年人这一特殊群体必将成为休闲消费的主要生力军之一。因为中年人经过多年的积累,相对于年轻人更有可能具备一份稳定的工作和相对可观的收入来源。此外,随着工作经验的增加和职位的上升,中年人也将逐渐拥有更多的时间可以自主支配。另外,作为一家之主,中年人在选择消费种类的时候往往会从提高家庭生活品质方面考虑,因此更会偏向于休闲消费。

(一)城市中年人的休闲消费

基于社会等级的不同,城市中年人可以被划分为七个阶层:最贫困阶层、贫困阶层、中下阶层、中间阶层、中上阶层、富裕阶层和最富裕阶层。[1]

从调查结果来看,总体而言,最富裕的中年人往往把大部分时间用于休闲旅游、学习或

---

[1] 李培林,李强,孙立本.中国社会分层.北京:社会科学文献出版社,2004.

者运动上面,而在娱乐方面却相对较少;与此相反的是,一半以上的贫困阶层中年人将大部分休闲时间用于娱乐方面;至于富裕阶层和中上阶层的中年人,其主要休闲活动都是出于社交目的。

在具体的休闲活动选择上,贫困阶层的中年人由于受经济收入、受教育水平等方面影响,多选择较低层次的休闲活动,如看电视、打牌、打麻将等。而富裕阶层的城市中年人,往往选择一些更具生活品质的休闲方式,例如骑车、旅游、爬山等,而且往往是出于缓解社会压力、逃避工作、欣赏自然风光等目的。

（二）农村中年人休闲消费

就目前的中国国情来看,城乡之间还是具有较大差距的。虽然随着新农村建设的日益普及,我国农民收入有了大幅度提高,但由于受传统生活方式、思想观念、教育水平等因素制约,农村中年人的休闲消费方式与城市中年人还是具有较大差异的。总的来说,农村中年人的消费活动主要体现在消费时间集中和消费水平较低这两个特点上。

首先,与城市中年人休闲消费相比,农村中年人的消费季节性比较强,特别集中在中国传统节日上,比如春节、元宵、中秋、清明等。因为受传统观念影响,农村人往往认为这些节日意义重大,适合亲朋好友相聚,而且受国家休假制度的影响,这些日子也往往有足够的闲暇时间可以进行休闲消费。

其次,农村中年人虽然属于农村整体休闲消费的主力,但其休闲活动层次仍然比较低。最普遍的休闲活动就是在家招待亲朋好友,或者待在家里看电视、打牌、打麻将,具有支出少、形式单一、技术含量低等特点。

需要指出的一点是,不同地域的居民,由于受当地经济、政治、文化等因素的影响,在休闲消费需求或者行为上往往体现出不同的特点。因此,在发展各地休闲事业时,应当基于当地的实际情况,有针对性地设计休闲产品,引导居民进行消费。

四、青少年休闲市场

（一）青少年市场的开发前景

1. 思想意识的前卫

从"90后"一代开始,青少年追求个性、追求自我的意识越来越强烈。而且由于青少年往往有自己崇拜的偶像,因此偶像们的思想和行为更易传染给他们,使之竞相模仿。

2. 渴求释放学业压力

青少年一般处于求学期,虽然有沉重的学业,他们仍然希望有自己的休闲时间和空间,甚至就是因为有学业的负担才让他们更加希望有放松的机会,从而释放或减轻这种压力。

3. 经济上的相对宽裕

现在的青少年大多数是独生子女,因此父母往往会对其宠爱有加,在经济上也肯定少有约束。这使这代人基本有足够的经济来源进行休闲消费。

（二）青少年休闲产品细分

1. 旅游产品

目前,青少年参与旅游的兴趣日益高涨,无论是独自旅游还是结伴旅游,抑或是班级集体出游。旅游对于青少年们往往有着极大的吸引力,因为游玩过程中往往可以结交朋友、锻炼身体、增强集体意识等。

2.体育健身产品

对于青少年而言,体育健身产品不仅包括一般的健身娱乐项目,例如球类运动、舞蹈训练等,还包括较为前卫的休闲项目,比如野外拓展、登山、极限挑战等,一切可以展现个性化、前卫的项目都有可能成为他们的消费选择。

3.文化娱乐产品

青少年是处于时代最前列的群体,再加上正在受高等教育的影响,因此无论是电视、电影、网络等一般的休闲项目,还是较高层次的歌剧等艺术表现形式,都有可能成为他们消费的休闲娱乐产品。

【案例分析】

中国青少年上网行为研究报告[①]

《2014 年中国青少年上网行为研究报告》显示,截至 2014 年 12 月底,中国青少年网民占整体网民的 42.7%,其中 60.1%的青少年网民信任互联网上的信息,整体对互联网信任度高,依赖性强,安全意识较弱。

青少年网民规模继续上升,地区间差距缩小

截至 2014 年 12 月底,中国青少年网民规模达到 2.77 亿人,占中国青少年人口总体的79.6%。中国青少年新增网民为 2072 万人,增长率为 8.1%。中国青少年网民规模继续上升,而各地区间网民规模差距缩小。从城乡差距来看,截至 2014 年 12 月底,城镇青少年网民规模为 2 亿人,农村青少年网民规模为 7736 万人。与 2013 年相比,城镇青少年网民规模增长了 2.4 个百分点,而农村青少年网民则大幅上涨,涨了 26 个百分点。互联网在农村青少年中使用范围进一步扩大。从东、中、西部地区情况来看,东部地区是互联网发展得最好的地区,青少年网民中东部地区占比最高,为 41.1%,网民规模为 1.14 亿人。但与 2013 年相比,东部地区比例有所下降,各地区间网民规模差距不断缩减。

青少年网民偏重娱乐类应用,网络游戏使用突出

偏重网络娱乐类应用是青少年网民最重要的特点。青少年网民对网络音乐、网络游戏、网络视频和网络文学这四类应用的比例均高于网民总体水平,其中网络游戏高出 7.9 个百分点,小学生网络游戏使用率最高,比例达到 70.9%。不同年龄段的青少年,对网络游戏类型偏好上差异明显。小学生更偏重休闲、轻松,且具有一定社交性的游戏。而随着年龄的增长,用户对游戏的画面感、游戏难度、操作复杂程度、挑战性以及游戏的竞技乐趣等一系列要素提出了更高的要求,大型客户端游戏对于中学生、大学生和非学生群体更具吸引力,使用率较高。

商务交易类应用各群体表现不同,且差异明显

由于青少年群体跨越年龄从 6 至 24 岁,因此在商务交易类应用的使用上存在着较大的差异,各群体表现不同。大学生和非学生群体各商务交易类应用的使用率均高于青少年总

休闲管理

---

① 中国互联网络信息中心. 2014 年中国青少年上网行为研究报告. http://www.cnnic.net.cn/hlwfzyj/hlwxzbg/qsnbg/201506/t20150603_52248.htm,2015-06-03.

体以及网民总体水平,其中大学生网民使用旅行预订的比例超过青少年总体 24.4 个百分点。商务交易类应用中,大学生使用网络购物的比例最高,为 73.5%,比青少年总体高出 16.6 个百分点,较总体网民高 17.8%。而中小学生商务交易类应用使用比例则较低,年龄小、购买力低是其中的主要原因。

未成年网民网吧上网比例下降,网络游戏使用率高

未成年网民家里和学校上网的比例均高于青少年网民总体水平,其中家里上网的比例为 94.6%,比整体水平高 4.3 个百分点;学校上网的比例为 26.4%,高出整体水平近 4 个百分点。与 2013 年相比,未成年人网吧上网的比例继续下降,降至 17.7%,降低了 4.7 个百分点。未成年网民网络游戏使用率达到了 67.9%,比例超过了青少年网民总体,而其他应用的使用方面则均低于青少年总体水平。从手机应用来看,未成年网民仅在手机网络游戏的使用率(54.7%)高于青少年整体手机网民,且比 2013 年底上升了近 4 个百分点。

青少年对互联网信任度高、依赖性强,网络安全意识弱

青少年网民分享意愿、评论意愿、网络依赖程度和对互联网的信任程度均高于网民总体水平。从分享意愿来看,截至 2014 年 12 月底,64.3% 的青少年网民愿意在互联网上分享,其中小学生在信息分享中持有较为积极的态度,非常愿意分享的比例高于其他群体。从评论意愿来看,49.2% 的青少年网民愿意在互联网上发表评论,年龄越小,发表评论的意愿越高。从网络依赖程度来看,58.4% 的青少年网民对互联网非常依赖或比较依赖,青少年群体中,年龄越高,对互联网的依赖程度也就越高。从互联网信任程度来看,60.1% 的青少年网民信任互联网上的信息,青少年网民年龄越大,对互联网的信任度就会越低。54.6% 的青少年网民认为我国网络环境安全,比例高于网民总体水平。

第三节　杭州居民休闲生活质量影响因素及提升对策研究

一、研究背景及目的

(一)研究背景

随着知识经济时代的来临,未来社会将以史无前例的速度发生变化,休闲将成为人类生活的重要组成部分。据美国国家休闲研究院主席杰弗瑞·戈比教授预测:休闲、娱乐活动、旅游业将成为下一个经济大潮,并席卷世界各地。专门提供休闲的产业将主导劳务市场,并将在美国的国民生产总值中占有一半的份额,新技术的应用,可以让人们把生命中三分之一以上的时间和金钱用于休闲,休闲经济在促进国民经济和人类发展中有着重大意义。

(二)研究目的

休闲生活是人们生活的重要组成部分,是与每个人的生活质量息息相关的领域。如何丰富每个人的闲暇生活,将直接影响到人们全面、健康的自我发展,甚至影响到社会的全面进步。城市,是人类聚居活动最密集、最丰富的区域。20 世纪末,全球已有一半的人口生活在城市,预计到 2025 年,世界人口的 2/3 将居住在城市。城市居民是休闲生活的主力军。城市居民的休闲生活现状如何,影响城市居民休闲生活质量的因素有哪些,政府和相关服务部门从哪些方面进行规范和支持以提高城市居民的休闲生活质量,这些就是本书力图解决的问题。

本研究在对休闲、生活质量、城市居民休闲生活现状研究等文献进行梳理总结的基础之上,进一步分析城市居民休闲生活质量受到哪些因素的影响,力图建立杭州居民休闲生活质量的影响因素体系模型,并对杭州居民的休闲生活质量现状进行评估,提出能提高杭州居民休闲生活质量的相关对策。

二、生活质量影响因素研究回顾

原本评价生活质量的指标和影响生活质量的因素在性质上是完全不同的,但它们的联系却非常密切。这是因为在学术研究中,有的甚至就是直接用反映影响生活质量的客观因素变化状况的指标作为评价生活质量高低的指标。其原因有如下两点:第一,这些客观因素直接影响和决定着生活质量的高低;第二,由于对生活质量本身进行直接评价的客观标准难以把握,或对之研究较少,故往往采用决定和影响生活质量高低的客观因素的状况来间接地反映生活质量的高低。因此,本书把生活质量高低的指标体系和影响生活质量的客观因素放到一起来论述。

(一)国外研究回顾

20 世纪 70 年代以来,西方国家纷纷展开生活质量的定量研究,形成了几套公认的指标体系,包括美国社会卫生组织提出的 ASH 综合评价指标体系,美国海外开发署提出的 PQLI 生活质量指数方法,评价现代化社会的 10 项指标,人文发展指数,痛苦指数等。这些指标体系都极大地推进了生活质量的量化研究,但它们包含的指标数目有限,因此对生活质量各方面的涵盖不充分,达不到全面研究生活质量的目的。如生活质量指数是预期寿命、婴儿死亡率和识字率的简单平均,它没有考虑收入水平、消费结构和社会公平等其他重要方面。现代化社会评价指标涵盖面相对宽一些,但也没有包括社会公平和消费结构等指标。指标数少的优点是便于操作,但不能全面、真实地反映生活质量,因而达不到研究的目的。

1976 年,芝加哥大学调查研究中心的坎贝尔和康弗斯提出过一个著名的生活满意度模型,即"Cs-Cd 等级模型"。在这个模型中,任给定一方面(如工作),个体所处的客观环境(即有关工作的一系列客观条件)是他对这方面知觉的一种因素,但由于个体的特点不同,知觉形成的结果与客观环境可能很不相同。个体把知觉到的情境与个体的参照标准联系起来,从而决定了他对这一方面的评估,即属于下列答案的某一种情况:很满意、较满意、无所谓、不太满意和很不满意。给这 5 个答案分别赋值 0、1、2、3、4,不同的个体会有不同的回答,分别对应各个不同的值,然后求均值得出大众对这一方面的生活满意程度。

从 1990 年开始,联合国开发计划署(UNDP)首次采用"人类发展指数"(Human Development Index,HDI)对国民生活质量进行测度。HDI 由三类内涵丰富的指标构成,即人的健康状况(出生时的人均预期寿命)、人的智力程度(组合的教育成就)、人的福利水平(人均国民收入或人均 GDP)。

1995 年,菲勒博士建立了四维模式结构,即身体健康状况(各种生理功能活动有无限制,休息与睡眠是否正常,肢体是否残废或缺陷等)、心理健康状况(智力水平、各种正向和负向心理活动、情绪、紧张程度等)、社会健康状况(社会交往和社会活动情况、家庭关系、爱情婚姻、职业、社会地位等)和精神健康状况(对生命价值的认识、宗教信仰、精神文化生活等)。

美国学者 Day 从满意度的角度对美国生活中的 14 个领域进行了主观测量,包括家庭生活、社会生活、与工作有关的生活领域、个人健康、娱乐、精神生活、自我、健康、物品与服务的购买和消费、物质拥有、联邦政府的工作表现、当地政府的表现等。此外,还有 Schwartz 基于价值范畴建立的主观指标体系,即控制感,包括成功、能力、雄心;情感的和谐,包括享受生命、愉悦感、有活力;智慧的和谐,包括好奇心、心胸宽广、有创造力;平等的保证,包括公平、社会正义、自由;协调,包括环境保护、美丽的世界、文化的同一;保守性倾向,包括社会秩序、自律、家庭保障;等级制度,包括财富、社会权利、权利机构。

在欧洲,生活质量被认为是客观生活状况和主观幸福的集合。QOL 主观指标对特定方面的生活状况的评价和对整体福利状况的评价被纳入国家的生活质量指标系统之中。德国是在 20 世纪 70 年代中期建立 SPES 指标系统的,并于 1977 年发布了第一份报告,该系统既可用主观指标测量福利感受,也可用以分析福利的不同维度之间的关系。随着欧盟一体化的进程,欧盟建立起自己的生活质量指标体系,其中涉及 13 个生活领域,有 185 个次级指标。其中客观指标占 85.9%,主观指标占 14.1%。虽然该体系主观指标所占比例不大,但证明作为长期具有客观指标倾向的欧洲也开始注重全面地、真实地反映生活,更多地尝试主观指标。

亚洲关于生活质量的研究主要集中在东南亚国家。东南亚各国对主观生活质量的研究主要也集中在家庭、工作状况、社会生活、娱乐、健康物品与服务的购买与消费、物质拥有、精神生活等方面。泰国学者 Leelakulthanit(1990)在泰国的曼谷地区进行了主观生活质量的研究,就有关生活质量的 12 个社会关注的问题进行了标准式的问卷访谈,包括家庭、工作状况、社会生活、娱乐、个人健康、健康保险物品与服务的购买与消费、物质拥有、自我、精神生活、泰国生活、泰国政府、曼谷政府。新加坡国立大学商学院 Kau 于 1994 年对新加坡国民进行了问卷调查,以研究新加坡的主观生活质量。调查领域包括家庭、个人健康、工作状况、生活环境、物质财富、自我发展、社会生活、大众传媒、休闲生活、学校生活、物品的购买与消费、健康服务设施、生活在新加坡等。从这些学者的努力可以看出,虽然此类研究才刚刚起步,但亚洲的生活质量研究随着亚洲国家的经济发展尤其是东亚的崛起,也越来越多地关注到主观指标方面。

(二)我国相关研究回顾

国内生活质量的研究开始于 20 世纪 80 年代。纵观国内学者的研究,无论在理论上还是在方法上都有不少科学和积极的观点,为后来者的研究留下了许多值得借鉴的成果。林南、王玲等人(1987)在天津千户问卷调查的基础上,构建并验证了分层结构理论模式。他们认为生活质量应该有三个主题,即生活质量的结构、导因和效果。这三个主题之间有一定的层次关系,他们确定了 22 个具体指标为第一结构层面,再使用因素分析法把 22 个指标归类为 5 个主要因素(即主要生活面,包括工作的社会特征、工作的经济特征、家庭以外的关系、家庭、环境和业余生活)作为第二结构层面,最后形成 3 个生活层面(即工作、家庭、环境)作为第三结构层面。

林南、卢汉龙(1989)在上海城市居民生活质量研究中,提出社会指标与生活质量指标的"因果结构模式"。从生活质量的认识(生活满意度)、情感(精神上的幸福感)、行为(反馈性公益行为)这三个层面的评估和外源性的社会环境条件作因果结构分析并取得了一系列结论。卢淑华、韦鲁英(1992)根据对北京、西安、扬州等城市的抽样调查资料,探讨生活质量模式。他们除了运用客观指标外,还增加了参照标准对主观生活质量指标的影响,并通过中介模式评价指标对客观的指标进行综合,形成了三级主客观指标作用机制的理论模式,大大增强了对生活质量满意度的理解。在另一篇论文中,卢淑华还从人们的"主观感受或评价"出发,构筑了一个以"婚姻满意度、家务满意度、吃的满意度、交友满意度、业余生活满意度和穿的满意度"为主要因素的影响"家庭生活满意度"的分析框架,探讨了婚姻与家庭生活质量的问题。该项研究得出了"在影响家庭生活满意度的因素中以婚姻满意度最为重要"的结论。研究还进一步指出,对婚姻满意度影响最大的因素,则是以反映家庭经济支配权的"因用钱意见不合"(卢淑华,1992)。

　　除了上述几个比较典型的模型外,还有众多的学者和组织提出了自己的影响因素指标体系(见表 3-2)。

表 3-2　国内生活质量指标体系的研究成果

学者或组织	指标范围
国家统计局(1992)	家庭人均生活费收入、人均居住面积、人均生活用电、每百万人拥有电话机数、每万人拥有商饮服务从业人员、人均储蓄额
于玲(1998)	居住、交通、城市环境、生活方便程度及居民生活保障等
彭念一、李丽(2003)	收入状况、居民消费、社会安全、教育状况、健康状况、资源与环境、城市环境和社会服务
高弘等(2006)	收入、消费、教育、文化娱乐、健康、居住、生态环境、社会保障和生活设施
周长城(2003)	物质保障、教育、居住与生活条件、健康、社会保障、环境
周长城,任娜(2006)	工作状况、休闲娱乐、家庭与社会生活、健康、物品与服务的购买与消费、自我发展和公共服务与公共政策
上海市城市社会经济调查队课题组	总体感觉、收入状况、消费水平、居住条件、教育状况、健康状况、医疗条件、道路交通状况、城市生态环境、社会治安、社会保障和娱乐休闲生活
中国香港	健康、教育、工作、社会关系、居住、休闲、经济状况、公共秩序、交通、医疗、就业、娱乐、社会福利

　　虽然国内外学者积累了十分丰富的关于主观生活质量的研究成果,但经济发展水平和社会文化特征具有多样性,不同国家、不同地区、不同时期人们的生活满意度不可避免地存在差异。国外学者的研究结论是否适用于我国,有待进一步探索与比较;国内已有的研究大多集中在 20 世纪八九十年代,随着经济的迅速发展和社会的急剧变迁,十多年前的研究结果能否很好地解释现在城市居民的生活质量也不得而知。

三、城市居民休闲生活质量影响因素体系模型的构建

(一)城市居民休闲生活质量影响因素体系模型的初步提出

　　在回顾关于居民生活质量国内外研究文献的基础上,再结合休闲生活方式的特征,提出城市居民休闲生活质量影响因素体系的初步模型,如表 3-3 所示。

表 3-3　城市居民休闲生活质量影响因素体系模型

类　别	因　素
休闲主体因素	居民健康状况
	居民个人可自由支配收入
	居民闲暇时间
	居民休闲意识
休闲客体因素	城市特色节庆活动丰富程度
	休闲资源(城市公园、自然景观、人文景观等)数量
	休闲资源(城市公园、自然景观、人文景观等)特色化程度
	休闲服务质量
	城市文化娱乐设施(图书馆、电影院、博物馆、各类吧等)数量
	城市文化娱乐设施(图书馆、电影院、博物馆、各类吧等)特色化程度
	城市体育健身设施(各类体育场馆、健身中心、高尔夫等)数量
	城市体育健身设施(各类体育场馆、健身中心、高尔夫等)特色化程度
	城市购物休闲设施(商业街、大型超市、百货大楼等)数量
	城市购物休闲设施(商业街、大型超市、百货大楼等)特色化程度
	休闲餐饮设施(各种档次饭店)数量
	休闲餐饮设施(各种档次饭店)特色化程度
休闲保障因素	城市文化底蕴
	城市用水供应状况
	城市电力供应状况
	城市通信设施状况
	城市内交通状况
	城市居民友好程度
	城市居民生活节奏
	城市经济发展状况
	城市文明程度
	政府对休闲产业的支持力度
	媒体对休闲产业的关注程度
	城市治安状况
	城市突发事件应急系统状况
	社会保障体系完善程度
	居民就业率
	城市申办各种文体赛事的积极程度
	城市气候舒适程度
	城市空气质量
	城市噪声污染控制程度
	城市绿地覆盖率

(二)信息收集、数据测量及分析

本次调研从 2007 年 3 月 2 日至 2007 年 3 月 20 日,共持续半个多月时间,在杭州花圃、西溪湿地、苏堤、六公园、武林广场、企业和学校等处进行实地调研,采取问卷与访谈相结合的方式,对居民不理解的地方给予客观的不具有指向性的解释,提高了问卷的有效性和正确性。此外,也通过电子邮件的方式获取了部分调研问卷。本次调研共发放问卷 400 份,回收 387 份,回收率达 96.75%。其中有效问卷 365 份,有效率达到 94.3%,完成的总体情况良好。

本研究问卷项采用李克特五级量表(five-point Likert scale)进行测量,问卷设计成两个部分,第一部分是本问卷调查的核心内容,即居民对休闲生活质量影响因素的评价部分。左边部分要求被调查对象根据笔者列出的各项影响因素,主观上对其影响的程度做出判断并打分,该部分采用李克特五级量表(five-point Likert scale)进行测量:1=很不重要,2=不重要,3=一般,4=重要,5=很重要。右边部分要求被调查对象针对杭州在每项指标上的"实际情况"进行评分,仍然采用里克特五级量表进行测度:1=非常不符合,2=不符合,3=一般,4=符合,5=非常符合。第二部分为个人基本资料,包括性别、年龄、学历、职业、家庭结构、个人可自由支配月收入等社会人口统计学特征和个人闲暇时的活动,以及阻碍进行休闲活动的因素和对休闲活动重要性的认识等问题。

采用社会科学统计软件 SPSS 13.0 对收集到的原始数据进行信度和效度检验、描述性统计分析、因子分析、偏相关分析和方差分析(ANOVA),并采用结构方程专用分析软件 AMOS 5.0 作为结构方程模型的建构及分析工具。

通过因子分析对最初 36 个因素进行归类和删减,最终剩下 29 个因素。将因素 28、31、29、30、27、25、32、24、23、26 命名为"休闲客体"因子;将因素 7、6、8、16、19、17、18、9、12 命名为"休闲保障"因子;将因素 35、34、36、33 命名为"休闲主体"因子;将因素 14、15、20 命名为"休闲支撑"因子;将因素 1、2、4 命名为"休闲环境"因子。

因子分析的最终结果如表 3-4 所示。

表 3-4　因子分析及信度检验结果

因子命名	包含的影响因素	因子负荷量					α 系数	
		F1	F2	F3	F4	F5		
F1:休闲客体	28:休闲餐饮设施数量	0.808					0.922	0.940
	31:购物休闲设施特色化程度	0.773						
	29:文化娱乐设施特色化程度	0.756						
	30:体育健身设施特色化程度	0.699						
	27:购物休闲设施数量	0.693						
	25:文化娱乐设施数量	0.680						
	32:休闲餐饮特色化程度	0.671						
	24:休闲服务质量	0.657						
	23:休闲资源特色化程度	0.582						
	26:体育健身设施数量	0.543						

续表

因子命名	包含的影响因素	因子负荷量					α系数
		F1	F2	F3	F4	F5	
F2:休闲保障	7:电力供应状况						0.838
	6:用水供应状况		0.754				
	8:通信设施完善程度		0.705				
	16:治安状况		0.659				
	19:居民就业率		0.638				
	17:突发事件应急系统完善程度		0.634				
	18:社会保障体系完善程度		0.633				
	9:交通状况		0.562				
	12:经济发展水平		0.543				
F3:休闲主体	35:居民闲暇时间			0.742			0.834
	34:居民个人可自由支配收入			0.689			
	36:居民休闲意识			0.572			
	33:居民健康状况			0.553			
F4:休闲支撑	14:政府支持力度				0.794		0.804
	15:媒体关注程度				0.784		
	20:申办文体赛事积极程度				0.634		
F5:休闲环境	1:气候舒适程度					0.745	0.644
	2:空气质量					0.738	
	4:绿地覆盖率					0.501	
因子个数		10	9	4	3	3	
累计解释变异		62.118%					

（α系数整体 0.940）

（三）杭州居民休闲生活质量影响因素体系模型的确定

根据专家意见征询和调查数据因子分析的结果,笔者得出杭州居民休闲生活质量影响因素体系模型,如图3-1所示。

四、提升杭州居民休闲生活质量的建议

根据分析结果,对杭州居民休闲生活质量的提升提出如下建议。

1.改善居住环境质量

广义的环境是指以人类社会为主体的外部世界的全体。环境,包括自然环境和社会环境,是人类生存和发展的各种活动的载体,是人类生存和发展的基础条件,也是构成人类生活的基本物质因素。这里所说的环境是指自然环境。人们生活在一个物质不断循环运动、各类现象彼此紧密联系的环境中,因此环境必定广泛地影响和制约着人们的生活质量。实际上,环境质量的提高是提高生活质量的一个重要途径。良好的生存环境,不仅为生活质

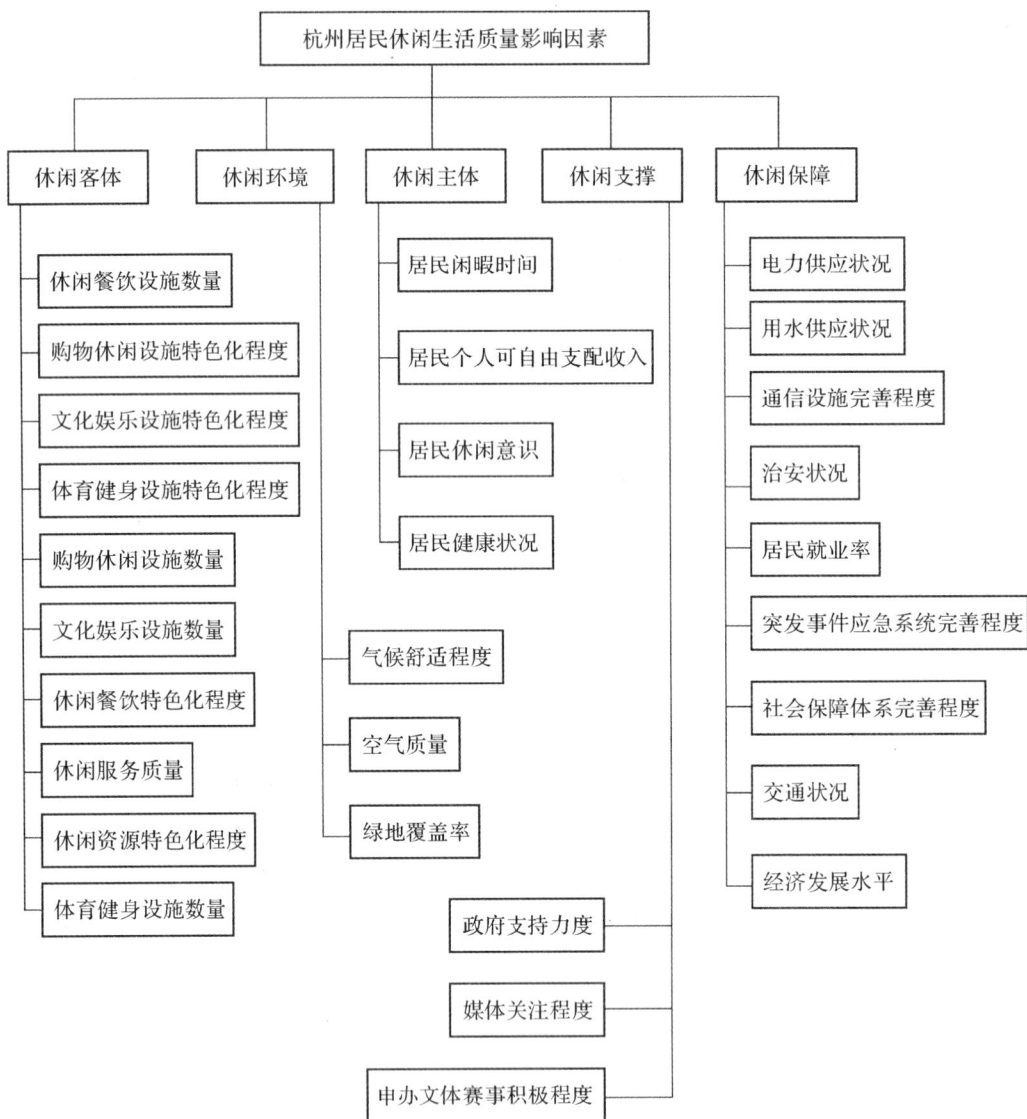

图 3-1　杭州居民休闲生活质量影响因素体系模型

The figure shows a hierarchy titled 杭州居民休闲生活质量影响因素 with five branches:

休闲客体: 休闲餐饮设施数量；购物休闲设施特色化程度；文化娱乐设施特色化程度；体育健身设施特色化程度；购物休闲设施数量；文化娱乐设施数量；休闲餐饮特色化程度；休闲服务质量；休闲资源特色化程度；体育健身设施数量

休闲环境: 气候舒适程度；空气质量；绿地覆盖率

休闲主体: 居民闲暇时间；居民个人可自由支配收入；居民休闲意识；居民健康状况

休闲支撑: 政府支持力度；媒体关注程度；申办文体赛事积极程度

休闲保障: 电力供应状况；用水供应状况；通信设施完善程度；治安状况；居民就业率；突发事件应急系统完善程度；社会保障体系完善程度；交通状况；经济发展水平

休闲管理

量的改善提供了充裕的物质资料,更为生活质量主体——人们的健康提供了保障,而健康的身体是人的全面发展所必需的。很难想象,一个污水随处可见、垃圾遍地堆积的地区的生活质量会很高。为追求更好的生活质量而追求环境质量,已成为当今世界的一大潮流。

良好的生态环境,可以使人们充分享受大自然赐予的绿水、青山、清新的空气、明媚的阳光,而更重要的是良好的生态环境本身就是一种丰厚的休闲资源。杭州的城市环境不错,尤其是绿化方面处于全国中上等水平,但杭州的空气质量和气候还不够理想。生态环境的外部性使各地区的环境相互联系、相互影响、交互作用成为一个有机体,所以生态环境需要共建。要改善杭州的空气质量,需要杭州市区和周边县市的共同努力和统一规划。首先,调整杭州市区的工业结构,推行清洁生产,降低污染物排放量。一些城市的实践证明,因地制宜地优化工业结构,可削减排污量 10%～20%。第二,合理、适宜地调整城市的工业结构,改善该地区的生态结构、促进良性循环。对那些技术落后、质量低劣、浪费资源、污染环境、不符合安全生产条件的企业勒令关闭,或者通过强制性对污染排放高收费这一经济杠杆来限制排污量。第三,改善城市能源结构,积极开发并使用清洁能源(如风能、太阳能等)进行供热、供气。第四,综合防治汽车尾气及扬尘污染,严格按照机动车排放标准执行,禁止排量超标的车辆上路。第五,进一步完善城市绿化系统,这不仅可以美化环境,而且对改善城市大气质量有着不可低估的作用。第六,鼓励公众参与监督,发挥非政府组织(NGO)的作用,形成强大的环境保护社会压力。政府环境保护部门定期公布社区或城市空气质量、企业污染排放情况,公布主要污染者的信息,鼓励新闻媒体予以曝光,给予其舆论压力。同时普及环境保护知识,支持居民参加公益性环境保护事业。

2.完善社会保障体系

广义的社会保障系统是社会向人民提供生活条件以及社会保障、社会秩序、社会公平方面的制度环境,强调的是自然、经济、社会之间的相互作用和影响。这里所说的是狭义的社会保障体系,是指国家和社会依法对社会成员的基本生活给予保障的社会制度。社会保障不仅是保障基本生活,它还是国民收入再分配的一种手段,以利于实现社会公正。它是社会发展到一定阶段的产物,是社会文明进步的一个标志。就内容和范围而言,它包括社会保险、社会福利、社会救济和优待抚恤四大块。社会保险是对未来风险的预防,包括养老保险、医疗保险、失业保险、伤残保险等。社会福利提供的是福利设施和福利服务。社会救济是对现实贫困的救助。优待抚恤是补偿性的特殊保障。这几项是相互联系、相辅相成的。人们生活质量是社会保障的前提和基础,经济的发展、人们生活水平的提高,为社会保障提供了必要的物质前提。而社会保障体系是社会的"安全网"。社会保障产生的效应增强了生活质量主体的生活保障感,心理平衡感、社会公平感和政治上的向心力。这些主观感受直接影响到人们对生活质量的评价。

政府应采取措施在养老、失业、医疗和城市最低生活保障这四个与生活质量密切联系的方面有所完善。我们应建立一个比较有效的社会养老保障制度,这将有利于社会经济持续、协调、稳定发展,有利于人们生活的稳定和生活质量的不断提高。建立完善的失业保障体系和城市居民最低生活保障制度,防止社会动荡和失业者陷入危境,可保证劳动力市场的正常运行,为人们解决后顾之忧。在具体操作中我们可以从以下几方面入手:第一,要加强宣传教育,增强公民社会保障意识和其认知。第二,建立多种形式的保障制度,扩大社会保障的覆盖范围,为社会成员提供全方位、多渠道的社会保障。第三,进行税制改革,全面筹集保障基金。政府可以考虑全面开征社会保障税,或者考虑将个人所得税、高消费领域的消费税辟为社会保障税,这既能保证社会保障基金的多渠道来源,又能做为缩小贫富差距、实现共同富裕的补偿性措施。第四,控制保障基金的提取比例、积累幅度,确保其保值增值。第五,理顺社会保障管理机制,建立统一协调的社会保障管理机构,切实加强对保障基金的管理。第六,要加快立法,努力实现社会保障的规范化和法制化,尤其应切实保障妇女、未成年人、老年人和残疾人的合法权益。

3.大力推广休闲教育

缺乏正确的休闲价值观的指导,人们的休闲很可能会变得盲目、庸俗化、物质化,不能体现出休闲的真正意义;不懂休闲技术,人们的休闲活动必将单调乏味;对休闲没有正确的认识,人们的休闲生活质量也很难提高。休闲完全是个性化的,休闲的本质是自由。但是,如同其他事物一样,休闲也有两重性,人的素质不同,对待休闲时间的认识和行为也就不同,从而在休闲生活中表现出主动与被动、积极与消极、有益与无益、有效与无效的区别,进而表现出不同的休闲生活品位和质量。开展休闲教育就是要有目的地促使人们追求文明、健康的娱乐方式,调节情绪,消除疲劳;获得开展各种休闲活动的知识和技能;帮助人们树立正确的时间价值观,认识休闲中的自我;系统地培养休闲情趣,明智地、个性化地安排休闲生活,提高对休闲生活的自我规划、自我决断、自我评价能力,提高休闲生活质量。无数事实证明,休闲时间为人的智慧和技能的开发提供了最优条件,任何一个正常的人,只要不让这些时间溜走,他就一定能在有限的休闲时间内获得主动的、充分的发展。

休闲教育是引导人们科学健康休闲的必要保障,在社会教育体系中,休闲教育是必不可少的。许多发达国家将闲暇时间的利用作为评价生活质量的重要指标,也有许多国家将休闲教育列入教育体系之中,在全社会实行休闲教育。以美国为例,早在1918年,美国联邦教育局就将休闲教育列为青少年教育的一条"中心原则"。而在我国,现代休闲教育基本上还是空白。另外,单纯地追求休闲所创造的经济价值而忽视休闲的人文文化意蕴,单纯地追求休闲消费所创造的物质层面的一时发展而忽视对休闲者内在素养的提升,这种急功近利遮蔽了休闲教育的重要性。发达国家的经验表明,当休闲娱乐越来越成为人们日常生活中的重要组成部分时,政府就必须承担相关的责任。提供或安排各种娱乐和休闲活动的目的是致力于创造一个更好的社会环境,使人民大众的闲暇时间过得更充实、更有意义。因此,通过教育使人们正确健康地进行休闲是十分必要的。

开展休闲教育应从中小学开始,让民众从小就树立科学休闲的观念。在高等教育体系中也应该加入休闲教育内容,将休闲教育内容与其他教育形成一个有机整体。高校的学生对知识的理解更深入,更容易转化到实践中去。休闲教育的开展还应延伸到社会中去,可以以社区为单位宣传休闲知识和技能。具体来说,休闲教育内容包括:引导合理的生活方式、生产方式、行为方式、饮食方式和消费方式,既要达成人与人的和谐相处,又要达成人与自然的和谐相处;倡导勤劳节俭,崇尚简朴生活,遏制个体与全社会的浮躁之风,降低人的贪婪;不能把休闲教育仅仅看做是学校职业或技能教育的内容,而应当是人生观、价值观教育的内容,并且在人生的各个阶段都要保持这种教育。家庭、社区、学校、城市都是休闲教育的载体,都要对休闲教育负责任。

4.加强基础设施建设

由于杭州人口众多,再加上绝大部分居民生活的同步性,使得公共交通在高峰时期出现了相当拥挤的情况。道路设施和公共交通运行系统在高峰时期承受的压力达到甚至超过了它们所能容忍的最大限度。这种交通拥挤给居民带来了严重影响。人们上下班的时间延长,更多的时间消耗在路途中,上班人员变得容易疲劳和烦躁。由前文所述生活时间四分法可知,如此一来属于自己的闲暇时间就会减少,这无疑会影响到居民的休闲生活质量。为了缓解杭州现在的交通状况,已新开通了快速公交线路,并通过调整公交路线以实现现有公交的优化配置。杭州地铁也已有部分建设,并规划有多条线路规划和建设。此外,修建高架或者地下通道能进一步缓解地面交通拥挤的状况。企业也可以采取多元工时制度、弹性工作制来错开居民上下班时间;或者运用价格机制调节交通需求,高峰时提高票价,低谷时降低票价,以此来实现人员分流,从而缓解交通拥挤的压力。

与此同时,杭州的各种休闲设施和场所,包括购物休闲的百货大楼、购物中心,文化娱乐的图书馆、电影院、博物馆和体育健身的体育馆、健身中心等在总体数量上是很丰富的，但相对于众多的在杭人口来说，人均占有率并不高。在节假日里，某些休闲场所（如 KTV、商场等）会出现爆满或超负荷接待的现象。部分服务部门已通过定价策略来改变这种局面。在增加休闲设施数量的同时，我们应更注重其特色化程度，注重所提供休闲服务的质量，这是提高居民生活质量主观感受的关键。比如休闲餐饮，针对特殊消费群体的主题餐厅更能够提升该人群的休闲生活质量。

第四章　休闲空间研究

第一节　休闲空间概述

休闲空间,是西方国家近现代城市发展过程中的产物。它起源于 18 世纪的杂志、咖啡馆和音乐室,之后持续发展,至 19 世纪的城市街心公园、运动场和假日旅游,到 20 世纪初已成为城市建设与规划必不可少的内容。20 世纪六七十年代后,休闲空间的规划设计与模式呈多样性,也成为衡量一个国家生活质量的标准之一。

一、休闲空间和城市休闲空间

"休闲空间"是人们从事休闲活动的场所之一,它既是人类文化的创造物,又是人类文化创造的果实,也是传承人类优秀文化遗产的载体,亦是展示不同民族、地区文化个性的舞台,更是保持和保留人类文化多样性的沃土。

recreation space①,来自英文,我国台湾学者译为游憩空间,泛指人的消遣、游玩、社交的场所。我国学者在几年前翻译的"西方休闲研究译丛"中均译为"娱乐"或"娱乐空间"。但"游憩空间"较之"娱乐空间"更接近事物的本质。在西方,"游憩"②(recreation)是休闲研究(leisure studies)的一个重要概念,因为 recreation 是美国文化和美国精神的一种体现。这是一个合成词,前缀 re,表达"不断"、"反复"、"重复"的意思;而 creation 的意思是创造。recreation 原意是指"业余消遣或娱乐的方式",有"身心的放松,休憩"之意。它所表达的思想是:要创造就要有休闲生活、就要有玩耍行为、就要做适当的游憩活动、就要为行为者建造游憩的场所。正因为人有了休闲的生活、有了玩耍的行为、有了适当的游憩活动和游憩的场所,人的创造力才得以更好地发挥,人的教养才能在潜移默化的行为中提升。recreation 深刻地揭示了休闲与创造及人的多方面发展的辩证关系。

与 recreation 近似的几个英文词,诸如 play(本能的一种要求,实质表达的是人的一种文化现象)、game(有规则的竞赛)、amusement(娱乐、消遣)、entertainment(娱乐、娱乐表演)、sport(运动,尤指文体运动,或运动会)意思都有相似性,但在内涵方面有很大的不同。

休闲空间是指摆脱了一切工作、家庭和社会的责任后的活动场所,在其中人们可以自由地选择自己喜爱的活动。休闲空间从本质上讲是行为环境,是由人们的休闲活动和所处

---

①　[美]托马斯·古德尔,杰弗瑞·戈比.人类思想史中的休闲.昆明:云南人民出版社,2000.
②　[美]杰弗瑞·戈比.21 世纪的休闲与休闲服务.昆明:云南人民出版社,2000.

环境组成的一个整体。空间只是一种功能载体、活动的诱因、影响的条件、信息的刺激要素。空间只有与活动相结合,才构成一种活动的场所,才有实际的社会效益和场所效益。

城市休闲空间是指在城市建成区及周围都市圈范围内对市民开放的、并能满足不同层次人群的休闲活动要求,且经过一定人工作用的户外行为环境。

二、城市休闲空间的特性

休闲活动对空间的特殊要求构成了城市休闲空间不同于其他城市空间的特点,即开放性、场所性、多义性、宜人性、生态性和文化性。

(一)开放性

按照凯文·林奇的观点[1],"开敞空间"(Open Space)应从使用者行为的角度来界定,强调一个空间若准许市民自由活动,可以利用,那么它就是开放的,不与权属、大小、类型或地景特色有关。开敞空间在具体形态上包括街道、广场、公园、滨水区、绿地及其各类空地等。城市休闲空间是"开敞空间"的一部分。

(二)场所性

场所性揭示的是城市休闲空间与休闲活动之间的相互依从关系。城市空间好像是一个容器,它为各种社会生活活动提供场所,但它不是消极的容器,它可以诱发人的活动,使潜在需求成为现实需求。能构成休闲活动场所的城市空间需具备的重要条件是有适合休闲活动内容的空间形式。此外,休闲空间还要有适合休闲活动的空间容量,有完成相应休闲活动的时间保证和方便的交通条件。

(三)多义性

在城市休闲空间中,休闲活动之间或休闲活动与其他活动之间的兼容构成休闲空间的多义性特征。人活动的偶然性和城市生活的多元化使得作为人们休闲活动场所的城市休闲空间理应是一种多元功能的多义性场所。城市休闲空间吸引不同目的、不同阶层的人们共同生活在一起,共同创造充满活力的城市空间。

(四)宜人性

现代主义城市理论对功能分区的过分强调,背离了生活具体的多样性,城市机体的割裂造成环境死板枯燥,缺乏生气和人情味。城市人口的聚集,交通工具的迅速发展,彻底改变了原有城市空间结构,过去亲切的由人主宰的空间逐渐消失减少。

(五)生态性

城市休闲空间的生态性描述了城市休闲空间与自然环境之间的相互关系。城市空间这一人工环境与大自然相互依存,构成由原生环境与次生环境组成的生态系统。自然环境是城市休闲空间重要的组成部分。与人造环境比较起来,自然环境为人类提供了清新的场所,不至于使人产生厌烦的紧张感。城市中存在的人际间的疏远关系,自然环境的亲切感能给予适当的补偿。基于生态考虑的城市休闲空间是有生命的、可持续发展的、充满活力和自然气息的城市空间。

(六)文化性

"文化"是一定民族生活习俗的方式。文化通过符号系统习得和传递,文化的核心由来

---

[1]　Lynch,K. The Image of the City. Boston:MIT Press,1958.

自历史传统积累而来的观念所构成。文化虽然是人工活动的产物,但也是制约人类行为的模式。"休闲"(recreation)是一种极具民间性色彩的文化存在,一种来自大众日常生活本身的客观性状态。城市休闲空间的文化性主要表现为:城市休闲空间是城市记忆的场所;城市休闲空间应该反映一定地区的文化特征;城市休闲空间应该反映休闲作为大众文化类型的特征。

三、休闲空间分类

(一)休闲空间根据空间位置分类

根据不同的空间位置,休闲空间可以划分为室内休闲(Indoor Recreation)、城市内部休闲(Urban Recreation)、都市圈外休闲(Extra-urban Recreation)三种类型。

1.室内休闲(Indoor Recreation)

室内休闲是指以家庭娱乐为核心的客厅休闲空间,主要以电视、网络等视听活动为主。电视自1928年被发明后,给人类休闲方式带来的巨大变更是发明者始料不及的,在家庭休闲方式中是最主要的方式。随着信息渠道的多元化和视听装备的多样化,以及休闲方式的泛化,看电视的参与率将逐步下降。但是网络、高保真音响等视听技术的发展又会将人牢牢地"锁定"在居室内。"在家"休闲娱乐参与率不降反升。

2.城市内部休闲(Urban Recreation)

城市内部休闲,又称城市游憩商业区,主要指城市中集住宿、饮食、娱乐、商业各项休闲旅游设施于一体的空间区域,既为旅游者提供观光、旅游、购物、休闲等各项服务,同时也是城市居民的休闲场所,也有称城市内部休闲岛的。

3.都市圈外休闲(Extra-urban Recreation)

都市圈外的休闲,也可以称为环城游憩空间(recreational belt around metropolis,ReBAM),是指发生于大城市郊区、主要为城市居民光顾的游憩设施、场所和公共空间,特定情况下还包括位于城郊的外来旅游者经常光顾的国家级或省级旅游目的地。

(二)休闲空间根据供给性质分类

按供给性质分,休闲空间可分为公共空间和商业空间两种。

1.公共供给性休闲空间

公共供给性休闲空间指依赖于由政府公共部门提供的非盈利休闲设施和服务,如歌剧院、音乐厅、文化中心、博物馆、图书馆、艺术馆等。

2.商业性休闲空间

商业性休闲空间是指商业机构和组织提供的以盈利为目的的游憩产品、设施和服务,包括宾馆、饭店、运动场、高尔夫球场、网球俱乐部、主题公园、游泳池、划船俱乐部、马术场、滑雪场、假日农场和度假牧场等。

第二节　城市内部休闲空间

旅游城市化趋势,使城市越来越成为旅游、休闲、游憩的中心。以居住地为中心的市民日常休闲游憩地可以定义为城市内部的休闲岛,这些地方可以供本地市民进行自发性的或者社会性的游憩活动,也可以为外来旅游者观光旅游、休闲游憩提供服务,使城市空间富有生机和魅力。

一、城市内部休闲空间分类

城市内部休闲空间根据服务主体分,通常可以分成面向本地居民的休闲空间、同时面向市民和游客的休闲空间、面向外地游客的休闲游憩空间三大类。[①]

(一)面向本地居民的休闲空间

1. 城市广场

城市广场是城市中由建筑物、道路及绿化带围绕而成的开敞性空间,是城市公众社会生活的中心。[②]真正意义上的广场源于公元前8世纪的古希腊时代,称为 Agora,即集中的意思,是建筑围合的公共空间,是当时活跃的民主气氛和适宜的气候条件所决定的。古希腊人将自己对空间的理解和审美情趣渗透到了广场的设计当中。经历了古罗马时代、文艺复兴时期两次兴建的高峰,形成了图拉真广场、圣马可广场、罗马圣彼得广场、卡比多广场等一批典型的古代欧洲城市广场。长期以来,城市广场一直是西方文化中最重要的社交性外部空间形态,对加强人民的交流与联系有着重要的作用。文艺复兴时期的圣马可广场就是威尼斯的市中心,人们把它称作是"欧洲最美的客厅"。

城市广场不同于大型建筑物前的开敞空间或者公园中的小型广场,而是特指那些处于城市中心地区,规模较大,对城市环境和城市生活起到直接的、重要的影响作用的场所,它有时候甚至是一个城市的标志,如北京天安门广场、成都天府广场等。因此,城市广场是一个包含了由各种安排适宜的设施所构成的、积极的外部空间和人群活动方式的整体。

城市广场通常可以分成市民广场、纪念性广场、商业广场和交通集散广场等,如表4-1所示。

表 4-1　城市广场类型

类型	特　点	功　能	布　局	举　例
市民广场	布置有公共建筑、面积足够进行大规模集会活动,并合理组织内部交通	游览、游憩、集会	城市核心区,与城市干道联系紧密	北京天安门广场、昆明东风广场、成都天府广场
纪念性广场	布置有历史文物纪念塑像、纪念碑等,有艺术价值和历史价值高的建筑、水池、喷泉等,环境较安静	纪念、游览、游憩等	具有历史意义的地区	威尼斯圣马可广场、重庆解放碑广场
商业广场	商店、餐馆、旅馆、娱乐设施集中	疏散人流及满足建筑上的需求	商业区	上海城隍庙、南京夫子庙
交通集散广场	有足够的行车、行人通道和停车广场,有良好的内部交通规划	解决人流、车流集散	车站、影剧院前等	北京西客站火车站广场

2. 城市绿地

城市生活不可避免地会造成人们与自然的疏离,因此,人类本性中亲近自然、亲近绿色

---

① 叶文.城市休闲旅游.天津:南开大学出版社,2006.

② 中国大百科全书(建筑、园林、城市规划).北京:中国大百科全书出版社,1998年重印.

的特征决定了城市绿地系统是城市休闲游憩系统中的重要组成部分。

我国政府部门规定城市园林绿地主要包括公共绿地、环境绿化用地、生产用地、防护绿地以及城市和郊区风景名胜区五类。《城市用地分类与规划用地标准》(1991)也将城市绿地分成公共绿地和生产防护绿地两大类(见表 4-2)。公共绿地是向市民开放的有一定休闲游憩设施的绿化用地,是本地市民在室内的主要休息与游憩用地之一。

表 4-2　城市绿地系统结构

公共绿地		生产防护绿地	
公　园	街头绿地	园林生产绿地	防护绿地
综合性公园、纪念性公园、儿童公园、主题公园、动物园、植物园、古典园林、风景名胜区、居住小区公园	沿街道、河流湖泊、海岸、城墙等设有一定游憩设施或者装饰作用的绿化用地	提供苗木、草皮、花卉的基地	用于隔音、卫生和安全防护的防护林带及绿地

可见,城市绿地的公共绿地中,公园更多地属于同时面向市民和游客的休闲空间。

(二)同时面向市民和游客的休闲空间

同时面向市民和游客的休闲空间包括以下几种。

1.城市公园

城市公园主要有综合性公园和专类公园两大类,前者包括市级公园、区级公园、居住区级公园等,而后者主要包括动物园、植物园、儿童乐园、主题公园、游乐公园、历史名园等。

2.城市滨水区

城市滨水区是指城市陆地和水域相连的一定区域的总称。城市滨水区包括一定水域空间和与水体相临近的城市陆地空间,是自然生态系统和人工建设系统相交融的城市公共开敞空间。滨水区往往因为在城市中有开阔的水面而形成旅游者和当地居民喜好的休闲地域。在城市规划中,这一地段称为"蓝道"(blue ways),其与绿化带构成的"绿道"一起,构成了开放空间和水道紧密结合的优越环境,是许多城市的点睛之笔,也是市民休闲的最经常选择之一。[①]

城市滨水区经过长期演化,通常有两种发展结果:一种是积累了不同历史时期、民族特色、地域风格的城市文化景观,各种类型的古建筑、特色街道、民俗风情和环境艺术等共同构筑了城市文化景观带,如巴黎塞纳河沿岸、伦敦泰晤士河畔。另一种则是由于滨水地区污染、产业转移等原因而走向衰落。对于后者,以游憩和商务活动复兴城市滨水区已在国内外有了很多成功的例证,如美国巴尔的摩港、上海的苏州河、南京的秦淮河、成都的府南河等。通过在滨水区修建公寓、办公楼、购物中心、亲水广场和步行街,充分满足人们亲水的需要。

3.文化艺术场所

文化艺术场所主要是指文教娱乐场所(如文化宫、博物馆、网吧、杂技场等)和艺术场馆(如音乐厅、歌舞剧院、美术馆、电影院等)。这类场所既能满足本地居民的精神需求,又为旅游者了解本地精神面貌和民俗风情提供了条件,如广西的《印象·刘三姐》、云南的《丽水

休闲管理

---

① 吴必虎,贾佳.城市滨水区旅游、游憩功能开发研究——以武汉市为例.地理学与国土研究,2002(2).

金沙》和杭州的《印象西湖》等都可为旅游者在当地旅游的过程中增添精神层次的享受。

4.体育运动场所

体育运动场所主要包括体育(场)馆;球类运动场所,如高尔夫、保龄球、乒乓球、羽毛球、篮球场等;健身房,如综合性健身房;专类健身房,如瑜伽、跆拳道、柔道、舍宾房等。

5.商业游憩区

商业游憩区主要包括城市CBD、商业步行街(特色商业步行街、美食街、购物街)、娱乐场所(KTV、迪吧、洗脚房、按摩室、浴场)、疗养地(老干部中心、温泉地)等。

(三)面向外地游客的休闲游憩空间

面向外地游客的休闲游憩空间包括下面两种。

1.历史街(道)区和历史遗迹

历史街(道)区和历史遗迹主要指古镇、古街道、古庙宇、古建筑、历史遗迹等吸引外地游客的旅游空间。

2.宗教区域

宗教区域主要指寺庙、道观、教堂、清真寺等面向教徒及旅游者的空间区域。

二、城市游憩商业区

城市游憩商业RBD区作为城市休闲游憩系统的重要组成部分,已成为目前研究的热点问题。

(一)RBD概念界定

RBD是英文Recreational Business District的缩写,直译为"旅游商业区",也称为"游憩商业区"。

1.RBD概念沿革

自20世纪70年代开始,一些国外旅游学者在中心商务区(Central Business District,CBD)概念的基础上提出了游憩商业区(Recreational Business District,RBD)概念。

Barrete(1958)深化Gilbert(1949)对滨海旅游地的分析,得出滨海旅游地中住宿、饮食、娱乐、商业各项旅游设施是集中布局,并具有明显地向中心区集中的趋势的结论,其意义在于把城市地理学的某些理论应用于旅游游憩的研究中。

斯坦斯菲尔德(C.Stansfield)和瑞克特(J.E.Rickert,1970)在研究旅游区的购物问题时,为描述这类旅游地的结构和功能特性,首次提出RBD定义为:为了满足季节性涌入城的游客的需要,城市内集中布置饭店、娱乐业、新奇物和礼品商店街区。[1]

V.Taylor(1975)将RBD用宾馆及其他旅游接待设施,如咖啡店、古董店、剧院、服务站、游乐园、饭店、公共浴室和公共水族馆的区别来加以定义。[2] Smith(1990)《游憩与闲暇研究的概念词典》则认为城市游憩商业区是建立在城镇与城市里,各类纪念品商店、旅游吸引物、餐馆、小吃摊等高度集中在一起的一个特定的零售商业区。[3]

Burtenshaw等(1991)对欧洲城市的旅游业进行了开创性的研究,提出了"Central

———

[1] Stansfield,J E Rickert. The Recreational Business District. Journal of Leisure Research.

[2] Taylor V. The Recreational Business District:A Component of the East London Urban Morphology. South African Geographer,1991(5).

[3] Smith L J. Dictionary of Concepts in Recreation and Leisure Studies. Greenwood Press,1990.

Tourist District(中心旅游区)"，此地集中了城市大部分的旅游活动。Getz(1993)则作了 TBD(Tourism Business District,旅游商业区)与CBD之间的关系研究,认为它们可能是相邻的,甚至是重叠的。[①]

在中国,保继刚(1994)在探讨深圳华侨城城区发展模式时,首次提出了RBD的概念。他把RBD定义为城市中以游憩与商业服务为主的各种活动(购物、饮食、娱乐、文化、交往、健身等)集聚的特定区域,是城市游憩系统的重要组成部分。与此同时,他认为TBD可看做是内涵与RBD相近的概念。连彬结合当前城市发展的特点,将RBD解释为城市中商业、游憩业和旅游业的互动区,它是以城市商业中心为基础形成的供本地市民和外地游客休息、娱乐、休闲、观光、购物的区域。

侯国林(2001)认为,城市旅游商业区域是指拥有一定数量的游憩者、游憩景观、游憩设施,并能够承担一定游憩活动的区域单元。[②]

保继刚、古诗韵(1998)初步研究了城市RBD的概念、研究进展、类型和功能问题,通过对初具规模的广州城市RBD——天河城地段进行实证研究,分析城市RBD的形成过程和发展特点,总结其形成机制以及对城市发展的影响。[③]

2. RBD、CBD和TBD的关系

对于RBD区域范围界定,首先必须明确它同中心商务区(CBD)的关系。而关于两者的关系学术界尚未达成一致意见。一些学者赞同RBD是在CBD的基础上发展而成的。如Getz认为RBD是游客导向型吸引物和服务十分集中的区域,这一区域与城市中心商务区CBD相毗邻。[④] 在一些古老的城市,特别是一些欧洲城市,RBD与CBD通常是重合地分布在遗产街道之内,并会被市政当局高度重视,并经过精致的规划。RBD演变的过程可归纳为从零售业商务区演变为办公与商业功能的复合区,再发展成城市会议—旅游—娱乐的中心区域。

另外一些学者则认为虽然RBD同CBD关系紧密,但并不完全等同。随着RBD自身游憩功能的完善,它将逐渐成为城市新的功能区,而且将会有更广阔的发展。所以,它有其独立的地域范围,而不是等同于CBD的地域范围。Judd强调城市旅游服务设施的组团特征构成了城市旅游空间。Philip Pear Ce认为凡是能够培养旅游者情感的任何环境都是旅游环境,并认为能丰富旅游者经历的区域,包括城市建筑物、风景名胜点及其他有较高旅游使用频率的较小规模的区域等,都应认作是城市旅游空间。保继刚认为RBD区位特征很难运用经济地理学的理论诠释,传统城市风貌的典型代表区同新兴的城市旅游景点都可以形成具有城市RBD特征的地段,其区位明显受到旅游吸引物所处地段的影响。而发展特征可归为供给特征(规划特征)和市场特征,前者因为它具有优越的区位、准确的市场定位和合理的功能组合配置,后者因为客源随距离衰减和独特的消费群体。如果我们同意前一种观点,即RBD是在CBD的基础上衍生的,即可通过界定CBD的地域范围来界定RBD,但是CBD的界定目前在学术界也存在着争议。而如果认为RBD不同于CBD时,如何划分它

① Burtenshaw D,Bateman M,Asbwort G J. The European City:A Westem Perspective. London:David Fulton Publishers,1996(4).
② 黄震方,侯国林.大城市商业游憩区形成机制研究.地理学与国土研究,2001(4).
③ 保继刚,古诗韵.城市RBD初步研究.规划师,1998(4):59—64.
④ Getz,D. Planning for Tourism Business Districts,Annals of Tourism Research,1993(20):583-600.

自身的地域范围,采用什么划分标准和划分方法也没有一个公认的技术标准,所以从理论上界定 RBD 的范围还有待进一步的研究。CBD 与 RBD 的比较如表 4-3 所示。

表 4-3　CBD 与 RBD 比较表

	CBD		RBD
	传统 CBD	现代 CBD	
区位	最高中心性	处于城市中心区边缘	取决于自然或历史的景点,或历史区域内
地价	高	较高,升值潜力大	较高,升值潜力大
职能	零售业、商业、餐饮、金融、保险等第三产业	商务、总部基地、信息咨询、高尚住宅	会展、商务、总部基地、高尚住宅、游憩
形态	街区型、建筑物层数较高	全新打造,高层建筑物为主	步行街形式,或点状,大型娱乐、购物中心、会议中心
历史	经长期形成,代表城市特色的地区	指导未来城市发展方向,在旧城基础上重建	近郊区或新区
人流变化规律	晚上人口增多;有假日人流峰值	白天人多,晚上人少;假日办公活动停止,人流较少	白天游客多,晚上市民多;有假日人流峰值
主体人群	市民为主	工作职员、外地商务人员为主	市民、游客、商务人员为主

Getz(1993)提出了与众不同的旅游商务区(Tourism Business District,TBD)的概念。它与 RBD 相对应,与 RBD 有联系但又有不同之处。Getz 认为,所谓 TBD 是指游客导向型吸引物和服务十分集中的区域,这一区域与城市中心商务区 CBD 相毗邻。在一些古老的城市,特别是一些欧洲城市,TBD 与 CBD 通常是重合地分布在遗产街道之内。Getz 还比较了 TBD 与 CBD 之间的不同(见表 4-4)。[1]

表 4-4　TBD 与 RBD 在形式和功能上的比较

旅游商务区 TBD	游憩商务区 RBD
全年指向	季节指向
集中形式	线性或丁字形
吸引物可能为完全文化型或有意人工建造	吸引物通常是原赋资源
可以与传统 CBD 合作或单独进行建设	与居住区导向的 CBD 分开开发,随时间变化可能与 CBD 融合或者影响
功能为写字楼、商业服务、游客服务	功能为餐饮、娱乐文体、礼品和纪念品和一些接待设施

(二)RBD 的类型

RBD 因其服务主体对象的不同而分为"景区 RBD"和"城市 RBD"两大类型。景区 RBD 是为"景区旅游者"提供餐饮、购物、住宿、娱乐、休闲、度假等服务的,以零售业为主的商业服务区。城市 RBD 是为"城市旅游者"提供餐饮、购物、住宿、娱乐、休闲等服务的商业服务区。

城市 RBD 大致分可为以下四种模式。

---

① Getz D. Planning for Tourism Business Districts. Annals of Tourism Research,1993(20):583-600.

1. 大型购物中心型（Shopping Mall）

在现代城市旅游业与休闲产业发展的背景下，购物作为一种旅游活动，地位日益重要，大型购物中心型的城市 RBD 逐渐成长起来。它们以规模制胜，把零售与休闲元素组合起来，融购物天堂与惊险刺激的娱乐为一体，赢得游人的青睐。以加拿大的西埃德蒙顿购物中心为代表。

2. 特色购物步行街型

特色购物步行街能作为 RBD，是因为它与传统购物中心之间存在区别：首先它在整体设计上讲求主题一致；其次营造的休闲环境不仅吸引购物者，休闲者、旅游者也常常在此驻足停留。其卖点是"精心营造的环境、文化独特的氛围"，并集中了许多平常不容易在同一地点买到的稀有商品；餐饮店是区内的主角，各种特色风味的餐厅与点心吧林立，有助于整区社交情境的创造，增加回头客。日本千叶美滨区、广东中山西路步行街与惠州步行街就是朝着特色主题购物步行街发展的成功典范。

3. 旧城历史文化型

旧城的历史文化地段，以其丰富的文化底蕴，对旅游者产生相当强的吸引力。在进行更新改造时，积极利用旧城原有的历史文化资源，发展休闲旅游业，由此形成一个不仅对本城居民具有吸引力，而且也能吸引外来游客的休闲旅游区域 RBD。以旅游业带动商业、休闲活动，这不仅有效保护了旧城内的历史古迹，同时也提高了旧城区自身的就业与税收，使旧城的经济得以发展，是使旧城得以复兴的有效方法之一。南京夫子庙地段与上海城隍庙地段是较为典型的依托旧城历史文化地段改造而成的城市 RBD。

4. 新城文化旅游型

新城的功能不仅是机械地分散大城市的人口压力，而且要参与中心城市结构的调整，或是作为地区新的经济增长点，或是作为振兴当地正在衰退的经济的复兴地。抓住本地文化特色，积极发展旅游业，是促进新城经济发展的重要措施之一。深圳华侨城和珠海九洲城地段就是以文化旅游带动新城发展的 RBD 形态。

（三）RBD 的旅游功能

从总体上看，中央游憩区（RBD）是随着旅游业的发展而在城市内部逐渐演化出来的一种新的功能区。因此，发展城市游憩不能脱离城市现状凭空想象。同时，它又不同于城市以往的区域，它兼具作为商业区和金融区而具有的重要经济功能和作为传统或现代建筑云集的地段而具有的为当地市民生活和居住服务的功能。也就是说，城市 RBD 的功能一方面应该服务于外来旅游者，另一方面应给予本地及城市周边地区居民以足够的重视。其功能主要集中在满足旅游者饮食、住宿、交通及获取相关的信息，此外还应该为旅游者提供购物、观赏、娱乐、体验和保健等多方面的功能。

1. 旅游购物功能

随着旅游业的发展，购物旅游资源已经成为许多旅游地吸引游客的最重要因素之一。如在游客对新西兰旅游地奥克兰的旅游印象中，首要的旅游吸引设施和活动就是购物，占85.7%，休闲购物已成为城市旅游者的主要活动。城市 RBD 多位于一些古老的文化商业街区或古今韵味十足的城市商业区，其优美的环境、完善的商业及娱乐休闲设施、底蕴深厚的地域特色文化及独特的建筑风格，正好提供了协调购物、休闲与旅游之间关系的最佳途径。

2.休闲娱乐功能

目前我国法定节假日和周末休息日达到 115 天,加上带薪假期、寒暑假,实际上城市生活的三分之一时间都处于休闲状态。另外,生活水平得到极大改善的城市居民对亚健康问题的重视程度与日俱增。这意味着一个新的休闲生活方式时代的到来。因此,城市资源的三分之一也应该相应转移到休闲服务上来。因为这是生活方式的变迁,而不是一个简单的双休日或黄金周概念。城市 RBD 的完善,能够为城市居民提供如保龄球馆、健身房、网吧、陶吧、人工滑雪场、卡丁车场等多种设施和场所,满足城市居民对休闲方式选择多样化、休闲时间利用结构复杂化、休闲活动空间不断扩展等方面的要求。城市 RBD 既要为城市旅游者提供都市旅游的场所,又要能够满足当地居民的游憩需求。在服务对象上,城市 RBD 不同于传统意义上的景区,具有明显的双重服务性质。

3.旅游观光功能

城市旅游者可以通过对城市自然风光、人文景观的欣赏增进对城市外观及城市文化的了解。和其他旅游一样,观光旅游也是城市旅游中最普遍的旅游形式之一。城市 RBD 具备一系列的观光类城市游憩产品,如商业建筑、主题公园、博物馆、商品柜台、橱窗、各种夜市、欣赏促销表演等。从大到小、从古到今、从静到动,游客不仅能够从不同侧面感受到城市的魅力,还能身临其境参与各种商业活动、欣赏展示展览,体会城市游憩产品的价值。

与有形的城市旅游产品相比,以城市传统文化、民俗、节庆活动为代表的城市非物质旅游产品受到城市旅游者越来越多的关注。城市旅游往往要依靠城市非物质产品来突显城市的旅游形象。[①] 如北京的"京派文化"和上海的"海派文化",两者的差异主要表现为民居、方言、地方戏剧、民俗以及传统文化所影响的城市居民行为和思维方式。而这些往往正是旅游者兴趣所在。

三、RBD 的空间布局结构

(一)城市游憩商业区的空间分布特征

游憩是人们在闲暇时间内所进行的各种活动,游憩业就是为人们进行各种休闲活动提供一定物质环境和服务的产业,不管这种物质环境的所有权如何划分,范围如何界定,经济效益怎样统计,只要有人的游憩行为在这个环境中发生,我们就把它列入城市游憩业的构成成分中。它具有以下几个类别。

1.点状分布的个体游憩业

个体游憩业是指以个体工商业户的形式单一经营某一行业并为游憩者提供特定服务的个人或集体。如一个网吧、一间咖啡屋、一座室内游泳馆、一所美容美发院、一座音乐城等,它们在空间结构上是点状空间结构。它们散布在城市的各个角落。

2.线状分布的社区游憩业

社区游憩业是指在城市社区的一定范围内为游憩者的休闲活动提供物质环境的各游憩行业的集合带。如社区的健身走廊、小区花园、电影院、音乐厅、俱乐部等。这些游憩空间和设施在社区内一般是呈串珠式线状展布在城市社区的主要街道。它是个体游憩业在城市社区一定地段的集中体现。在游憩功能上具有较大范围的适宜性,这些游憩设施在空

---

① 俞晟.城市旅游与城市游憩学.上海:华东师范大学出版社,2003.

间结构上呈明显的线状分布。

3. 片状分布的城区游憩业

城区游憩业是城市为人们提供的可供游憩者进行休闲活动的综合性产业。近年来,有许多关于旅游、游憩、休闲等问题的研究都提到城市游憩商业区这一概念,绝大多数学者都把城市游憩商业区(RBD)作为城市游憩业发展研究的主要目标。同时,对城市游憩商业区中包含的内容、城市游憩商业区的构成要素、城市游憩商业区的表现形式等都作过系统的研究。因此,可以这样认为,城区游憩业是一个城市游憩设施高度集中,游憩空间紧密相连,代表城市休闲活动最高水平的游憩产业集合带,如步行街、大型商厦、高级宾馆、游乐中心等。它们在空间结构上呈片状分布。这种片状分布的城区游憩业与俞晟、何善波对"游憩中心"的描述有相似之处。随着现代购物理念的改变以及购物行为内涵的延伸,购物已成为人们重要的休闲、游憩方式之一。除了商业步行街外,许多大型的综合购物中心也由此应运而生。如美国明尼苏达州的"美利坚商场"内含 800 家商店、18 家电影院,此外还有夜总会、健身中心、高等级的宾馆和人造山体,总面积达 88 万平方米,人们在其中待上两三天也不会感到厌倦。[①] 再如我国长春市由工农大路和红旗街、新民广场构成的片状空间区域,集南湖公园、长白山宾馆、欧亚商都、长影电影宫等游、住、购、娱空间设施于一体,它们共同构成了长春市的城区游憩业。所以说,城区游憩业是由城区高度集中的各种游憩行业构成的,它是个体游憩业、社区游憩业紧密结合的产物。

4. 公共开放空间游憩业

公共开放空间游憩业是城市为市民及游客(包括外来暂住人口)提供的带有一定社会福利性质及公益性质的自由活动空间及设施的集合,如城市广场、雕塑公园、河滨绿化带以及城市辖区的国家公园等。它们在空间分布上占有一定的区域,并且具有特殊的游憩功能。美国在住宅法案中将开放空间定义为:"城市地区具有被用作公园和游憩目的,对土地和其他自然资源具有保护功能或具有历史和风景价值的完全或基本上未开发的土地。"我们之所以把城市发展建设过程中多数由政府财政支出规划建设的这些公园、广场等形式的土地利用场地称之为公共开放空间游憩业,是因为我们站在纳税人的立场上。公园、广场是政府出资建造的,城市清洁工人、园林绿化人员的工资及花草树木的成本也要有出处,而直接可见的经济转换方式就是市民要向政府缴纳个人所得税。公共开放空间游憩业是城市游憩业的一个重要组成部分。现在,已有越来越多的城市提出了"经营城市"或"城市经营"的理念,而且在有的城市已经取得了成功。虽然"从经济性质上看,空间具有自然垄断和公共物品的双重特性,而地域空间结构实际上是个人和社会组织空间偏好与选择的结果,是经济均衡在空间维度下的集中体现,公共空间是一种公共物品,属于个人与组织的领域性空间也对社会产生一定的影响,是影响社会福利的重要变量"。这探讨的是公共政策问题,但也恰恰说明的是公共开放空间对社会、城市、经济的深远影响。[②]

(二)城市 RBD 的空间表现形式

由于城市游憩行为的内涵极其丰富,导致了城市 RBD 的表现形式也呈现出多元化的态势。

---

① Graeme Evans. Urban Leisure:Edge City and New Leisure Periphery. British,Genesis,1998.

② 张顺,李东来.论城市游憩业空间分布特征与分级关系.吉林师范大学学报(自然科学版),2006(3).

1. 步行街

步行街往往是城市游憩商业区的重要组成部分,由于其具有独具一格的形态、功能及其在许多城市游憩中占据重要地位,特将其作为重要的城市游憩空间形式之一加以分析。

步行街是城市开放空间的一种形式,是城市公共属性的重要象征。它是随着城市社会生活的进步、商业活动的高度发展,在历史的演变过程中形成的公共空间。[①] 这里所谓的步行街实际上是商业步行街的简称,由传统的商业街发展而来。随着社会的发展、商业竞争的加剧以及人本主义的盛行,营造一个良好的购物环境成了许多城市经营者的共识。正是这种共识才促成步行商业街的诞生。不可否认,一条设计巧妙的步行街,其功能往往超出了购物的功能,而成为休闲、游憩的好去处。

步行街系统最早出现在欧洲,世界上第一条步行街在德国诞生。早在 1926 年,德国的埃森市基于前工业时代紧凑的城市结构、人口居住密度高的状况,在"林贝克"大街禁止机动车辆通行。1930 年建为林荫大街,从而使商业获得成功,成为现代步行街的雏形。步行街的发展也经历了三个阶段:第一代步行街,仅仅是以吸引顾客购物为目的;第二代步行街,通过营造良好的购物环境体现对步行者的关怀;第三代步行街,具有相当社会功能和游憩功能。[②]

目前,国内外一些知名的步行街,如德国市政厅 Mariemplatz、英国 Covent Garden 步行街、上海南京路步行街等都将购物与娱乐、观光结合起来,其纯粹的商业功能通常不到20%,主要为多种多样的休闲娱乐功能。各种功能之间相互协调使人们能够在较短时间内达到需求的最大满足。据调查,市民一般一次花在步行街上的时间不会超过 2.5 小时,但如果有合适的娱乐设施,大部分青年人在一条街上的活动能超过 5 小时。[③] 有人对上海南京路步行街的顾客作了调查,以了解他们对步行街所提供的功能的需求,结果表明,人们对文化、娱乐等休闲游憩方面的需求占了相当的比例。因此,购物已不再是人们到步行街的主要目的,取而代之的是带有浓郁游憩性质的逛街,购物只是一种附带的行为。但值得注意的是,由于步行街购物环境良好,往往会激发人们更大的购买欲望。

例如上海南京路经过两年的建设,取得了令人瞩目的成果。据统计,南京路步行街在突破了原先单一购物的局限,向购物、旅游、文化、商务、展示五大功能综合推进后的两年来,累计接待海内外游客 8 亿人次,最高客流量达到一天 300 万人次。两年内,南京路步行街的中小百货减少了 50%,餐饮营业面积新增 13700 平方米,休闲娱乐业的经营面积从原有的 5000 平方米猛增到 14000 平方米。统计数据显示,两年来,步行街平均日客流量在 80 万人次以上,节假日达到 120 万至 150 万人次。

2. 游憩中心

游憩中心在本书中用于泛指各类主题相对较为单一的游憩地。游憩中心大多以点状的空间形态出现,其规模可大可小。在空间分布上可以相对集中,也可以分散于城市的不同等级的公共空间内,以满足不同层次、不同区位、不同年龄、不同性别等的具有不同的经济、社会特征的社会群体和个人对不同游憩内容的需求。游憩中心可以是商业性质的,也可以是公益性质的。游憩中心所涉及的游憩内容非常丰富,所涉及的参与群体的面也是最

---

① 郑时龄等.创建充满城市精神的步行街.建筑学报,2001(6):35—39.
② 甄明霞.步行街:欧美如何做.城市问题,2001(1):12—15.
③ 侯国林等.城市商业游憩区旅游开发的原则与产品体系.城市问题,2001(1):18—21.

广的,因此可以认为游憩中心是城市 RBD 的重要表现形式。

在点状的游憩空间中,大型游憩购物中心成为不少大都市的新宠。随着现代购物理念的改变以及购物行为内涵的延伸,购物已成为人们重要的休闲、游憩方式之一。除了商业步行街外,许多大型的综合购物中心也由此应运而生。[①] 这种大型的游憩购物场所实际与游憩商业区具有同样的性质与功能,某种意义上是游憩商业区的表现形式之一,因此我们将其归纳到城市 RBD 的范畴之中。

3. 自然风景游憩区

自然风景游憩区主要是指依托一定的自然资源而形成的城市游憩空间。此类游憩空间一般位于城市周边自然环境相对较为优美、地质地貌景观相对较为特别的地区。一般包括风景名胜区、自然保护区、国家森林公园、大型游憩风景林等。

自然风景游憩区与旅游景区有着较大意义上的重合。如以上介绍的风景名胜区、自然保护区、国家森林公园等自然风景游憩区其本身就是旅游景区。但是,并不是所有的自然风景游憩区都是旅游景区,某些自然风景游憩区所依托的自然资源并没有十分突出的独特性,但由于其毗邻大都市中心区,具有得天独厚的区位条件而成为吸引都市市民的游憩区。

4. 游憩型城镇

游憩型城镇是指那些以游憩功能作为该城镇的主要功能、以游憩产业作为其主要产业的城镇。游憩型城镇可以是依托深厚历史积淀、展现古镇风貌的历史性城镇,如朱家角、周庄、同里等;也可以是依托独特的自然资源而形成的观光、度假、健身基地,如崇明、嵊泗等;还可以是依托大型人工建造的吸引物而形成的娱乐性城镇。游憩型城镇可以是独立的城市体系,如美国的拉斯维加斯依托博彩而发展成为世界知名的旅游胜地。但在此我们所指的游憩型城镇是城市游憩空间体系的一个组成部分,是城市 RBD 的一种空间体现形式。从城镇体系的角度出发,这些城镇是所依托的大城市的飞地或卫星城。它们之所以能够发展成为游憩型城镇,一方面是由于其本身在资源上具有一定的优势,另一方面更大程度上是依靠大都市巨大的周末近程出游市场。[②]

(三)城市 RBD 的空间布局模式

通过对不同城市 RBD 空间分布状况的观察可以发现,目前多数城市的 RBD 空间布局遵循"极带式结构"这一规律(见图 4-1)。"极"是指不同等级、不同规模的 RBD 以及游憩性城镇。目前,许多大城市经过多年的发展,都形成了多中心的结构。"带"一般指的是城郊的环城游憩带。环城游憩带目前尚处于概念阶段,实际上是由城郊大小不同的游憩区组成的。

城市中心区由于受到环境、人口密度、地价等条件的约束,游憩设施的种类多以休闲、购物、开放绿地等人们日常需求量相对较高的类型为主。因此,市区的 RBD 往往依托有着特殊历史积淀的区域(如上海城隍庙)、现代标志性场所(如上海人民广场)以及大型综合娱乐设施而建。相对而言,城市郊区地带空间相对较为开阔,环境较好,地价相对较低。因此,如何利用城郊这些优势,如何对城郊地带合理开发引起了越来越多学者的兴趣。

城郊地区即指城乡交错带,这一地区发展旅游业具有其独特的区位优势:首先,由于依托大城市,城郊地区具有市场优势。大城市本身巨大的人口及其腹地的庞大人群对游憩区运

休闲管理

---

① Graeme Evans. Urban Leisure:Edge City and the New Leisure Periphery. British,Genesis,1998:182.

② 俞晟,何善波. 城市游憩商业区(RBD)布局研究. 人文地理,2003(4).

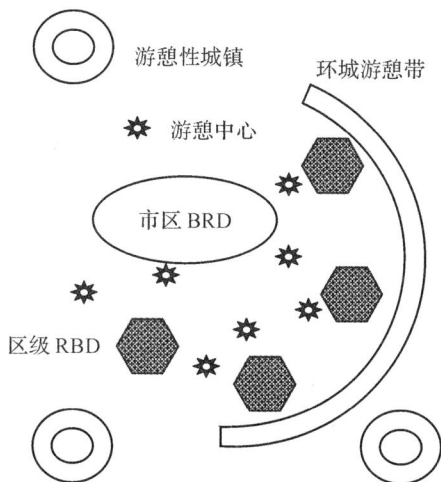

图 4-1　城市游憩系统空间分布"极带式结构"

营所需要的门槛人口提供了充分的保障。其次,交通便捷。大城市一般都非常重视区域内的交通网建设,因此一般城郊地区都有快速方便的交通,游客的通达性较高。

不少城市已经开始通过构建环城绿带来尝试建设环城游憩带的构想。如渥太华市环城绿化带的规划构想是在市区周围,通过自然保护区、农田等资源,形成开敞空间,从而有效地防止城市发生无规划地扩张。在此前提下,渥太华环城绿带被建设成为以乡村景观为特色的生态区。其用地比例是:合作性农场占 25%,森林和自然风景区占 15%,政府和公用事业机构占 30%,城市开敞空间(如城市公园、高尔夫球场、跑马场等)占 30%[①]。而上海目前在建的环城绿带规划形态为"长藤结瓜"式,即 500 米宽的环状绿带为"长藤";沿线在用地条件较好的地方适度放宽,规划布置若干大型的主题公园,即为"瓜"。不难看出,上海在环城绿带产业化经营方面已经考虑到将环城绿带建设与游憩带建设的结合。这对城市绿地建设的产业化经营以及城市 RBD 的多元化发展都是一种积极的探索。

(四)城市 RBD 的空间分布规律

通过以上分析可以看出,城市 RBD 在空间布局上存在以下一些规律。不同的 RBD 在选址时会着重考虑,依托其中某项因素。

1. 依托特定的旅游资源

从不同城市的 RBD 建设的实践中可以看出,许多城市的 RBD 都是依托特定的旅游资源而建的。例如不少学者通过研究发现 RBD 往往呈条带状分布于游客集散地与景区的道路沿线两侧。因此,可以说 RBD 的形成是以特定的旅游资源的存在为基础的。这一规律同样也普遍存在于城市中。

游憩商业区的形成与旅游资源有着密不可分的联系。城市游憩区,尤其是那些规模较大而又富有自然气息或历史内涵的游憩区,往往是依托现有的人文或自然的资源,并辅以基础设施及配套设施的完善而逐渐形成的,如上海的外滩—南京路—城隍庙一带、南京的夫子庙、上海佘山国家旅游度假区等。此外,城市中的河流及沿岸也往往会成为重要的游

---

① 刘薇.浅谈城市外围绿化带的规划与用地管理.规划师,2001(2):96-98.

憩带。如阎水玉等在其论文中描述道:"泰晤士河是伦敦绿地框架中的一条脊梁,被广泛地用于体育与娱乐活动。河流两岸分布着众多具有历史纪念意义、文化以及景观意义的建筑、公园和桥梁等。泰晤士河及两岸景观已成为伦敦的标志。"①

这类游憩区往往具有以下一些特点:其一,游憩区有鲜明的主体核心,这个核心可以是自然类的,也可以是历史、文化类的。其二,在对核心进行充分发掘的基础上往往针对游憩者的需求进行进一步的项目开发。其三,此类游憩区的选址往往是被动的,极大地受其所依托的旅游资源的限制。

2.依托市场

旅游开发根据不同的侧重点曾经一度分为市场主导学派和资源主导学派。经过一段时间的探索,现在越来越多的人已经意识到,在旅游开发的过程中,资源和市场的要素都必须兼顾。

对于城市而言,旅游资源的丰富程度相对乡村而言势必处于劣势。但城市尤其是大都市往往在市场方面具有极大的优势和潜力。因此,依托市场构建各具特色的人工吸引物及游憩区已逐渐成为城市发展旅游业的重要途径。国内外都不乏这类成功城市游憩商业区的典范,如加拿大的西埃德蒙顿购物中心(WEM),上海的东方明珠观光厅、金贸大厦观光厅、南京路步行街等。

此类游憩区往往具有一个共同的特点:由于往往地处相对较为繁华的都市,甚至都市的黄金地段,其运营成本也较高,并具有相对较高的消费门槛;故而必须有较大数量的消费,才能保证游憩区的正常运转,即需要大量的顾客作为其正常运作的基础。因此,这类游憩区往往需要稳定的一级市场、庞大的二级市场和丰富的三级市场作为其成功运营的保障。

3.依托便捷的交通和较低的地价

在城市游憩系统中,以大型人工游乐设施、主题公园为核心的城市商业游憩场所由于其占地面积较大,一般都高达数十万平方米,因此通常选址于城郊地带,因为城郊地区一般地价要低于城市中心区。同时由于此类主题性较强的游憩区投资一般也较大,投资金额一般在数千万至数亿元以上。因此,此类游憩区在选址时,既要考虑服务地区的消费人群基数以及消费能力的状况是否满足必要的条件,同时又要考虑交通可达性的状况是否能够满足一定规模的客流进入游憩区的需要。而在大城市的郊区往往可以同时满足以上这些条件,自然也就成为此类 RBD 选址的首选之地。②

四、长三角 RBD 深度体验研究

(一)研究背景

随着经济活动的发展、信息时代的来临,城市旅游逐渐成为城市发展新的增长点及支柱产业,进而促成了城市中一种新的功能区——游憩商业区(Recreational Business District,RBD)的兴起。在 21 世纪,这个以"休闲者"为中心的体验经济时代,作为城市旅游重要形式的 RBD 该如何发展成为摆在人们面前的切实问题。

自 RBD 在我国产生萌芽以来,我国的学者就对其展开了多角度、多层次的研究,并取

① 阎水玉等.泰晤士河在伦敦市规划中的功能定位、保证措施及其特征的分析.国外城市规划,1999(1):34-36.
② 俞晟,何善波.城市游憩商业区(RBD)布局研究.人文地理,2003,18(4).

休闲管理

得了一定成果。但是国内的实证研究往往只是对单个城市的某个 RBD 进行剖析,鲜见对不同城市 RBD 间的比较分析,或对某个大的区域内 RBD 的综合发展进行考虑。这主要是由于我国目前 RBD 尚处于初期发展阶段,许多城市的 RBD 刚崭露头脚、初具雏形,且发展水平、形态参差不齐,因此还不具有能够进行普遍意义上的综合分析的客观条件。但与此同时,笔者认为也应看到在我国一些经济相对发达的地区,城市旅游已发展得相对成熟,RBD 的数量和质量均已达到国内较高的水平,且由于城市间交通、经济与文化等的紧密联系,这些 RBD 已显示出一些发展上的共性和规律,因而也就具有了横向比较的条件。例如我国的长三角、珠三角等地区,区域内 RBD 密集发展、亦竞亦合、相辅相成的现象已非常明显,因此进行区域性综合对比分析就显得十分必要了。

(二)研究方法

本研究选取长三角地区三个典型 RBD——上海城隍庙/豫园 RBD、南京夫子庙/秦淮河 RBD 及杭州清河坊 RBD 为代表,通过实地问卷发放与小规模随机访谈相结合的方式,对前来购物、游览、休闲、商务活动等的中外游客进行调查,共发放问卷 500 份(其中杭州清河坊 RBD 发放问卷 200 份,上海城隍庙 RBD 和南京夫子庙 RBD 各发放 150 份)。最终回收有效问卷 433 份,有效回收率为 86.6%。

本研究问卷项采用李克特五级量表(five-point likert scale)进行测量,问卷内容包括四个部分:对旅游者主观因素的调查、对 RBD 客观的特征因素的调查、对游客旅游体验整体质量的调查以及旅游者的人口统计信息。采用社会科学统计软件 SPSS 13.0 对收集到的原始数据进行描述性统计分析、信度分析、因子分析、偏相关分析和方差分析(ANOVA),并采用结构方程专用分析软件 AMOS 5.0 作为结构方程模型的建构及分析工具。

(三)长三角 RBD 旅游体验度测评及影响因素分析

根据初期的小规模访谈、问卷中"游客意见"一栏的反馈结果以及笔者在进行问卷调研时与游客的随机访谈,得知目前长三角地区 RBD 存在一些需要改进的地方,主要归纳为以下几点:

(1)缺乏独特性,感觉与其他同类型 RBD 存在雷同之处,未充分反映当地特色和风貌;

(2)商业气息过于浓重,应继续加强文化氛围和传统性活动;

(3)公共服务设施(座椅、公厕、指示牌等)不足,休息场所不够;

(4)服务人员态度欠佳,服务意识不强;

(5)景区内过于拥挤,卫生条件较差,景区管理水平有待提高;

(6)参与性项目和新颖有趣的活动较少。

其中,第 1、3、4、5 项是三处 RBD 共同反映出的问题,而第 2 和第 6 项则主要是南京夫子庙 RBD 游客的意见。这些问题对游客体验愉悦度的具体影响,将通过定量分析进行进一步的探讨。

1.长三角地区 RBD 游客体验度比较

游客体验度唯一的衡量维度是"愉悦度",高愉悦度同时也代表高满意度。因此在对上海城隍庙、南京夫子庙、杭州清河坊三处 RBD 的游客体验度作比较时,主要通过"愉悦度"和"满意度"两项测量指标来进行。

对三处 RBD 游客愉悦度和满意度进行均值比较后发现,从游客愉悦度来看,上海、南京、杭州三个样本均值分别为 3.6324、3.3083 和 3.5122;而旅游者满意度方面,分别为

3.6250、3.3534 和 3.5793(见表 4-4)。明显看出在三处 RBD 中，上海城隍庙 RBD 无论是游客满意度还是愉悦度均居于首位，而南京夫子庙的两项均值则均为最低。

表 4-4　三个样本的游客体验度均值比较结果

		样本数	均值	标准差	均值 95％置信区间	
					下限	上限
愉悦度	上海	136	3.6324	0.81476	3.4942	3.7705
	南京	133	3.3083	0.81817	3.1679	3.4486
	杭州	164	3.5122	0.69607	3.4049	3.6195
	总计	433	3.4873	0.78200	3.4134	3.5612
满意度	上海	136	3.6250	0.85147	3.4806	3.7694
	南京	133	3.3534	0.81831	3.2130	3.4937
	杭州	164	3.5793	0.74294	3.4647	3.6938
	总计	433	3.5242	0.80794	3.4479	3.6006

注：量表分值从 1 到 5，分值越高表示游客愉悦度或满意度越高，下同。

为进一步检验三处不同 RBD 的游客满意度及愉悦度是否存在显著差异，对三个 RBD 样本做单因素方差分析，并在此基础上进行 Post Hoc 多重比较，探讨两两样本之间的差异。结果分别如表 4-5 至表 4-7 所示。

表 4-5　游客满意度及愉悦度的方差分析结果

		平方和	Df	均方和	F	Sig.
愉悦度	组间	7.226	2	3.613	6.046	0.03*
	组内	256.954	430	0.598		
	总和	264.18	432			
满意度	组间	5.76	2	2.88	4.483	0.012*
	组内	276.235	430	0.642		
	总和	281.995	432			

注：* 表示在显著性水平 0.05 下存在显著差异，双尾检验。

表 4-6　LSD 法对游客满意度进行多重比较的结果

			均值差异	Sig.	95％的置信区间	
					下限	上限
LSD	上海	南京	0.27162	0.006*	0.0759	0.4637
		杭州	0.04573	0.623	−0.1370	0.2284
	南京	上海	−0.27162	0.006*	−0.4637	−0.0795
		杭州	−0.22588	0.016*	−0.4097	−0.0421
	杭州	上海	−0.04573	0.623	−0.2284	0.1370
		南京	0.22588	0.016*	0.0421	0.4097

注：* 表示在显著性水平 0.05 时，均值间存在显著差异，双尾检验。

休闲管理

表 4-7 LSD 法对游客愉悦度进行多重比较的结果

LSD			均值差异	Sig.	95%的置信区间	
					下限	上限
	南京	杭州	0.12016	0.181	-0.0561	0.2964
		上海	-0.32408	0.001*	-0.5094	0.1388
	杭州	杭州	-0.20392	0.024*	-0.3812	-0.0266
		上海	-0.12016	0.181	-0.2964	0.0561
		南京	0.20392	0.024*	0.0266	0.3812

注:* 表示在显著性水平 0.05 时,均值间存在显著差异,双尾检验。

表 4-5 的方差分析结果显示,上海城隍庙 RBD、杭州清河坊 RBD 以及南京夫子庙 RBD 的游客愉悦度和满意度均存在着显著性差异(在 0.05 的显著水平下),显著性概率 p 分别为 0.003 和 0.012。而通过对三个样本的两两比较发现:上海和南京的 RBD 游客满意度之间,杭州和南京的 RBD 游客满意度之间,上海和南京的 RBD 游客愉悦度之间,以及杭州和南京的 RBD 游客愉悦度之间,均存在着显著性的差异(p 值分别为 0.006、0.016、0.001 和 0.024)。

这说明,上海城隍庙 RBD 给游客带来的体验最为深刻,并且游客从旅游体验所获得的愉悦感也最为强烈。因而从 RBD 的游客体验角度来说,上海城隍庙 RBD 的发展优于杭州及南京两地的 RBD,处于整个长三角地区的领先地位。杭州清河坊 RBD 给游客带来的体验虽不及上海城隍庙 RBD 深刻,但相较于南京夫子庙 RBD 来说却更胜一筹,游客能够在此感受到更大程度上的愉悦感。南京 RBD 在整个长三角的 RBD 发展中则落后于上海和杭州,处于相对较低的水平。

2. 游览目的与游客愉悦度的偏相关分析

本次调查列出了游客前来 RBD 游览的 10 种目的:购物、游览该地文化古迹、逃避生活和工作烦恼、感受该景区文化氛围、享受美食、与朋友(家人)度过快乐时光、放松心情、欣赏景区周围景色/夜景、结交新朋友、打发时间。通过偏相关分析发现,与 RBD 游客体验的愉悦度呈显著性相关关系的旅游目的有:购物(相关系数 0.690*)、游览该地文化古迹(0.149**)、与朋友(家人)度过快乐时光(0.152**)以及放松心情(0.149**)。具体结果如表 4-8 所示。

表 4-8 游览目的与 RBD 游客愉悦度的偏相关分析结果

游览目的	与游客愉悦度的偏相关(控制其他目的)	Sig.
购 物	0.690*	0.02
游览该地文化古迹	0.149**	0.003
逃避生活和工作烦恼	0.002	0.966
感受该景区文化氛围	-0.063	0.204
享受美食	0.06	0.223
与朋友(家人)度过快乐时光	0.152**	0.002
放松心情	0.149**	0.002
欣赏景区周围景色/夜景	-0.001	0.981
结交新朋友	-0.054	0.272
打发时间	-0.015	0.768

注:** 显著性水平为 0.01,双尾检验。

从这些数据可以看出：

首先，对于上海城隍庙、南京夫子庙和杭州清河坊这样的以历史文化景点为依托的RBD来说，游客仍以观赏文物古迹为主要的目的。因此，对RBD内文物古迹和历史名胜的保护、对当地传统文化的维护和文脉的传承就显得十分重要，它直接影响着游客体验的愉悦程度。

其次，RBD的购物功能也得到了游客的重视，是RBD吸引游客的一个重要的因素。因此，应增加RBD内特色商品的丰富程度、突出商品及旅游纪念品的特色、加强对商家的管理、规范市场把价格控制在合理的水平、改善旅游商品的营销使其对顾客更具吸引力。此外，更重要的是创造一个良好的、闲适的、富有特色和情调的购物环境，让游客真正体验到购物的乐趣，从而得到较高的愉悦度和满意度。

最后，与亲朋共度快乐时光和放松心情两项也是影响RBD游客体验愉悦度的重要因素。它体现出RBD的休闲功能。游客不仅要观赏景物、购物，更想获得一次放松自己、愉悦身心并享受和亲朋好友相聚的机会。因此，这就对RBD的休闲氛围的营造、休闲设施的配套与完善、休闲活动的丰富与充实提出了一定的要求。RBD只有具备了良好的休闲软、硬件条件，才能实现游客放松与愉悦的目的，满足游客的休闲需求。

由此可见，游客游览RBD的目的和体验的愉悦度之间存在一定的相关关系。这对于RBD的规划、管理及营销活动如何更好地针对游客需求来开展工作，都具有一定的启示。

（四）长三角地区RBD游客体验结构方程建模分析

将结构方程建模（SEM）技术用于RBD旅游体验方面的研究中，采用专业结构方程软件AMOS 5.0进行分析。以下分别就上海城隍庙RBD、南京夫子庙RBD以及杭州清河坊RBD的不同样本，基于探索性因子分析识别出来的各特征维度分别构造出三处RBD游客体验的SEM模型，确定它们之间一系列相互依赖的多重关系与内在作用结构，并加以综合的对比与总结。

1. 上海RBD旅游体验结构方程建模分析

在上海的总样本中，通过探索性因子分析识别出了四个特征性维度，即环境与服务质量、文化氛围、互动参与性及特色商品。因此，本文构建的上海RBD旅游体验结构方程中，自变量包括目的地客观环境的四个特征维度（因子），以及旅游者主观因素，共五个外生变量；内生变量（因变量）则为两个：旅游者融入程度和愉悦度。即总共包含七个潜在变量（非可观测变量）。而可观测变量则为14个直接由问卷题项测量的指标。

运用AMOS 5.0软件进行模型识别，根据软件运行后的输出结果，在修正后的结构方程模型中，共有四个潜在变量（因素）对旅游者愉悦度产生显著性的影响，即环境与服务质量、文化氛围、互动参与性和融入度。其中，融入度对愉悦度的影响最大，总效应为0.499，其次为环境服务与质量，总效应为0.337。互动参与性和文化氛围也有一定的影响，分别为0.140和0.084。修正后的最终模型如图4-2所示。由最终模型可以看出，所有变量之间的关系在统计意义上都是显著的，模型拟合情况良好。

2. 南京RBD旅游体验结构方程建模分析

在南京的总样本中，最终识别出了RBD旅游行为情境的三个有效维度，即历史文化氛围、内容丰度及互动参与性。因此，南京RBD旅游体验结构方程中，自变量包括旅游行为情境的三个维度（因子）以及旅游氛围情境（旅游者主观因素），共四个外生变量；内生变量

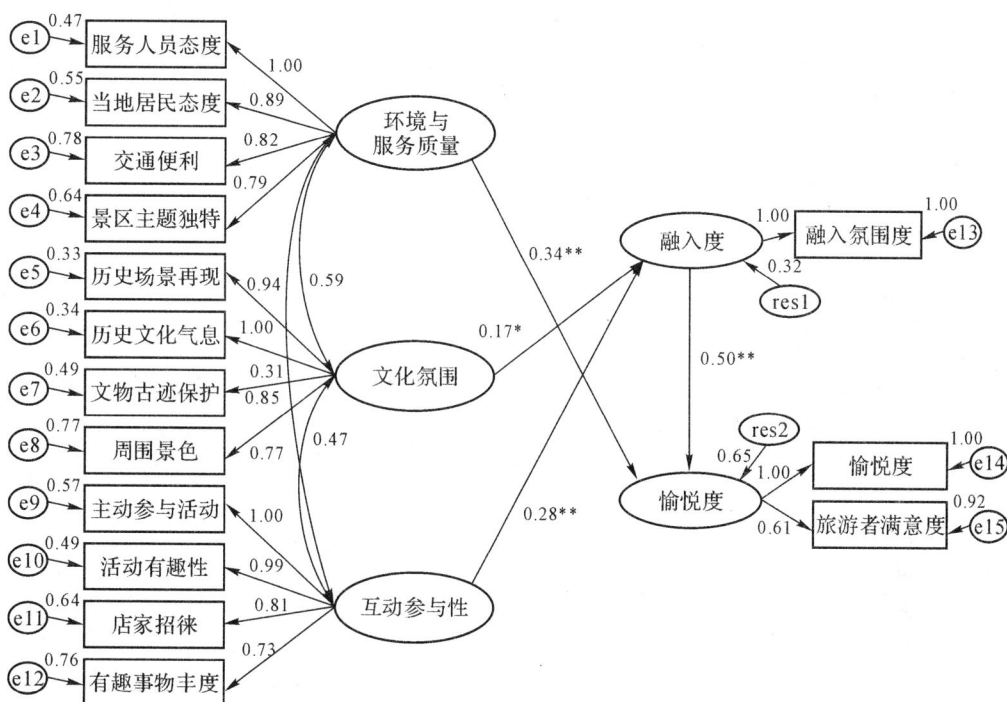

图 4-2　修正后的结构方程模型（上海样本）

注：* 表示 $p<0.05$；** 表示 $p<0.01$

（因变量）则为两个：旅游者融入程度和愉悦度。即总共包含六个潜在变量（非可观测变量）。而可观测变量则为直接由问卷题项测量的 10 个指标。

根据 AMOS 5.0 软件的输出结果，可以得到修正后的结构方程模型（见图 4-3）。

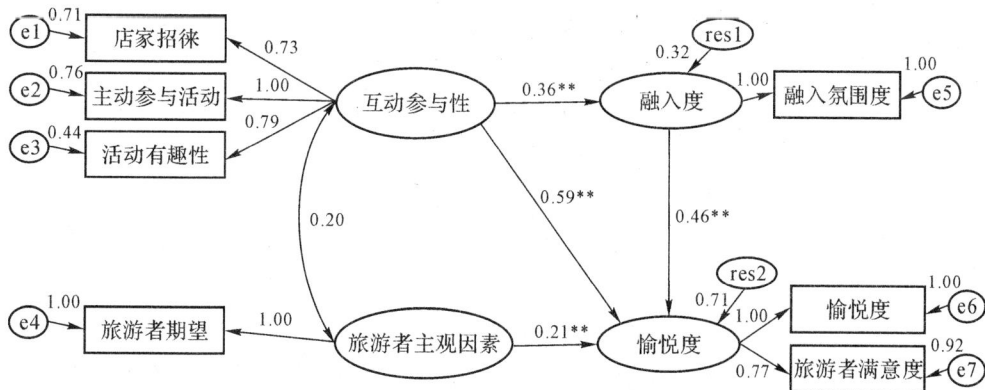

图 4-3　修正后的结构方程模型（南京样本）

注：** 表示 $p<0.01$

在修正后的结构方程模型中，共有三个潜在变量（因素）对旅游者愉悦度产生显著性的影响，即互动参与性、旅游者主观因素和融入度。其中，互动参与性对愉悦度的影响最大，总效应为 0.753；其次为融入度，总效应为 0.458；旅游者的主观因素也有一定的影响效应，为 0.205。这也印证了谢彦君所说的"（旅游者）在旅游过程中所发生的旅游行为都笼罩在旅游氛围情境(旅游者先在情感因素引起的主观心理情境)中,其特征在很大程度上会影响旅游体验的方式、方向和力度",但相较于旅游行为情境(目的地客观的特征环境)对旅游体验的影响,旅游氛围情境因素仍属于"远因"。

3. 杭州 RBD 旅游体验结构方程建模分析

在杭州的总样本中,识别出了 RBD 旅游行为情境的五个有效维度,即历史文化氛围、吸引物丰度、接待地欢迎度、互动参与性及景区内管理。因此,杭州清河坊 RBD 旅游体验结构方程中,自变量包括旅游行为情境的五个维度(因子),以及旅游氛围情境(旅游者主观因素),共六个外生变量;内生变量(因变量)则为两个:旅游者融入程度和愉悦度。即总共包含八个潜在变量(非可观测变量)。而可观测变量则为直接由问卷题项测量的 15 个指标。

通过 AMOS 5.0 软件进行模型识别,在修正后的结构方程模型中,共有 4 个潜在变量(因素)对旅游者愉悦度产生显著性的影响,即接待地欢迎程度、吸引物丰度、互动参与性和融入度。其中,融入度对愉悦度的影响最大,总效应为 0.484;其次为互动参与性,总效应为 0.372;吸引物丰度和接待地欢迎度也有一定的影响,分别为 0.279 和 0.237。修正后的最终模型如图 4-4 所示。

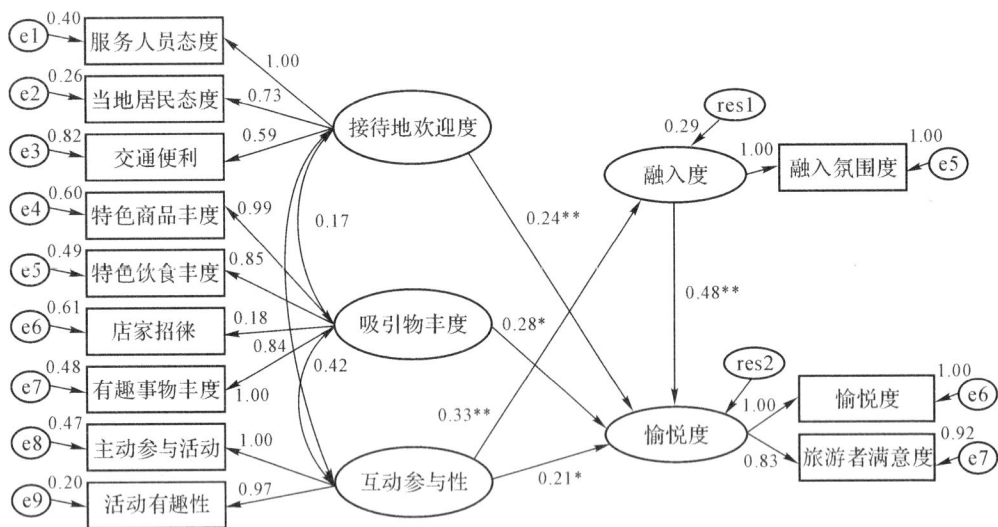

图 4-4 修正后的结构方程模型(杭州样本)

注:* 表示 $p < 0.05$;** 表示 $p < 0.01$

4. 三个 SEM 模型对比与总结

通过因子分析和结构方程建模分析,构建出上海、南京、杭州三处 RBD 各自的游客体验 SEM 模型,从而得出最终显著影响上海 RBD 游客体验的特征因素为环境与服务质量(总效应为 0.337)、文化氛围(0.084)、互动参与性(0.140)及游客融入度(0.499);显著影响杭州 RBD 游客体验的特征因素为接待地欢迎程度(0.237)、吸引物丰度(0.279)、互动参与性(0.372)及游客融入度(0.484);而最终显著影响南京 RBD 游客体验的特征因素则为互动参与性(0.753)、旅游者期望(0.205)及游客融入度(0.458)。

通过对 SEM 模型观察发现,影响 RBD 游客体验的共同因素为游客融入度和 RBD 互动参与性质量,两者对于游客体验的愉悦度均具有直接而深刻的影响。再进行进一步的均

休闲管理

值比较和方差分析发现,上海、南京、杭州三地 RBD 的游客融入度存在差异(均值分别为 2.191、2.090 和 2.152),但在 0.05 的显著水平下这种差异尚不显著(显著性概率 p 值为 0.308>0.05);而在互动参与质量方面,三地 RBD 则存在着显著差异(显著性水平 0.05),且上海城隍庙 RBD 与游客间的互动参与性最高,杭州清河坊 RBD 稍逊,南京夫子庙 RBD 的互动参与程度则不及前两者。因而,要提高 RBD 游客体验质量,应着重从游客融入度和 RBD 互动参与性这两个方面入手。

（五）深化 RBD 体验的对策

针对以上问题,根据实证分析结果,并结合长三角地区 RBD 的实际情况,笔者提出以下几点深化 RBD 游客体验的对策:

（1）提高互动参与性项目质与量,借鉴上海城隍庙/豫园"中国日"活动的成功经验,尝试增加系统的、深入的、主题性的参与性活动和深层次的文化体验,真正满足游客的休闲、娱乐需求;

（2）完善公共服务设施等硬件,增加游憩设施和标识系统;提高服务质量,考虑游客的特殊需要,满足游客个性化的服务要求;

（3）塑造独特的主题形象并营造新奇、原汁原味、浑然一体、以人为本的良好氛围;

（4）传承当地历史文脉并挖掘 RBD 特色文化,如上海城隍庙/豫园的"上海老城厢文化"、南京夫子庙/秦淮河的"秦淮文化"、杭州清河坊的"南宋文化"。

其中,互动参与性是保持 RBD 生命活力的心脏;服务硬软件是保障 RBD 良好运行、健康发展的骨骼和肌肉;主题形象和氛围是 RBD 外在给人以感知印象的皮肤;而历史文脉和特色文化则是真正使 RBD 区别于其他 RBD 并寻求自身长远发展的灵魂之所在。

【案例分析】

现代化城市需要中央休闲区[①]

2014 年底,北京奥林匹克公园、西安曲江新区、青岛市南区、南京夫子庙、宁波老外滩等 8 个城市片区被全国休闲标委会认定为首批"城市中央休闲区",如同中央商务区(CBD)、金融街、高科技园区(CID)、快速公交(BRT)一样,"城市中央休闲区"将成为城市现代化、国际化的标志性元素,对于推动城市功能规划更趋合理、引导城市休闲项目建设具有积极的现实意义。这也是贯彻《国民旅游休闲纲要》的一项创新成果,有利于促进城市公共休闲功能区建设。

城市中央休闲区概念的提出与实践具有多方面的现实意义:

一是有利于弥补城市规划缺陷。改革开放以来,我国城市建设发展迅猛、日新月异,但贪大求洋、攀比雷同、失掉本色也成为一种通病,由此带来的诸多后遗症,注定要几代人付出昂贵代价。这种现象已引起中央高层重视,习近平同志就告诫人们不要搞那些奇形怪状的建筑。近期,山东、安徽等省市人民政府都印发文件,强调加强建筑规划设计的管理,重点解决城市建筑贪大求洋、媚俗怪异现象,解决城市建筑盲目模仿、抄袭复制问题,解决"山

①　高舜礼.现代化城市需要中央休闲区.中国旅游报,2015 年 1 月 7 日.

寨"建筑频出、触及公众审美底线等诸多问题。

　　建筑外观外貌仅是城市规划中的一个表面问题，更重要的是城市功能与布局。城市今天的主要功能，已经从最初的安全防御为主、从工业化时期强调商贸中心功能，发展到了更加关注便利民生。眼下，绝大多数城市刚刚有了这种意识，但做得很不够，历史和现实都欠账太多。一些城市铆足了劲要国际化，学习借鉴发达国家大城市的标志性功能区不惜血本，但唯独在服务市民生活、兼及游客需求方面，步子不大、行动迟缓。

　　城市中央休闲区概念的提出，对当今城市规划提出了一个新目标：中央休闲区是否应成为城市必备的功能区，是否应成为城市现代化、国际化所必备的标志元素，是否应成为城市标榜宜居宜游的应有注脚？回答应该是肯定的。

　　二是探索了提升城市形象的新路。打造足以代表城市形象的金色"名片"，是城市决策者一直努力的目标。近年来，各地所取得的一连串称号，如园林城市、卫生城市、旅游城市、双模范城市、文明城市、智慧城市等，都属于这类"名片"。虽然产生方式不尽相同，但万变不离其宗，就是按某种标准进行创建达标。十多年前中国优秀旅游城市的创建，就是城市争名逐"号"的一个缩影，总的印象是举全市之力、大干快上、突击提升、达标迎检，城市旅游功能固然短时间提升了，但也不乏显见之弊。

　　城市中央休闲区对各大中城市而言，应是响当当的时髦"名片"，但它的获取可不用借助强力的行政推动，无须兴师动众、大兴土木，只是通过贯彻服务标准，就可收到水到渠成、润物无声之效。国发〔2014〕31号文件强调旅游业发展今后应要转变方式，妥善处理政府与市场的关系。因此，通过实施服务标准，推动提升城市品质和形象，应是值得关注、倡导和推广方向。时下有一个流行词叫"新常态"，在城市功能提升和形象打造上，实施弱化政府色彩的服务标准，应该成为一种今后的新常态。

　　三是拓展了国民公共休闲的空间。我国经济水平与人口规模，决定了国民旅游休闲发展将前景无限。为适应这一蓬勃发展的市场趋势，2013年颁布的《国民旅游休闲纲要》，规划了至2020年的发展前景，对公共休闲空间建设提了若干要求。近些年，很多城市建设开发了城市广场、休闲广场、商业步行街、胡同老巷、街心花园、社区活动地等，但由于人多地少，出现了居民活动争场地、闹纠纷现象。与欧美国家相比，我国公共休闲空间不仅数量小，而且种类少、不专业，浪费现象也比较严重。以城市广场为例，其主要功能是供大型集会和庆典之用的，而实际上一年用不了几次，多数是处于"常年闲"，主要被用于摆摊点、放风筝、跳街舞、滑旱冰，不仅建非所用，反而加大了管理和维护成本。

　　中央休闲区概念的提出，增加了现有公共休闲的"外空间"，对传统的公共休闲空间是一个拓展、一个集成、一个融汇，不仅创新了公共休闲空间概念，而且有一套可操作的服务标准，对将来城市公共休闲空间构筑具有积极的现实意义。

　　四是转变了旅游休闲开发的方式。对于旅游休闲项目的开发建设，业界一直存在相互对立和争论的观点，如开发上的小打小闹与大拆大建，投资上的零打碎敲与挥金如土，消费上的免费与收费等。目前，业界认为日显弊端的是所谓"大项目"，它们往往被变相的地产项目所裹挟，开发投入动辄就是数亿、数十亿，出发点是以大投入博取大产出，但如市场调研、规划设计、市场营销略失偏颇，就难以达到预期目标。大项目的弊端之一是，大多属于短期速成的完全新建或拆迁新建项目，尽管容纳了展示、娱乐、观赏、体验等内容，但由于带有工业生产和人为复制的痕迹，加之大多需要购买门票方能进入消费，便割断了市民与游客的交流，封闭了接触市井的地气，将一个休闲大项目搞成了人造休闲的孤岛。

中央休闲区建设开辟了旅游休闲发展的新路。由于它是在已建成区里进行开发的，就决定了不能大拆大建，只能是局部改造、整体提升；只能是修修补补、缺啥补啥，只能是新旧杂陈、以旧为主，只能是兼顾流动与固定人口、让市民与游客共享一片空间。因此，它与一掷亿万元的大项目开发是不同路径，所得到休闲空间效果也就迥异。这样建成的中央休闲区，实现了4个方面的汇聚，即城市文化的聚集、城市底蕴的体现、城市生活的集中、城市娱乐的汇集。在这里，将拥有足够的免费公共空间、集中的休闲设施、浓郁的休闲氛围和丰富的休闲业态。

因此，对于资源禀赋、历史积淀、休闲场所较集中的一些城市，建设中央休闲区不失为旅游休闲领域转变发展方式的有益探索。

五是兼顾了市民和游客双向的需求。休闲需要深入和细品，不同于观光式的走马观花、浮光掠影。城市休闲场所怎么开发，才能让人深入城市，接触市民生活，体验地域文化，这是带有共性需求的一个课题。中国人常说"读万卷书，行万里路"，目的不仅是游览沿途风光，还要体验市井生活、风土人情。《徐霞客游记》所记述的也是如此。古今中外，人同此心。城市中央休闲区的建设，可以较好地解决这类问题。

市井市民与游客的交融是天然的，游客不接触市井就不接地气，就不了解人文风物；市民不接触游客就缺乏人气，就没有红火的生意。中国古代大小城镇都很重视休闲功能，大到省会通衢，小到边塞小镇，都有当地居民与外来客商共享的休闲商业空间，明清小说、历史笔记对此多有反映。今天倡导这个共享理念，既是要完善现代化城市以人为本的功能，也是在休闲文化上寻求回归与继承。

中央休闲区为市民与游客创造了自然交融的空间。休闲与观光的差异，不仅是行程节奏的快慢舒缓，还有体验深度上的明显差异，不仅是指逛得慢、看得细，更是指对目的地了解的宽度和深度。对于到常熟的游客来说，早上不露天吃一碗熏油面、喝杯茶，就不能算是了解当地民俗；对于到青岛的游客来说，不到八大关逛一逛，不在临街铺位上喝几杯鲜啤，就不算了解青岛城市的底蕴；对于到丽江的游客来说，不到大研古镇的街街巷巷走走逛逛，就体会不到茶马古道历史文化的厚重。中央休闲区建设解决了这个问题，它选择一片历史人文资源禀赋较高的城区，进行一番延展、提升、浓缩、闪亮以后，虽然城还是那座城、街还是那条街、宅还是那些宅，但城区留住了不可复制的人文历史印记，旅游休闲接待功能也得到大幅度提升。

这些中央休闲区与新建休闲大项目有着明显区别。其差距有些类似于文物与器物、百年老城与人造园区。在中央休闲区里，游客接触了地气和文气，居民承接了人气和财气，双方各自的需求得到了最大满足。因此，对任何一个现代化城市来说，中央休闲功能区不是可有可无，而是具有很现实的启示性、借鉴性和引领性，应该具有光明的发展前景和无限的生命力。

第三节　环城休闲游憩空间

一、环城休闲游憩空间的内涵

国外对城市周边旅游地类型及空间结构早有研究。一些旅游研究将城市周边旅游作为旅游的一种基本类型。早在 1987 年,Stephen L. J. Smith 就在其《区域旅游资源分析》一文中,在国家尺度上将旅游划分出城市旅游、户外游憩、度假/划船、城市边缘旅游 4 个类型。1993 年,David B. Weaver 根据旅游活动随距离衰减的现象,将城市居民出游目的地划分为专业旅游带、中心商务区、地方邻里区(local neighborhoods)、胜地带(resort strip)和乡村外围(rural periphery)5 个带,显示出旅游研究者对城市周边旅游的特别关注。Donald Getz、Randel A. Smith 与 John D. Lesure、Scott-D 等人的研究也从侧面反映了城市周边旅游的特征。[①]

在 20 世纪 90 年代后期,国内城市周边旅游研究逐步出现。1999 年,吴必虎等在对上海市郊区旅游开发实证研究的基础上,提出了环城游憩带(ReBAM)理论,对城市周边旅游进行了系统的理论总结,并初步建立起规范研究的框架。[②] 该理论将发生于大城市郊区、主要为城市居民光顾的游憩设施、场所和公共空间,特定情况下还包括位于城郊的外来旅游者经常光顾的国家级或省级旅游目的地,一起称为环大都市游憩活动频发地带,简称"环城游憩带(recreational belt around metropolis,ReBAM)"。

环城游憩带,也叫环城旅游度假带。环城游憩带主要是针对城市居民和外地客人的户外休闲游憩需求,充分利用大城市郊区的区位和环境优势,通过景观道路把各具特色的户外休闲游憩中心有机串联所形成的环城游憩系统。由于受地形、道路或其他障碍物的限制,环形结构往往呈不规则状。环城游憩带的纵深距离目前尚存争议,因城市规模、辐射力、交通便捷性和旅游景区点布局的实际而有不同的距离标准,环城半径从 15～100 公里不等。环城游憩带是现代大城市郊区发展的共同趋势,在城市旅游体系中,它与城市中央游憩区共同构成城市游憩体系的两个重要组成部分。据预测,在国家旅游发展体系中,其发展趋势未来将占据国内旅游市场的半壁江山[③],在目前结构转型和全面建设小康社会中同样扮演着非常重要的角色。

二、ReBAM 的特征

(一)旅游用地特征

旅游用地是环城游憩带的物质表现形式。如根据 1996 年吴必虎对上海市郊 9 区县的调查,131 处景区景点共占地 1840km²。各类景点的用地规模差异较大,其中有占地 0.067km² 以下的微型景点,也有占地在 200km² 以上的大型景区。其中体育娱乐项目占地

---

① 苏平,党宁,吴必虎.北京环城游憩带旅游地类型与空间结构特征.地理研究,2004(3).
② 吴必虎.大城市环城游憩带(ReBAM)研究——以上海市为例.地理科学,2001,21(4).
③ 魏小安.旅游目的地发展实证研究.北京:中国旅游出版社,2002.

休闲管理

尤多,超过其中一半以上。

（二）ReBAM 的交通结构与游客行为

从交通连接特征和游客行为角度看,ReBAM 通常呈放射状网络体系,城市居民多集中于近距离区域,而一部分外地游客多环绕于快速干道发达的中距离区域。据已有研究表明,它一般距城市中心 300 公里以内,且交通便利,可进入性强的 ReBAM 空间是城市出游活动密度最大区域。

三、环城游憩的出游方式和消费结构

一般而言,环城游憩的出游方式主要有三种:一是居民周末的自费出游;二是企业组织的奖励性出游;三是部门组织的会议性出游。前者属于散客旅游,是最主要的出游方式,它又表现为携妻带子的家庭游、甜甜蜜蜜的情侣游和三五成群的朋友结伴游等形式。

四、ReBAM 的开发模式

目前,我国环城游憩的开发模式主要有以下三种。

（一）利用郊区良好的自然环境建立旅游休闲度假区

例如市郊休闲公园、森林公园、植物园、动物园等,以满足城市旅游者度假休闲的需要。

（二）利用丰富的土地资源和便宜的地价、建设主题公园

包括近年来出现的一种新型的游憩地——景观房产,即房地产开发与旅游度假相结合,集居住、休闲、运动于一体。以此来弥补中心城市的不足,并利用各种方式来增强旅游者的游览效果,提高参与性、娱乐性与享受性。

（三）利用乡村环境与旅游资源开发乡村度假休闲旅游

当今,旅游者厌倦了喧嚣的都市环境,而向往和追求回归自然、走向自然。农村有着城市无法比拟的悠闲意境,让人从中了解各地民族文化、风土人情、乡风民俗,为我国休闲旅游开辟一方崭新的天地。[①]

同时,环城游憩开发应与城市内部的旅游开发具备功能上的互补关系,郊区的旅游功能应当适应自然资源和环境资源持续利用和居民反复出游的需求,即郊区应该具备生态化、多样化、综合性和服务层次逐步提高的旅游开发结构。近郊区可以采用满足市民周末休闲度假式需要的园林、森林和农业观光为基调的综合开发;远郊区则应以郊野公园建设、郊区乡村保护区和郊区生态文化建设等为开发方向。

五、环城游憩带发展现状

（一）环城游憩行为日益普及

随着人们工作节奏加快、旅游意识增强,人们开始把旅游作为一种生活方式来看待,但休假时间有限,长线出游受到限制。城郊以其距离城市中心近、交通方便,同时又保留有森林、田园风光的优势较适合都市居民的短期休假,使得城郊旅游应运发展。此外,这些年家用轿车普及很快,自驾车出游成为近年旅游发展的新方式,城郊景点因车程短、路况好等优势也得到了自驾车一族的青睐。

---

① 刘群红.发展我国休闲旅游产业问题的若干思考,求实,2008:8.

（二）环城游憩带建设发展迅猛

市场需求会促使产品的发展，许多城市开始注重环城游憩带建设。目前国内北京、上海、成都、重庆、广州、深圳等大城市的环城游憩带建设已趋向成熟。城市郊区新景点不断涌现，度假酒店、娱乐场所等配套设施日益完善，观光游、农家乐、采摘游等旅游形式渐趋多样。环城游憩带建设已成为城郊土地利用中的亮点。

（三）环城游憩行为中度假需求逐步增多

由观光游览向度假休闲的转变是旅游者成熟的阶段。城郊景区的易达性有助于提高旅游者环城游的回头率，游憩行为也会随之向度假方式转换。目前，环城游憩带建设中也在积极引导，如建设度假酒店、开展多项休闲活动等以延长旅游者停留时间，满足其度假休闲的需要。

六、环城游憩带发展面临的问题

在环城游憩带蓬勃发展的同时，我们也应清醒地注意到由于受投资主体多元化、投资主体知识素质、投资规模以及发展阶段等因素的影响，环城游憩带在建设过程中也出现了各景区景点诸如产品同质、同构、主题不鲜明，旅游项目建设档次低、品位差、缺乏规划，甚至造成生态环境破坏等一系列问题。这严重制约了环城游憩带的持续、有序发展。为此，环城游憩带的发展应解决好以下几个问题。

（一）满足城市居民对环城游憩带的三个共性需求

这三个共性需求即休闲气息浓、娱乐项目多、康体要求高。市民需要的是改造的乡村、改造的自然，在追求乡村环境和亲近自然的同时，最终体现的还是城市生活的本质。一些自然景区把粗制滥造解释为体现"原汁原味"，那是难以满足城市居民真实需求的。

1. 构造环城游憩带旅游产品的复合性表现在休闲和度假两个方面，但其又与纯粹的观光性项目和度假性项目有所不同，它更多地体现了项目的混合性和兼容性。

2. 精心建设环城游憩带各景区的独特卖点，投资主体的多元性和旅游产品的复合性，决定了景区产品的质量。这就要求景区要策划第一，突出主题。如郑州金鹭鸵鸟观赏园以鸵鸟养殖和观赏为品牌，以大片的槐树林为背景，组合了地面、水上和空中系列休闲和娱乐项目，获得了良好收益。

3. 注重培育文化差异与文化竞争力

在选择卖点时，各景区还应注重在培育文化差异与文化竞争力方面下工夫。特色是旅游之魂，文化是旅游之基。追求文化差异，形成文化竞争，是对环城游憩带提出的更高要求。在品牌打造的基础上赋予其文化内涵，提高景区的文化品位，才能真正使二三流的资源成为一流的产品。

（二）注重环城游憩带的可持续性利用

环城游憩带中的自然生态景观和资源对城市居民而言不仅是有限的，而且是非常宝贵的不可再生资源。应该根据其有限的承载力，科学规划，尽最大努力保护好城市周边这块具有优良生态环境的"净土"。

第五章 休闲文化与教育

第一节 休闲文化

休闲文化作为一种亚文化形态在中国文化发展史中具有重要的历史地位。从文化渊源上来讲,受老庄哲学和禅宗思维方式的影响,中国人的休闲价值观很推崇"致虚极,守静笃"、"清净为天下正";"君子之行,静以修身,俭以养德,非淡泊无以明志,非宁静无以致远"。陶渊明的诗句"采菊东篱下,悠然见南山",非常有代表性地表达了休闲之境界——自我心境与天地自然的交流与融合——体悟到了精神世界与客观世界的和谐统一。而如今休闲作为一个新的社会文化现象正快速地向我们走来。

一、休闲文化的概念

(一)休闲与文化的关系

所谓休闲文化,是指人在完成社会必要劳动时间后,为不断满足人的多方面需要而处于的一种文化创造、文化欣赏、文化建构的生命状态和行为方式。[①] 休闲的价值在于文化,使人们在精神自由中历经审美的、道德的、创造的、超越的生活方式。

可见,休闲与文化是相辅相成、不可分割的。文化是休闲的环境,又是休闲的材料,是休闲体验得以诞生的地方。

首先,休闲完全是种族的,即不同的经济条件、宗教取向、风俗习惯孕育了不同的休闲方式。即使在相同的种族内也会因为年龄、性别、地点而影响休闲活动与场景。

其次,文化是休闲的基础。休闲与生活中的一切都密不可分。比如,我们在理解休闲的可能性、分析某种行动的意义时,也会用我们所习得的语言来表达我们所经历的认识过程与形式。也就是说,我们从选择休闲活动与地点到进行休闲活动直到最后活动结束的全过程都是由有形或无形的文化所构成的。

第三,休闲为文化的发展提供了重要的环境。休闲是使创造性活动成为可能的社会空间。休闲是社会中的一种环境,是社会凝聚的仪式。休闲的作用之一是提供赞颂文化意义的机会。在世俗或活动中,人们聚集起来,夸张或强化那些对于社会十分重要的意义符号,在节日里,人们将支持社会制度的价值观戏剧化,再将这些文化的意义表演出来。

第四,休闲对文化具有再创造性。在休闲的游戏中我们可能尝试新奇,可能进行创造,

---

① 胡怀亮.构建社会主义和谐社会的休闲文化.大连干部学刊,2006,12:4—5.

实现"未然"。休闲所具有的这种游戏性的再创造反映了现有社会秩序的薄弱,并提供了对它进行批判的可能性。休闲可能成为最开放、最可能有所创新的领域。

（二）休闲文化的结构

由于新经济革命的展开,休闲文化结构具有极其鲜明的立体化、多元化的时代特征。楼嘉军（2002）认为休闲文化结构可以从两个角度进行理解:从层次结构上理解,分为社会公共休闲文化、高雅休闲文化和大众文化三个层次;从空间结构上理解,分为家庭、社区、社会公共场馆和网络虚拟空间四个区域。[①] 在此,我们引用楼嘉军层次结构的分法,对休闲文化的结构加以具体的说明。

社会公共休闲文化、高雅休闲文化和大众娱乐文化构成了一个城市或地区的休闲文化系统,其中社会公共文化和高雅文化代表着一个城市或地区的休闲文化的品位和档次,而大众娱乐文化体现的则是当地休闲文化的活力和特色。

1.社会公共休闲文化

社会公共休闲文化通常是指以城市或地区中的博物馆、图书馆、美术馆、文化馆、纪念馆等场馆为代表的城市休闲文化样式。社会公共休闲文化在休闲文化层次中占主导地位,是政府和各类社会组织为人们提供日常休闲文化活动的主要渠道。

2.高雅休闲文化

所谓高雅休闲文化是指"那些具有实验性、示范性、民族代表性的艺术精品;那些表现重大题材,具有较高思想性和艺术性的文艺创作;那些传播科学文化知识的影片、著作"[②]。高雅休闲文化是相对的,通常具有国际可比性。典型的艺术表现样式有歌剧、交响乐、芭蕾舞以及具有民族特色的京剧、昆剧等。

3.大众娱乐文化

大众娱乐文化一般是指通俗的读物、音乐、舞蹈、影视作品,通俗的艺术表现样式和文化活动方式。大众娱乐文化突出的表现形式是"快餐文化"和"流行文化"的兴起,这与大众娱乐文化主要满足人们浅层的感官享受和精神慰藉密切相关。

二、休闲文化的作用

（一）休闲文化的特征

休闲文化所具有的特征决定着休闲文化对个体产生的影响。总的来说,休闲文化有以下几方面的特征。

1.休闲文化的可传播性

休闲文化具有可传递性,而且这种传递的速度和范围,借助于现代传媒技术的发展,已经变得愈加迅速。尤其是互联网的广泛应用,已在最大程度上缩短了城市与乡村的距离,缩小了国家之间的距离,从而使休闲文化能够在全国范围,乃至全球范围内更迅速地辐射、扩散和传播。

2.休闲文化的塑造性

休闲文化的传播性表示某种文化可以跨越时空界限到达某个个体,使得个体有机会去

① 楼嘉军.休闲文化结构及作用浅析.北京第二外国语学院学报,2002,1:79—84.
② 郑欣淼.社会主义文化新论.北京:中国青年出版社,1996.

接触它。而休闲文化的塑造性则是指个体对休闲文化的接受和认可乃至被其影响而产生一定的改变。在我们这个对外开放的国度里,美国的好莱坞影视文化正将西方社会的生活方式、价值标准、休闲活动形态推向中国的千家万户,并在逐步冲击甚至瓦解中国人的固有文化传统,以致引起不可忽略的生活形态和价值观的裂变。与此同时,西方的快餐文化也正通过各种强有力的促销手段,在中国的大地上悄悄地培养起美国饮食文化的消费者。

3. 休闲文化的凝聚性

通常情况下,休闲文化对群体的影响往往是以社会阶层、年龄阶层或是心理阶层等为范围进行划分的,所谓"人以群分,物以类聚"的说法,也就从一个侧面反映出休闲文化对群体的凝聚力作用。在现代社会,人如果不属于一定的群体或集团,就无法参加社会活动。对同一种休闲活动方式,不同的阶层或群体有各自相应的选择倾向。表面上看来,不同群体的选择态度仅仅表现为单纯行为的差异,而在实质上,选择的倾向性是受到文化指令的深刻影响和严格制约的,是各自的文化和对相应群体和集团的强烈吸引所致,从而造成群体之间活动表现方式的差异性。群体和阶层对休闲文化的凝聚作用都有明确的归属感和认同感。所以,在一定的程度上可以说,休闲文化对群体吸引力的最终表现结果就是这种差异性。

(二)休闲文化的作用

休闲文化像社会中的许多事物一样,具有一定程度的双刃剑特征。也就是说,它对人、对社会既可能产生积极的正价值,也可能产生消极的负价值。当然,如果休闲文化进行合理利用,则能趋利避害,使其朝着有利于人类的方向发展。

首先,休闲文化有利于发挥人的主体性。能从事自己感兴趣的工作固然是好,但迫于社会生活的压力,人们在工作中不得不服从种种哪怕是自己根本不感兴趣的操作规程、指示命令和规章制度,乃至不得不尽自己最大努力克服重重困难去完成工作任务,其被动性和受制性都是显而易见的。休闲却不同,它是主体在一种充分自由选择、完全根据自己的人生观、价值观和道德观,纯粹按自己的兴趣爱好来投入的一种生活领域或文化状态。[①] 可见,休闲文化是人进一步认识生活、体验生活和拓展生活空间的一条重要途径。

其次,休闲文化有利于增强人的开创性。人们通常会用无所事事、游手好闲来指代休闲。其实不然,休闲是人对于劳动、创造的暂歇。一些当代哲学家和科学家明确指出,休闲文化以"态度的形式"孕育着人的思想和精神。人处在休闲的文化氛围中,有独立、宽松的思考时间和空间会激发主体对未知世界无穷探索的欲望,能进一步发挥和提升人的开创性。也就是说,人们在休闲过程中放松心情、储备能量,为重新学习、工作做好身心准备。此外,艺术家、哲学家、诗人等的灵感也往往源于思维、身体极度放松的时刻。社会实践亦反复证明,人在休闲环境中,能更为深入、细密、持久地对自然、社会和人生实践中的各种感受、经验进行反思,对世间的奥秘进行探索,许许多多科学上的发现和发明正是在这种条件下获得或促成的。

此外,在丰富多样的休闲文化生活中,各式各样的人群通过种种交流、互助、合作等途径,形成和谐互动、优势互补、相得益彰的状态。

最后,休闲文化能够提高人的文化素养。无论是在东方或西方,人们都十分注重休闲

---

① 楼嘉军.休闲文化结构及作用浅析.北京第二外国语学院学报,2002(1):79—84.

文化对自我精神的陶冶作用。在中国,当人们利用闲暇时间纷纷投身于自然、游历名山大川时,我们依然能十分轻易地发现在很多情形下,许多人自觉不自觉地继承了中国传统的文化审美心态,并将这种意识融入人们对人生境界的演绎中去。如观山、赏水和看树,便会由山的高大雄伟引申出人格的崇高完美,从水的浩瀚无垠联想到人胸襟的坦荡博大,从青松翠柏的不畏严寒推导出人应该具有高风亮节的品德。可见,休闲文化时时刻刻影响着正在进行休闲的人们,并将文化于无意之中根植入人的思维、品行和行动之中,以提高人的文化素养。

三、休闲文化的构建

(一)培养健康的休闲意识

关于休闲追求,美国学者戈比认为,休闲活动存在着五个不同的层次:放松、消遣、发展、创造和感觉超越。他认为以放松为目的的休闲实际上还只是停留在消除身心的疲惫,以便为工作创造条件这一层面上,而消遣则是将休闲本身当作目的,因此消遣比放松处于更高一个层次。[①]

我国由于特定的历史背景和经济条件,国民休闲的层次还比较低,对休闲的理解还比较模糊。据了解,多数人认为休闲是有钱人的娱乐方式,而休闲活动则以低层次的喝茶、棋牌等为主。因此,对于休闲目的的科学认识是目前建设主流休闲文化的首要任务。一方面,有关部门要把大众的休闲文化需求重视起来,尽快转变观念,提高认识,加强研究,领会发展休闲文化的重大意义;另一方面,要加快经济建设的步伐,提高整个社会的文化建设水平,增加休闲文化生活资源的供给,加大休闲文化生活设施的经济投入,提高休闲文化生活设施的现代化水平,以丰富人们的休闲生活,提高人们休闲生活的层次、质量。[②]

(二)培养科学的休闲价值观

休闲价值观就是人们通过对休闲理念、休闲结构、休闲文化等完整而全面的认识而形成的一套价值体系。在人们的休闲生活中,休闲价值观起着引导方向的重要作用。

在国内,人们对休闲的认识还停留在初级阶段,主要表现为休闲观念过于陈旧,将休闲等同于娱乐、消遣的大有人在;休闲方式单一,深层次、高文化的休闲项目欠缺。要转变人们现有的休闲观念,不仅要注重休闲量的提高,更要注重质的飞跃。要改变现有的单一、落后的休闲方式,追求高雅的休闲,以促进个人的自由全面的发展。

(三)培养健康的休闲习惯

不健康的休闲习惯包括心理上和生理上两个方面。[③]心理上的不健康具体表现在人们较多地把闲暇时间用于低档活动上,而且内容存在低俗的现象。这不仅达不到休闲应有的效果,还会使人的心灵受到玷污,造成不良的社会风气。身体上的不健康主要表现休闲活动时空上的不合理安排。如休闲生活多在户内进行,且多不运动,或者休闲活动持续时间过长,不仅身心俱疲,还会影响第二天的学习和工作。可见,培养健康的休闲习惯对于休闲文化的构建至关重要。

休闲管理

① 杰弗瑞·戈比.21世纪的休闲与休闲服务.昆明:云南人民出版社,2000.
②③ 林新媚.青年群体休闲文化的价值及其构建.湖南文理学院学报(社会科学版),2007,3:112-113.

【案例分析】

宋城集团:以创新引领休闲文化①

一、宋城集团基本情况

宋城集团,中国最大的文化旅游集团之一。旗下的宋城演艺是中国演艺第一股,连续六届获得"全国文化企业三十强"。集团主业为文化演艺、旅游景区、娱乐综艺、主题酒店、休闲地产等,确立了"宋城"、"千古情"等中国著名品牌,总资产超过700亿元。目前集团已经打造了杭州宋城旅游区、三亚宋城旅游区、丽江宋城旅游区、九寨宋城旅游区等十大旅游区,三十大主题公园,《宋城千古情》、《三亚千古情》、《丽江千古情》、《九寨千古情》、《泰山千古情》、《惊天烈焰》、《穿越快闪》等五十大演艺秀,第一世界大酒店、云曼酒店、千古情主题酒店客房上万间,还打造了中国演艺谷等数十个文化项目。②

二、宋城集团商业模式创新分析

创新是宋城集团的核心竞争力,其在过去的二十年中从不拘泥于现状,也不墨守成规,创造了一个又一个的第一,对中国旅游休闲产业产生了巨大影响,成为文化旅游产业的领头羊。

2015年以来,公司确立了"打造宋城生态,全面拥抱互联网"的战略目标。从战略版图的构成来看,公司将以连接"人与娱乐"为目标,以凝聚粉丝为核心,以做大用户为基础,以IP(Intellectual Property)为源动力,以现场娱乐、互联网娱乐和旅游休闲三大平台为载体,打造"现场娱乐＋互联网娱乐＋旅游休闲＋IP"四位一体,相互联动的综合性娱乐生态圈。并且在战略执行过程中,更加注重国际化,积极"走出去"、"引进来"。③

1. 现场娱乐

现场娱乐主要涵盖了旅游演艺、城市演艺、智能硬件、体育和艺人经纪等线下娱乐业务。公司的千古情系列演艺产品根植于当地城市文化的根与魂,以主题公园为载体,以文化演艺为核心,为游客提供顶级的实景体验和交互娱乐。凭借精准的产品定位、创新超前的活动策划及台网联运,千古情系列演艺产品已然成为项目所在地的文化地标和游客必到之处。

旅游演艺是公司的主营业务和核心竞争力所在,而现场娱乐概念的提出意味着公司将把线下业务从单纯的旅游演艺向各类现场娱乐项目延伸。与其他互联网公司或者文化传媒公司不同,宋城演艺已经积淀了近20年的线下娱乐创意与运营经验,拥有丰富的人才资源,因此公司完全有能力去抓住旅游演艺以外的现场娱乐市场机会。

2. 互联网娱乐

互联网娱乐板块包含互联网演艺、影视综艺、网络游戏、互联网教育和金融等板块。2015年3月,宋城演艺以26亿元并购目前中国最大的社交视频网站——北京六间房科技有限公司。在宋城演艺的线下支持下,依托A股市场的品牌和资源优势,六间房将积极布

---

① 摘自 www.zjfwy.org(已作了部分修改).
② 宋城集团简介.http://www.songcn.com/group/,2015年8月7日.
③ 宋城演艺发展股份有限公司 2015 年半年度报告.http://quotes.money.163.com/,2015.8.

局新的业务领域,将六间房平台从过去单一的社交属性平台向综合性媒体平台转变,提供更丰富的内容,吸引更多的新用户,延伸业务边界。

与此同时,公司联合七弦投资、六间房CEO刘岩等共同发起设立总规模高达30亿元的TMT产业投资基金。该基金重点投资方向为基于互联网和移动互联网的文化娱乐、社交、媒体、OTA、教育、金融、体育等热门领域。公司将通过深度布局TMT行业,实现全面拥抱互联网的战略。

3.旅游休闲

旅游休闲板块包含目的地旅游、周边游、规划设计、托管运营和OTA。公司一直深耕旅游演艺这个细分垂直领域,在旅游产业的运营、上下游产业链的资源等方面拥有强大的竞争优势。公司有必要、也有实力打造旅游O2O一站式产业链,其具体举措有:进一步拓展目的地旅游网络,积极整合大中型城市周边旅游资源;注重发挥独木桥功能,通过资本和业务合作进入旅游规划设计市场,并提供托管运营服务;在做好景区前端服务的同时,做大做强独木桥的票务销售功能,将独木桥打造成具有独特个性的OTA。

4.IP

强IP(知识产权)是文化传媒产业的发动机。纵观国际娱乐巨头们,IP在其发展壮大中起到相当的大的作用。以迪士尼为例,本身就是做动漫电影起家,后续又通过收购漫威等一系列动漫巨头,打造了一系列超强IP。正是这些超强IP在主题公园的植入以及相关衍生品的销售,为迪尼士带来了巨大的收益。

随着宋城演艺向现场娱乐、互联网娱乐和旅游板块的延展,业态的日渐丰富和"粉丝经济"的打造对强IP的需求将会日趋明显。公司通过多样化的投资手段参与打造文学、动漫、音乐系列IP,利用IP连接用户和消费场景,实现用户变现和消费场景的货币化。2015上半年,《奔跑吧,兄弟》第二季在公司景区的录制对宋城景区的品牌和流量就起到了巨大的提升作用。公司将把强IP作为兼并收购的重点,通过设立10亿元的现场娱乐和30亿元的TMT基金为IP立体布局形成了良好支撑,加快对文学、动漫和音乐等领域的布局。

综上可知,面对新的发展环境和竞争态势,宋城集团在商业模式上不断创新,其发展战略在三个方向实现转变:一是从过去"深挖一口井"的单业务发展向多业务协同发展转变,在继续强化旅游演艺和互联网演艺两大主业竞争优势、保持主业快速增长的前提下,挖掘新的业务增长点;二是从过去"自给自足"的全产业链生产模式向"开放共享"、"合作共赢"的资源整合型生态转换,通过业务合作和兼并收购的方式,整合社会优质资源,共同把线下线上平台做大做强;三是在人才队伍上,从过去传统企业的偏"劳动密集型"向互联网产业的"智力密集型"转变,打造更加专业化、互联网化、国际化的人才团队。

三、宋城集团商业模式小结

宋城集团的成功,始于宋文化主题公园的开发,通过挖掘历史文化,融入现代手段打造大型演艺剧目,使游客沉浸于文化旅游;又以同样的开发理念,建立国际旅游综合体,为城市化建设提供典范;并紧随时代步伐,投身文化创意产业;承办世界休闲博览会;建设浙江省文化创意产业实验区;承办中国国际动漫产业博览会;进军全国,打造系列宋城旅游区;全球首创5D剧院实景演出;投资宋城娱乐,产业链向娱乐综艺版块延伸;全资收购六间房,战略定位O2O互动娱乐;控股九寨沟《藏谜》,开启文化演艺拓展新模式,以创新引领休闲文化,为集团的发展提供更广阔的空间。

宋城集团的发展带来的启示是：

(1)以市场需求为导向的创新原则

严格以市场需求为导向进行创新，是宋城集团多年稳健经营、逐年扩大市场份额的核心竞争理念。无论是早期的选址、设计和创作，还是后期的维护、修改和完善，宋城集团均坚持以市场需求为出发点，通过前期市场调研、经营过程中的持续关注和实时与客户的沟通交流，及时了解市场信息。

(2)独立自主的创新主导能力和持续创新能力

宋城集团独立自主的创作、设计和营销策划团队，使宋城集团区别于其他不具备自主创新能力的同行业企业，在整个经营过程和各业务环节中，随时跟进客户的反馈、行业和市场热点的最新变化以及新颖的创意和思路来进行规划和营销策略等方面的改进和创新。同时，高效的内部人才选拔和培养机制，也使宋城集团不断培养出高水平、专业化的创新人才，从而不依赖于个别创作和设计人员，而是组成一个完整的创作、设计和营销策划团队，保证了宋城始终具备较强的持续创新能力。

(3)灵活高效的持续创新机制

宋城集团的变革、创作以及实施过程已形成一套迅速、高效的反应机制和业务开发创新流程，可以使其紧随市场变化，进行持续、实时创新。

通过一线部门的调研反馈、行业专家的咨询意见以及其他各种形式的调研方式，宋城集团及时掌握行业发展的最新动态以及客户的个性需求，并迅速形成完善的具体方案。这些创新提案一般直接纳入管理层的议事日程，并根据相关创新制度，通过在产品创新设计、生产、销售等诸环节，多部门有机联动的组织系统，统一调动创新所需资源，组织方案筛选、设计、开发、评定和产品营销等各个方面的专业人才进行分工协作，在短时间内由相关部门将创新方案予以完善和实施，从而使宋城能够在整个创新设计、实施过程中更加高效快捷。[1]

第二节　休闲教育

一、休闲教育概况

(一)休闲教育概念

早在一百年前，休闲教育就被定为基础教育阶段的一条重要原则，而且几乎是终身教育。那么究竟什么是休闲教育？在这里，我们有必要对休闲教育的概念做一界定。综观国内外学者的观点，休闲教育的内涵大致可分为以下几类：从教育形式和教育目的上对休闲教育进行阐释，认为休闲教育应当尽早地让人参与家庭、学校和社区中的休闲活动，帮助他们培养休闲技巧和休闲鉴赏力，以使人们越来越多的自由时间得到充分的利用；以休闲在

---

[1]　黄勇，吴晓波.浙江省服务业企业商业模式创新案例.杭州:浙江大学出版社,2011.

教育过程中所充当的角色为基点,认为休闲是教育的科目和教育的背景,也就是说休闲作为实施教育的一个大环境,同时包括空间、时间两方面的环境。① 在这里,我们引用我国著名休闲学专家马惠娣提出的概念,即把休闲的非职业培训作为教育的一项重要内容,在教育过程中培养人的鉴赏力、兴趣、技能及创造休闲机会的能力,使人能以一种有益的方式去安排自己的休闲,从而实现成为人的过程。②

（二）休闲教育目的

尽管每个国家或个人对休闲教育内涵的认识角度各异,但对于休闲教育的主要任务和内容的观点却是大体一致的。如培养科学的休闲观和休闲行为的价值判断力;在休闲时间能自己确定并参加令人满意的和有意义的活动;学会采取有责任感的行动去参加自己所期望的活动等。

美国休闲教育家曼蒂(Jean Mundy)认为,休闲教育增进个人在休闲过程中自觉、自促的能力,帮助个人决定闲暇在个体生活中的地位,增进个人对自我的认识;建立个人需求、价值、技能与休闲的关系并体会休闲经验,协助个人评价休闲行为与个人生活与目标关系的过程;休闲教育还是激发个人潜能以提高生活质量的最佳途径,即休闲教育的目标是对休闲行为价值判断的能力发展;选择和评估休闲活动的能力发展;决定个体目标和休闲行为标准的能力发展;对合理运用休闲时间的重要性的意识和理解的发展③。

奥德姆也强调:休闲教育是一场使人能够通过休闲来改善和提高自己生活质量的全面运动;一个使人明确自己休闲价值取向和休闲目的的过程;一种贯穿于从幼儿园以前到退休以后的终身教育;一种与人们的休闲需求、休闲价值取向和休闲能力有关的活动;一种通过扩大人们的选择范围,使他们获得令人满意的高质量的休闲体验的活动。④

可见,休闲教育的目的是使每个社会成员加强对休闲价值的自我意识,充分认识并开发休闲价值,引导人们科学地安排生活,促使他们能更好地利用闲暇时间来充实、发展与完善自我,实现人的自由全面发展,领悟生命的真正意义。

二、国外休闲教育的历程

西方的休闲教育有着悠久的历史,古希腊的"自由臣民教育"、中世纪的"骑士教育"都属于休闲教育的范畴,但仅限于贵族,都属于上等人的生活方式,老百姓没有任何形式的消遣行为。因此,这时的休闲教育实际上是上层社会的生活教育。

随着工业化的快速发展,以物质生产为中心的文化价值观对教育的影响结果就是使工作教育成为生活的中心活动,盛行于整个工业时期,一直延续到机械化和自动化时代。生活重心的转变结束了生活教育即等于休闲教育以及教育以休闲为中心内容的时期。有些人对休闲抱有偏见,将休闲与贪食、好色、懒惰甚至是一些严重过失等同起来,而且大多数人认为休闲必须是"挣"来的,它是对创造物质财富的辛勤劳动偿付的报酬。另外,还必须以"生产创造的方式花掉休闲时间",这样才算是明智地"使用"休闲。早在 1918 年,美国联邦教育局就提出把休闲教育作为学校教育的一条"中心原则",并于 1924 年在整体教育体系中融入了休闲教育。

休闲管理

---

① 秦晓林.休闲教育:概念阐述、文化取向及性质深化.四川教育学院院报,2007(7):11-13.

② 马惠娣.西方休闲学研究——兼及中国休闲学研究的思考.自然辩证法研究,2000(5).

③④ [美]曼蒂,奥杜姆.叶京,潘敏.闲暇教育理论与实践.春秋出版社,1989.

到了 20 世纪六七十年代,大量关于休闲教育的学术论文、专著发表,众多研究休闲教育的学术团体、研究机构成立,标志着休闲教育在美国成为研究的热点。此间主要讨论在教育系统内进行休闲教育的必要性,主张休闲教育应当成为一项明确的课程目标。休闲教育不仅赢得了与其他科目一样设置学分的地位,而且获得了更多的理论研究成果。

1993 年 8 月,在耶路撒冷召开了一次专门针对休闲教育的会议,会议通过了《世界休闲教育国际宪章》,其目的就是使政府、非政府组织和教育机构充分认识到休闲和休闲教育的重要性,并为教育机构如学校社区和人事培训机构提供指导,希望能以《世界休闲教育国际宪章》为基础来制定休闲教育的政策和策略。1996 年,国际 21 世纪教育委员会向联合国教科文组织提交的一份报告也强调"完整的教育应当是包括工作教育和休闲教育在内的、两者不可偏废的、塑造人的品性的一种方式",从而把休闲教育与工作教育摆在同等重要的位置上。

国外的休闲教育的确在人们的休闲活动中起了很大作用,但也存在着一些问题。① 其一,在学校教育这一领域,由于休闲课程被作为正规教育项目,就出现了校、系活动负责人之间的争斗,教师们争相使自己负责的活动受到学生们更多的欢迎,这样某些休闲活动就得到了过分的强调,而另一些活动却遭到了忽视;其二,在大众传媒教育这一领域,它们包装出来的一些极具吸引力的活动,并不是为了使人们能够更健康、更快乐而设计出来的,而是为了让另一些人能够赚钱,如果听之任之,它们将吸去人们生命的精华;其三,休闲的形式化鼓励学生们只参加统一的、校方所认可的有组织的活动,而不是鼓励他们探索多样化的休闲选择和休闲理念,这样就会使他们在日后的生活里难以享受独自休闲。当然,由于我国的休闲教育以及在这方面的系统性研究还没有大范围展开,因而这些问题暂且只能作为我们的预设。

三、国内休闲教育的现状

在中国自古就相当重视休闲的理念,把休闲视为生活教育中的重要内涵,其中"六经"(即《诗》、《书》、《礼》、《乐》、《易》、《春秋》)和"六艺"(即礼、乐、射、御、书、数)是传统士大夫养成的必要训练过程,只有经过休闲教育的内在熏陶,才能培养全面发展的人。从古人的论述中,我们体会到他们已经把休闲、教育、运动和生活有机地融合为一体,充分展现了休闲的最高境界。

休闲教育是人的素质教育和现代教育的重要组成部分,是现代国家管理和服务于公众的途径之一,亦是"育化人"的重要手段。休闲,已从少数人的消磨光阴,到多数人的生活方式,进而演变为一种研究对象,形成一门休闲科学,而休闲研究在中国则是一个正在拓荒的学术领域。

真正把休闲教育的内容纳入教育体系,还是在新中国成立之后。1953 年 6 月 30 日毛泽东在接见中国新民主主义青年团第二次全国代表大会主席团时,强调"青年时期是长身体的时期,如果对青年长身体不重视,那很危险。……一方面学习,一方面娱乐、休息、睡眠,这两方面要充分兼顾",并向全国青年发出了"身体好,学习好,工作好"的号召。针对青年学生的特点,毛泽东要求他们生动活泼地发展,而不是僵化被动地发展,他说:"青年人就

---

① 孙林叶,董美珍.国外休闲教育的发展及启示.教育理论与实践,2006(20).

是要多玩一点,要多娱乐一点,要蹦蹦跳跳,不然他们就不高兴。"[1]由此,休闲教育作为素质教育的组成部分轰轰烈烈开展起来了。

虽然休闲这个词没有人提及,但人们都有一个共识,就是让学生学会玩,并且要玩得有意义。可是就目前而言,受高考指挥棒的影响,学生的休闲时间、休闲活动实际上形同虚设。

在我国,最早提出休闲文化理论的是著名学者于光远先生。20世纪90年代初,于光远先生就指出要重视休闲研究。1994年他又进一步指出:"玩是人类基本需要之一,要玩得有文化,要有玩的文化,要研究玩的学术,要掌握玩的技术,要发展玩的艺术。"[2]在他的大力倡导下,1995年成立了北京六合休闲文化策划中心,成为我国最早从文化哲学角度研究休闲的民间学术机构。

更值得欣喜的是,2006年杭州休博会召开,浙江大学亚太休闲教育中心这一机构正式落足中国,而在此前,世界休闲组织只在欧洲设有一个荷兰的高级研究培训中心,作为世界休闲组织的代表机构。

正因为如此,加强休闲教育和研究,建立休闲学学科体系,培养一批休闲专业人才,已经刻不容缓。目前我国已有多所高校开始了休闲学教育的尝试,如浙江大学、中山大学、东北财经大学、上海师范大学等。这说明,在我国,休闲教育已正式迈进学校教育系统。

但总体而言,目前我国休闲教育研究无论是研究方法还是研究内容都存在很多问题。借鉴国外休闲教育的发展经验,规范我国休闲教育刻不容缓。

四、休闲教育规范

通过分析国外休闲教育的发展,可以看出,一些发达国家和政府已经把休闲教育和工作教育放在同等的位置,甚至认为休闲教育比工作教育更重要。在我国,虽然离休闲教育的全面实施还有很长一段路要走,但毕竟已经起步。所以,我们应在借鉴国外经验的基础上,逐步开展具有我国特色的休闲教育。

(一)加强休闲教育的理论政策研究

政府和社区为休闲教育的实施提供硬件支持,对健康休闲的意义进行广泛的宣传和教育。实施休闲教育首先要在思想观念上使大众对休闲有一个正确的认识,在这一点上,政府制定的政策具有很强的导向作用。除了政策上的宣传和引导外,政府应该为休闲教育提供一些必要的硬件设施。如广泛开放的低收费的图书馆、博物馆、文化宫等,更重要的是,开发社区范围内的公众娱乐场所和营利性的休闲场所,从而为全社会学习和享受休闲提供必要的支持。

(二)完善研究组织与研究队伍

教育建立在研究的基础之上,首先需要建立相关研究机构,包括研究所、研究中心、研究会与行业协会,组织研究队伍,引进西方旅游与休闲理论,结合中国实践,开展扎实的研究工作,积累休闲教育素材。休闲关联到社会方方面面,涉及不同学科,必须鼓励各路专家(包括哲学、人类学、心理学、历史学、社会学、经济学、管理学等)从各个领域与角度,以不同

---

① 毛泽东同志论教育工作.北京:人民教育出版社,1992.
② 于光远.漫谈竞赛论.北京:国际文化出版公司,1995.

方法和技术展开研究,尔后由通才式专家整理总结,构筑有中国特色的旅游学科与休闲学科体系,使其成为一门富有逻辑的系统性理论,而不是任由各个学科"各霸一方,互不买账,形成诸侯割据"。

（三）建立休闲学科和休闲专业

休闲学科与休闲专业的建设是开展休闲教育（包括休闲培训）的基础,需要在休闲研究的基础上,整合休闲理论,建设休闲学科,设计休闲课程。休闲学科以休闲活动（休闲消费活动与休闲经营活动）以及由此引起的所有经济、管理、社会和文化现象与关系作为研究对象,寻找休闲的一般规律,旨在进行休闲教育,引导休闲消费、指导休闲经营、规范休闲管理、建设休闲文化、安排休闲时间。休闲学与旅游学一样是一门交叉性的综合学科,涉及哲学、人类学、社会学、历史学、心理学、行为学、经济学、管理学等。

（四）开展学校教育与社会教育

专业休闲人才的培养主要依赖职业学校与普通学校的旅游专业与休闲专业教育,但休闲是一个社会问题,休闲教育需要整个社会的协作配合,包括家庭、社区、学校、企业、事业与机关单位以及传媒的合作,开展家庭休闲教育、社区休闲教育、行业休闲教育（如旅游、社区服务、商业、物业教育探索与实践）。[①]

我国的休闲教育理论及实践虽然起步晚,但毕竟已经迈出了坚实的一步。我们有理由相信,随着休闲概念的深入人心以及社会各界对休闲的广泛支持,休闲教育必将走上成熟而广阔的发展道路。

【案例分析】

实施国民休闲教育规划刻不容缓[②]

近日,一些国内游客在旅游时"任性"的表现激怒国人,大有"几粒耗子屎坏了一锅粥"的恶劣影响。对此,媒体很似"宽容",称其为"任性"！那么何为"任性"？字典解:"汉语固定词组。指听凭秉性行事,率真不做作;或谓恣意放纵,以求满足自己的欲望或达到自己某种不正当的目标或执拗使性,无所顾忌,必欲按自己的愿望或想法行事。"

任性,往往是个体行为,表现的是你的人性、家教、家规出了问题。你自己在家任性,顶多让你的家人受害。中国人有"家丑不外扬"的心理传统,那也只好由家人承受任性的磨难,但有的家长也会对任性者施以惩罚措施。

而前一段时间被曝光的几件事（飞机上拳脚相加,恐吓和威胁空服人员）何止是一个人或几个人的"凭秉性、率真、执拗使性",他们的行为已严重地影响了他人的性命,已不属于个人行为,更不是任性的问题,已超越了私德与公德的底线,且触犯了法律,当然应当严肃追究法律责任,岂能用"任性"化解！

这种不文明行为虽为个人或几个人的行为,却败坏了他人形象、民族形象、国家形象。因此,在某些国家出现了专用汉字书写的"厕后冲水""请勿大声喧哗""不要加塞""不要随

①　刘少和.中国休闲教育发展初探.当代教育论坛,2005:46—47.
②　马惠娣.实施国民休闲教育规划刻不容缓.中国旅游报,2015-2-16.

地吐痰"等标示牌,让国人蒙羞。

遗憾的是,有学者认为,中国游客不文明行为属于个人行为,不代表国家形象。即使旅游管理部门介入管理,也不能阻止再有个人不文明行为的发生。这话有严重的形式逻辑问题,也有混淆是非之嫌。

笔者认为,这种"宽容"实际上是对"任性"的不文明行为的一种放纵。有一家电视台用"任性旅游"做标题报道此事,也属"大事化小"的一种姿态。不管是哪一级教授、哪一级电视台对此问题所持的这种态度都说明他对法律的理解太肤浅。什么是法?法是由国家强制力保证其实施的行为规范的总称;法的目的在于维护社会关系和社会秩序,突破了这个底线就是犯法与犯罪。不久前,又见某电视台街头采访行人"你任性了吗",让人啼笑皆非。我们对"任性"太放纵了!这次媒体报道以及某学者态度,尤其是电视台的报道令人大跌眼镜。

政府和旅游主管部门要预见到中国旅游现状与国家形象以及中国文化软实力面对的挑战,必须上升到这个高度来认识这种"任性"行为。

国外休闲教育有100多年的历史,中国学者也已呼吁了有近20年。面对每年1亿人次的出境游,30余亿人次的国内游规模,实施全民休闲教育规划实在是太迫切、太重要了,希望旅游部门带头启动国民休闲教育规划。

第六章　城市休闲

第一节　城市休闲产品

　　休闲产品可以被定义为：为满足人们愉悦身心、体验人生价值、享受生活乐趣、彰显人文文化功能等休闲目的，在闲暇时间获得的体验的总和。[①] 作为休闲领域的主要组成部分，城市休闲产品的内涵非常广泛，大致可以包括音乐活动、艺术活动、美术活动、园艺活动、集邮活动、摄影活动、体育活动、竞技活动、影视活动、娱乐活动、宴会活动、旅游活动等。

　　一、体育保健类休闲产品

　　（一）一般保健类产品

　　1. 高尔夫运动

　　高尔夫运动是现今较为流行的高尚的休闲方式，高尔夫产品在经济发达国家很普遍，基本上是一种大众休闲产品，对于我国而言还是一种贵族化的休闲产品。

　　高尔夫运动产生于 14 世纪上半叶至 14 世纪末，苏格兰牧羊人在放牧时用牧鞭击打石子，并将石子打进远方的兔子洞中，被视为是高尔夫运动的雏形。可见，该运动萌芽于工作之余的大众休闲娱乐运动。从 15 世纪初开始，由于参加高尔夫这项户外运动的主要群体发生了重大的变化（这一时期高尔夫运动的主要参与者为王室成员和贵族阶级），逐渐形成了一种以"绅士文化"为核心的户外消遣运动。人们参与的目的也逐渐多出了除乡间消遣娱乐之外的又一心理驱动，即田园社交活动。随着人类文明的进步和社会的发展，人们逐渐提出"绿色体育"、"回归自然"，所以对高尔夫运动感兴趣的人也越来越多。现代高尔夫运动进入了多重发展的进程，既体现了竞技文化的特征，又代表了休闲文化的特征。

　　现代高尔夫运动需要较大面积的场地、高标准的景观设计和较昂贵的维护成本。一般来说，18 洞的球场需要 45～60 公顷的用地，每天接待 250 名球员。

　　国外高尔夫运动的运作可以分成几种类型。

　　（1）私人俱乐部

　　通常是私人所有或会员制，为了增加会员数量，常常增加一些其他吸引物，如游泳池、健身中心、网球场、马术中心等。

---

　　①　叶文.城市休闲旅游.天津:南开大学出版社,2006.

（2）住宅开发

通过在球场周围修建住宅公寓、别墅等充分借用球场美景,并以此减轻或者完全填补开发球场所带来的资金压力。该类型的游憩区配以其他的吸引物,可以成为周末度假区。

（3）公共高尔夫球场

由当地政府投资建设,作为社区游憩设施以增加该地区的吸引力。使用者每次打球都要临时购票,将门票作为成本的一部分。其他成本则由政府从提供给社区的游憩补贴中支付。维护一个公共高尔夫球场的成本很大,平均每个使用者的费用相当于私人俱乐部的入会费用。

（4）高尔夫酒店或度假区

以高尔夫球场和周围景观作为主要吸引物。球场通常由知名专业人士设计和管理,球场还开发一些住宅,用以出售或者出租,并销售会员资格证来降低成本。

2.马术

马术最早是欧洲贵族的一项运动及休闲方式。由于其从育马、养马到驯马都要投入大量的金钱和时间,在很长一段时间里都是贵族运动。随着社会经济的发展,这项贵族运动也进入了寻常百姓家,成为一项很受欢迎的休闲项目。

马术项目目前而言还是一项高消费运动。一个马术中心要有足够的空间(12～15匹马至少需要用地1公顷)用于训练马匹。一般而言,一匹马每天可供15～20个新手使用,供4名较熟练的骑手使用。马场要配备风景宜人的乡野或者森林背景的马道以及骑术教练。因此,此项活动将成为今后休闲活动的新亮点,但是现阶段还有很多局限性。

马术运动在我国还处于初级阶段,这是毋庸置疑的。一方面是基础薄弱的现状,另一方面是越来越多的热衷这项运动的爱好者涌现。于是,矛盾越来越突出。

目前国内的马术俱乐部为数不少,但基本集中在北京、上海、广州等发达城市。经费的不足限制了大多数俱乐部的发展,他们只能维持最低水平的运作,限制了高端人群进入这项运动;技术力量薄弱也制约了这项运动的开展。马匹质量差是最大的困难,也是最难从根本上解决的。各地马协应该对于挂牌的会员俱乐部进行全方位的考核,如硬件指标、管理水平、技术力量、马匹状况,给予综合水平评分,并且公布,促进俱乐部向积极的方向发展,也给消费者选择的权利。探索进口马的道路,寻找合作伙伴在国内繁育适合的运动马,从根本上改进基础马匹的资源,从而为我国的马术运动创造条件。

3.太极

太极是极具中国特色的休闲方式。随着城市居民生活水平的提高,越来越多的居民开始利用闲暇时间来提升精神生活。太极是一种城市居民很愿意选择的休闲方式,特别是老年人,喜欢选择一个幽静之地打太极拳,促进身心健康。

4.游泳

游泳是一项大众休闲方式。一般来讲,城市会有各种提供居民锻炼身体的游泳场馆,有一些小区也会配套游泳池,夏天的时候各个年龄段的居民会选择去游泳馆游泳。游泳对身体保健具有较大的益处,包括改善心血管系统、提高肺活量、加强皮肤血液循环、增强抵抗力、减肥和健美形体。

5.溜冰

溜冰是城市居民当中年轻人和小孩子比较热衷的休闲项目。城市的综合体中会配套溜冰场,例如杭州的银泰城、印象城里面都配套有旱冰场。溜冰运动既有趣味又容易学,同时也可以根据音乐节奏进行运动。溜冰的益处很多,包括促进全身血液循环,锻炼全身肌肉,保持体重和体形,放松心情促进身心健康。

6.台球

台球是一项非常流行的城市休闲项目,老少皆宜。在一些俱乐部里可以配套一些台球馆,因为在俱乐部进行台球休闲活动的是年轻居民居多。另外,目前兴起的老年公寓也会配套台球室,例如杭州的金色年华养老公寓在休闲区域配套了若干个台球室供老年人活动。

7.保龄球

保龄球是一种流行的室内休闲运动,不受时间、气候等外界条件限制,是一项人人皆宜的时尚运动。

(二)极限运动

极限运动在发达国家非常普遍,在我国香港的电影里面也经常会看到极限运动爱好者的身影。受各方面的影响,现在参加极限运动在国内也变成了一种习以为常的现象,很多地方都能看到年轻人玩这个东西,虽然他们现在还玩得不够成熟,但是经过一代人、两代人的培育,这类项目必将变成一种城市的时尚。

1.蹦极

又名"俯冲跳",最早起源于南太平洋瓦奴阿图群岛中的一个叫彭特克斯特的岛屿。每年春天,岛上都要举行一种宗教仪式,在仪式中,勇敢的小伙子爬上一个高高的木台,把用藤条编成的绳索捆在自己的腿部,然后头朝下跳落。1979年,蹦极运动开始在城市出现。当时,牛津大学冒险俱乐部的4名队员,为了效仿彭特克斯特岛人的宗教仪式,身穿紧身衣,头戴大礼帽,从旧金山的金门桥上跳下。这种新奇、独特而又极富挑战性的休闲运动从此就诞生了。

蹦极(Bungee Jumping),是近几年来新兴的一项非常刺激的户外休闲活动。跳跃者站在高度40米以上(相当于10层楼)的桥梁、塔顶、高楼、吊车甚至热气球上,把一端固定的一根长长的橡皮条绑在踝关节处,然后两臂伸开,双腿并拢,头朝下跳下去。绑在跳跃者踝部的橡皮条很长,足以使跳跃者在空中享受几秒钟的"自由落体"。当人体落到离地面一定距离时,橡皮绳被拉开、绷紧、阻止人体继续下落,当到达最低点时橡皮再次弹起,人被拉起,随后,又落下,这样反复多次直到橡皮绳的弹性消失为止,这就是蹦极的全过程。

最近出现了一种全新的飞天蹦极,吸引了众多爱好者。飞天蹦极俗称蹦极球。它外形像热气球,有下挂完全裸露在外的座椅,玩家绑好安全带,再加上几个增重的沙袋,此时你只需双脚向地上一蹬,几秒钟后即可飞上数十米的高空,体会云中漫游的感觉。

飞天蹦极作为一项新型的休闲娱乐项目,对经营场地要求不高、资金投入小、操作简单、安全性能好(有主力绳、保险绳、紧急绳和强力开关绳四重保险),特别适合在海滨、旅游区、度假村和体育场经营,其球体广告的收益也十分可观。同时还可用于高空定位摄影、辅助表演和高空照明,用途十分广泛。飞天蹦极既无玩热气球的麻烦,又无须具备操纵滑翔伞的技巧,但却拥有和它们同样的升空体验,使人们感受到其惊险、刺激和新颖,成为一项崭新的休闲体育娱乐项目。

2. 攀岩

攀岩(Free Climbing)即徒手攀登岩壁,是指不依赖任何外在辅助工具,只依靠攀登者自身力量完成攀登过程。攀岩运动要求人们在各种高度及不同角度的岩壁上,连续完成转身、引体向上、腾挪甚至跳跃等惊险动作,集健身、娱乐、竞技于一体,是一项富于刺激而不失优美的极限运动,被全球的攀岩迷们称为"峭壁上的芭蕾"。

攀岩运动是从登山运动中衍生出来的竞技运动项目。起源于20世纪50年代的苏联,在军队中是作为一项军事训练项目而存在的。1974年攀岩被列入世界比赛项目,成为一种竞技体育运动。进入80年代,以难度著称的现代竞技攀登比赛开始兴起并引起人们广泛的兴趣,并且从北美传入了中国。

在欧美国家及亚洲的日本、韩国,攀岩运动已相当流行,当今世界攀岩水平数欧美国家特别是法国与美国最高,法国相对在人工岩壁上占优,美国在自然岩壁称强。在亚洲,日本、韩国水平较高,它们有些选手已达到世界水平。中国的水平应属亚洲中流水平。

攀岩运动在我国经过十多年,特别是近两年的发展已初具规模,并吸引了越来越多的年轻人参加,发展前景十分可喜。从1997年开始,国内每年要举行两次以上的全国或国际性比赛,在我国北方地区,特别是北京,了解攀岩的人已为数不少;而参与攀岩已成为那里许多青少年的时尚行为。尽管目前攀岩还没有在全国范围内得到很好的普及推广,但值得欣喜的是,通过近几年新闻媒体的大力宣传,东南沿海、西南及西北等地区也纷纷要求开展这项运动。全国已经建好或正开始修建各种各样的天然及人工攀岩场地供人们训练和娱乐。

攀岩正以其特有的魅力、突出的个性感染着人们。参与攀岩,会让您在与悬崖峭壁的抗衡中学会坚强,在与大山的拥抱中感受宽容,在完成攀登路线后享受成功与胜利的喜悦。

3. 溯溪

所谓溯溪,是由峡谷溪流的下游向上游,克服地形上的各处障碍,穷水之源而登山之巅的一项探险活动。溯溪运动原是欧洲阿尔卑斯的一种登山方式,现演变为相对独立的户外运动。溯溪在20世纪60—70年代盛行于日本,各种团体组织众多,因脚踏草鞋而多名曰"××草鞋会"。我国台湾地区自70年代开始溯溪活动,后曾一度冷落,90年代以后又呈方兴未艾之势。

溯溪是一项可以结合登山、攀岩、露营、游泳、绳索操作、野外求生、定位运动、赏鸟等技术的综合性户外活动。在溯溪过程中,溯行者须借助一定的装备,具备一定的技术,去克服诸如急流险滩、深潭飞瀑等许多艰难险阻,充满了挑战性。也正是由于地形复杂,不同地方须以不同的装备和方式行进,因而使得这项活动富于变化而魅力无穷。溯溪活动需要同伴之间的密切配合,利用一种团队精神去完成艰难的攀登,对于溯行者是一种考验,同时又得到一种信任和满足,一种克服困难后的自信与成就感。一处壮美的瀑布在溯溪人的眼里便是悬崖,在潮湿而又长满青苔的瀑布里攀岩是一种新的挑战。

4. 跳伞

跳伞被誉为"勇敢者的运动",是极限运动中航空体育项目的一种。跳伞在我国最初是职业运动员参与训练的项目,随着极限运动的兴起,跳伞逐渐成为极限运动爱好者的休闲运动,也是需要高超技巧的一项体育休闲运动,危险性较大。

5. 漂流

漂流是在目前城市居民中流行的时尚水上运动,是一项利用充气橡皮艇或者竹木筏作为漂流工具的户外运动。国内漂流的景区有:北京的龙潭河、内蒙古小青湖、辽宁本溪水洞等。

6. 潜水

潜水最初是由于水下工作需要而进行的一项工作,后来发展成为水下的一种娱乐休闲活动。潜水活动对身心很有益处,是一种失重之后的活动,人们进入一个跟地面完全不同的空间,让身体得到放松,也可以观赏色彩斑斓的海底世界,如各类珊瑚以及各种海底的鱼类。潜水也可以锻炼身体,其不仅可以增大肺活量,也可以锻炼全身肌肉和达到减肥的效果。另外,潜水也是一项很好的学习项目,可以了解各种海底生物的知识。

7. 滑草

滑草需要较大的场地,甚至需要整片山坡。它类似滑雪运动,能让人感受风一般的速度和领略自然的美好。滑草运动符合现代环保理念并且很新奇,很多年轻的运动爱好者喜欢尝试和体验该项运动。滑草可以穿上滑草专用鞋从草坡上撑滑和坐滑草车从草坡从上滑下来,这种方法需要滑草车,也叫滑橇。

【案例分析】

世界 TOP 高尔夫球场

高尔夫球运动是在阳光、绿地、湖泊为主调的场地上开展的一种集运动、休闲、健身、娱乐和社交等于一体的体育活动。目前,全世界已有30000多座球场分布在119个国家,约有0.57亿高尔夫人口。高尔夫与旅游的结合在国外十分兴盛,据不完全统计,目前在美国,高尔夫度假旅游更是创造了134亿美元的产值。

1. 松树谷高尔夫俱乐部(PINE VALLEY GOLF CLUB)

位于美国新泽西州克莱门顿(Clementon,New Jersey),设计者为 Crump/Colt(1918),标准杆数70杆—6183米(6765码)。

松树谷在高尔夫界内充满了神秘色彩,因为它难于寻找、极其隐秘。这个俱乐部位于新泽西人迹罕至的贫瘠松林地带,那些找到了这个地方的人都说,这个球场是世界上最顶级的球场之一。1913年,它的创建者将他买下的75公顷杂乱的松树林建成为这个俱乐部;后来又将面积扩大到168公顷的景色如画的原生森林,为俱乐部增添了一段美丽的风景。

2. 柏树点俱乐部(CYPRESS POINT CLUB)

位于美国加利福亚州圆石滩(Pebble Beach,California),设计者为 Mackenzie(1929),标准杆数72杆—5974米(6536码)。

大名鼎鼎但是球技平平的伟大喜剧演员鲍伯·霍普(Bob Hope)曾经拿这件事开玩笑,在这个独一无二的俱乐部举行招募会员活动时,会淘汰掉他们的20名会员。俱乐部位于加利福亚美丽的大瑟尔(Big Sur)乡下的圆石滩南部。在一片地势起伏的地带上,建有俱乐部的18洞球场。奥古斯塔国家高尔夫俱乐部的建造者 Alister Mackenzie 博士,也是这里的设计师。

3. 缪尔菲尔德乡村高尔夫俱乐部(MUIRFIELD VILLAGE GLOF CLUB)

位于苏格兰古兰(Gullane,Scotland,United Kingdom),设计者为 T. Morris(1889),标准杆数 71—6600 米(7221 码)。

创办于 1744 年的缪尔菲尔德俱乐部是世界上最古老的高尔夫社团。两百多年以后,杰克·尼古拉斯(Jack Nicklaus)就是在爱丁堡附近这块传奇的绿地,赢得了他的第一个英国公开赛冠军(British Open)。许多打高尔夫球的人都认为缪尔菲尔德是一个真正考验你能力的地方。

4. 圣安德鲁斯老球场(ST. ANDREWS(OLD COURSE)

位于苏格兰圣安德鲁斯(St. Andrews,Scotland,United Kingdom),标准杆数 72 杆—6653 米(7279 码)。

如果你想在高尔夫俱乐部圈内拥有一席之地,就应该去圣安德鲁斯著名的老球场打一局,它是这个世界上最著名的球场。从 15 世纪开始,人们一直在苏格兰东海岸这块富饶的土地上打高尔夫球。除了老球场,这里有四个更精彩的 18 洞球场、一个 9 洞球场和一个接受任何水平球员的训练中心。这里的一切都向公众开放,但必须提前预约。老球场嵌在充满风暴的北海沙丘之中,对世界上最棒的高尔夫球手也充满了挑战。对于那些不想假装自己有泰格·伍兹(Tiger Woods)那样球技的人们,Strathtyrum 球场是个理想之地。九洞的 Balgove 球场对于小孩子和初学者也是再适合不过了。

5. 圆石滩高尔夫球场(PEBBLE BEACH GOLF LINKS)

位于美国加利福尼亚圆石滩(Pebble Beach,California),设计者为 Neville/Grant(1919),标准杆数 72 杆—6158 米(6737 码)。

圆石滩高尔大球场也许是美国最负盛名的球场。当你行走在狭窄的球场草道上时,别忘记停下来欣赏一下这里迷人的岩石海滩景色——加利福尼亚太平洋东岸的美景之一。其中最为吸引人的纵深远景在第 18 洞,距离 501 米(548 码),标准杆数 5 杆。对于高尔夫球手来说,由于风是这里重要的考虑因素,所以要想获得好成绩,一定要选对合适的俱乐部场地。

6. 皇家墨尔本高尔夫俱乐部(ROYAL MELBOURNE GOLF CLUB)

位于澳大利亚墨尔本(Melbourne,Australia),设计者为 Mackenzie/ Russell(1926),标准杆数 72 杆—东球场 6031 米(6598 码),西球场 6022 米(6589 码)。

这个迷人的私人俱乐部,位于澳大利亚的东部。这里拥有两个 18 洞球场:东球场和西球场。为了锦标赛和特别的会员比赛,俱乐部将西球场的 12 个球洞和东球场的 6 个球洞组成了复合球场(Composite Course)。复合球场最早出现于 1959 年,皇家墨尔本俱乐部为了承办加拿大杯比赛(即现在的世界杯)而第一次创建了这种形式。

7. 辛尼克山高尔夫俱乐部(SHINNECOCK HILLS GOLF CLUB)

位于美国纽约州南安普敦(Southampton, New York),设计者为 Toomey/Flynn(1931),标准杆数 70 杆—6394 米(6996 码)。

辛尼克山高尔夫俱乐部拥有着一系列引以为豪的第一。它建于 1893 年,由斯坦福·怀特(Stanford White)设计。它不仅是美国历史上第一个成立的俱乐部会所,同时也是第一家允许女性会员参加的俱乐部。长岛(Long Island)南岸起伏的地形使这个球场更加富有变化。而来自大西洋的海风也给这个私人球场增添了不少的挑战性。

8. 奥古斯塔国家高尔夫俱乐部（AUGUSTA NATIONAL GOLF CLUB）

位于美国佐治亚州奥古斯塔（Augusta，Georgia），设计者为 Mackenzie/Jones（1932），标准杆数 72 杆—6311 米（6905 码）。

这个历史悠久的俱乐部位于佐治亚州的中心，每年春天在这里举办的名人赛是最令美国人追捧的锦标赛。锦标赛 18 洞球场和 9 洞球场附近开放着艳粉色的杜鹃花。高尔夫世界中最难打和最出名的三个洞都在这里：第 11 洞、第 12 洞和第 13 洞合在一起就是有名的"阿门之角"。在这里，优胜者按照传统总会穿上醒目的绿色夹克。"阿门之角"（Amen Corner）是指美国名人赛专用球场奥古斯塔球场（Augusta National）的第 11 到 13 洞，是三个难度最大，并且需要用战略的球洞。这三洞的设计、所处位置、障碍等使得它们都特别难打，也因此球员打这三洞时都要默默祈祷，心念"阿门"，平安过关后也要念声"阿门"。最后一回合，杀入决赛圈的球员，这三个洞是他们夺冠的关键，只要顺利过关就有希望。

9. 松林赫斯乡村俱乐部（PINEHURST COUNTRY CLUB）

位于美国北卡罗来纳州松林（Pinehurt North Carolina），设计者为 D. Ross，标准杆数 72 杆—6445 米（7051 码）。

俱乐部成立于 1894 年，位于北卡罗来纳州的沙丘区（Sand Hills）。这里拥有八个一流的球场和比其他任何普通俱乐部都多的球洞。其中"第一球场"设计得诗情画意、景色优美。然而，这里所有球场的球道都有成排的灌木和无数个沙坑。佩恩·斯图尔特（Payne Stewart）就是在这里的第 18 洞，以他 15 英尺外绝妙的一记推杆，赢取了 1999 年美国公开赛。遗憾的是，这次比赛却成为他最后的一个重大比赛，那年秋天，他死于一场空难。

10. 皇家乡村高尔夫俱乐部（ROYAL COUNTRY DOWN GLOF CLUB）

位于北爱尔兰纽卡斯尔（Newcastle，N. Ireland，United Kingdom），设计师为 T. Morris（1889）Dune/Vardon，标准杆数 72 杆—6369 米（6968 码）。

皇家乡村高尔夫俱乐部有着长达一百多年的悠久历史。这里拥有两个 18 洞的球场：一个是锦标赛 18 洞球场，另一个是稍微容易些的 Annesley 球场。它们距离南面的贝尔法斯特（Belfast）和都柏林分别是 48 公里和 145 公里。倚傍着高大巍峨的莫恩山脉（Mountains of Mourne），坐卧爱尔兰海湾，这里的挑战难度就如同它的美丽一样不容忽视。球道两旁生长着一些本地植物，如石兰花和金雀花。掩盖着沙坑的野草以及海风都给这里增添了一丝紧张气氛。

二、文化娱乐类休闲产品

（一）艺术表演

1. 民俗风情演出

民俗风情演出从某种角度而言，可以称得上是一座城市的名片，一部好的演出作品能让旅游者了解本地的民俗风情，并且印象深刻。在旅游、游憩时追求人文内涵的时代，具有当地特色的演出既能满足旅游者的精神需求，也能大大提高该城市的形象感知度。

目前，我国很多城市都推出了极具地域特色的艺术表演，如广西的《印象·刘三姐》、云南的《丽水金沙》，杭州的《印象西湖》、《宋城千古情》，西安的《大唐芙蓉园》等。

2.马戏表演

它起源于古罗马的角斗士斗兽场,非常血腥残酷。当时有"只有面包和马戏才能使罗马人快乐"的说法。在英文里,马戏团叫做"Circus",源自拉丁文"圆圈"的意思,指圆形露天竞技场。现代的马戏团也在圆形场地中演出,因此演变成"马戏团"的意思。马戏的主要内容是动物表演,之所以被称为"马戏",是因为最早的表演的主角是马,以后才陆续出现其他的动物演员。

马戏,作为一种不施粉黛的平民化艺术门类,初起于阡陌,继而来到城镇,后来又挟着与生俱来的清新自然进入都市的视野,如同一头野牛愣头愣脑地闯进贵族的客厅,人们先是惊讶,接着惊喜,后来还是满心欢喜地接纳了这位"不速之客"。由于久居高楼林立的现代化都市当中,人们更向往的正是这股不经雕琢的乡野气息。马戏,从来就与都市豪华剧场和各种高雅的演出场所绝缘。这是它自身的平民化特色决定的。马戏属于大棚。在法国、美国、意大利、巴西等任何一个国家,不论在哪里,马戏表演一概在大棚里进行。找块草坪,支上大棚,观众环绕大棚中心的表演区落座,全角度观看驯兽表演、小丑献技、幽默杂耍,场景十分火爆。

中国的杂耍马戏历史悠久,但到了现代却日渐衰落,处于低迷阶段。其实大棚马戏在中国还是存在着很大的需求,拥有巨大潜在市场的。随着人们家庭意识的增强,休闲需求的提高,观看大棚马戏表演同样可以成为一种时尚的休闲方式。

(二)休闲吧

1.酒吧

酒吧,源自英语里的 BAR,原意是长条的木头或金属,像门把或栅栏之类的东西。关于酒吧的来源,据说,当时美国中西部的人骑马出行时,路过街边的小店,就把马拴在门口的一根椐木上,进去喝一杯酒,休息一下,然后继续上路,这样的小店就被称为 BAR。

酒吧是一种大众闲暇消费的活动空间,也是一种欣欣向荣的文化新景观,更是泡吧者释放压力的港湾。酒吧在中国的出现,始于20世纪90年代的一些大都市里。在改革开放、市场经济的浪潮中,许多新的休闲方式、交际方法、文化形态也应运而生,不知不觉中,酒吧也融入了中国人的生活。酒吧这种外来文化自登陆中国起,便一路高歌猛进,把城市和年轻人无一例外地揽入怀中。它的出现乃至后来的发展,与整个中国的经济、社会、文化的发展存在着千丝万缕的联系,其步伐始终扣着时代发展的脉搏。随着城市化进程的加快和居民消费水平的提高,酒吧在我国的发展呈现出欣欣向荣的趋势。

2.茶吧

茶吧,也有称茶社、茶楼、茶园等,在中国自古有之,但如今的茶吧已成为集品茶、餐饮、娱乐、休憩、洽谈、表演于一体的休闲场所。茶吧中除了可以提供必需的茶水(各式茶水、花茶、水果茶等)、餐饮、休闲小点之外,通常还提供棋牌、书籍报刊、电脑等物品,并且有时和咖啡吧、书吧、演艺吧等结合起来,为本地居民提供具有特色的大众休闲空间。

3.陶吧

在越来越讲究"DIY"的时代,由店家提供陶泥和转台,亲自动手做陶器,也成为一种时尚。人们只需要双手随心所欲地往旋转的小小圆台上糊陶泥直至糊出自己满意的形状然后要求店家烧陶、上釉,就可制成一件"精美"的艺术品。如今陶吧中的 DRT 陶艺因其制作过程简单、意趣风雅闲适、环境优雅而被很多年轻人视为放松心情、体现自我的一种休闲方式。

4.书吧

书吧是城市近年来流行的一种休闲方式。书吧综合了咖啡馆、茶馆、书店和图书馆的特点,在喝咖啡、喝茶的时候可以翻阅图书和报纸杂志,也可以自带电脑在在线阅读。

5.迪吧

迪吧一般分布在CBD中心的娱乐中心,例如城市综合体的娱乐中心,银泰城、印象城的娱乐区域。迪吧是年轻居民在周末和假期邀请同事好友放松心情的好去处。

6.水吧

水吧是一个时尚的休闲场所,水吧提供咖啡、茶饮等,环境优美,装修风格温馨,是城市年轻人在工作之余休闲放松的地方。

7.咖啡馆

咖啡馆在中小城市都非常盛行,可用于商务交流、聚会休闲、家庭休闲。咖啡馆不仅提供咖啡,也可以提供各式中西式点心、奶制品、酒水饮料、茶等,咖啡馆不仅仅是用餐场所,更是一种生活方式。

【案例分析】

民俗风情表演"丽水金沙"

丽江以世外桃源般的巨大诱惑,吸引着千千万万的游客,成为人们探寻古朴神秘的民族文化的一方圣土。来丽江寻幽探胜的人们都试图在短暂的逗留期间,不仅欣赏到最美的风光景致,还要了解丰富迷人的民俗风情。为了满足旅游者的内心渴望,向世人展示丽江山水、民情的无穷魅力,丽江雪山旅游演艺有限责任公司斥资800万元,在丽江(国际)民族文化交流中心剧场,装置了国内一流的演出设备:从意大利、美国等国家和中国台湾地区原装进口的电脑变色灯、换色器、操控台等(世界领先水平);中国歌剧舞剧院设计制作的舞美布景;深圳民俗村合众合艺术设计公司设计制作的各式民族服饰。聘请云南省一级编导、中宣部"五个一工程奖"获得者周培武担任总导演,云南省著名作曲家吴毅作曲,中国歌剧舞剧院国家一级舞美设计、文化部优秀专家、中国舞台美术学会副秘书长鞠毅担任舞美、灯光设计。在丽江地委、行署的大力支持下,制作了大型民族舞蹈诗画《丽水金沙》(Mountains·Rivers Show)。《丽水金沙》自2002年5月1日向观众公演以来,受到中外游客和各界人士的广泛好评。

大型民族舞蹈诗画《丽水金沙》选取丽江各民族最具代表性的文化意象,以舞蹈诗画的形式加以表现,成为丽江古城吸引游客的又一亮点。丽水金沙以舞蹈诗画的形式,荟萃了丽江奇山异水孕育的独特的滇西北高原民族文化气象、亘古绝丽的古纳西王国的文化宝藏,撷取丽江各民族最具代表性的文化意象,全方位地展现了丽江独特而博大的民族文化和民族精神。

三、教育发展类休闲产品

休闲需要教育。虽然休闲的主要形式是休憩、娱乐等,以取得身心的放松与愉悦,但身心的放松并不等于大脑的休息,人们哪怕在睡觉时大脑都处于时刻转动之中。休闲的教育成分有两类,一类是人被动地受教育,即人们在休闲的过程中,总是不自觉地接受着各种文化、各种休闲项目的熏陶;另一类则是人们有意识地进行的教育类休闲项目,通过休闲娱乐而主动地学习某方面的知识。博物馆休闲项目、画展、文化讲座等即为后者。在这里,我们着重介绍博物馆休闲项目。

（一）博物馆休闲项目

1.博物馆休闲教育的内涵

随着人们休闲时间与心灵需求的增加,博物馆正逐渐成为大众休闲的最佳选择。博物馆以建筑物和藏品等"物"的独特存在方式展现人类的文明与智慧,为不同兴趣、不同年龄和不同职业的人提供历史的精髓。

如今博物馆顺应大众休闲文化的潮流,做着优化组合内部资源、在传统功能上增添新功能的尝试,以适应公众在休闲时代里的消费趋势。其中以博物馆休闲教育功能为最典型的革新内容。

西方学者认为,为实践20世纪90年代博物馆"全方位教育"的理念,现代博物馆开始把教育功能的焦点从传统教育向休闲教育转移。在我国也有不少博物馆研究员们将博物馆的"休闲教育"视为国民素质教育的新领域。我国台湾博物馆研究专家桂雅文曾在《爱上博物馆》一书中对博物馆的休闲教育功能有这样的定义:"博物馆是基于提供全人类集体、个人的发展与其他公立教育机制上的合作以及教育灵感与美感的充实等目的而存在的。"[①]

"教育"与"休闲"本是博物馆功能中不同的两端,但却彼此交融、互动,整合这两项资源既是博物馆应对自身发展的抉择,也是社会对博物馆功能所做的选择。由此可见,博物馆的教育功能中"寓教于乐"的休闲因子是与生俱来的,这便为博物馆休闲教育的诞生提供了必然性与可行性论证。

在此,我们引用我国学者王露的观点,对博物馆休闲教育的内涵定义为通过博物馆特殊的公众消费模式培养人们对休闲行为的选择和价值判断的能力,具体而言包括培养休闲行为价值判断的能力、选择和评估休闲活动的能力、决定个体目标和休闲行为标准的能力、合理运用闲暇时间重要性的理解能力等四项标准;其外延十分广泛,涉及智商、情商、审美、技艺、体育、社交能力等方面内容。博物馆休闲教育的最高目标是鼓励人们通过创造性的休闲方式来实现自己的追求与理念,达到自我发展和承担社会责任相契合的境界。

2.我国博物馆经营现状

截至2002年,我国已有2000多座博物馆,大部分分布在东部沿海和中部省份,大致可以分为综合博物馆、艺术博物馆、考古博物馆、社会历史博物馆、民族民俗博物馆、人物博物馆、文化教育博物馆、自然博物馆、科技与产业博物馆、收藏博物馆、园囿博物馆等11种类型。其中70%是综合类和历史文化类博物馆。相比国外发达国家的博物馆,由于历史现实的原因,我国博物馆还存在着产业化、经营、市场竞争意识淡薄,管理落后,功能单一,缺乏精品等问题。目前,我国博物馆门庭冷落,1991—2000年,全国文物系统的博物馆由1075座增至1392座,但年参观总人数却从14358万人次减至8340万人次,下降了41.9%。[②]可

---

① 桂雅文.爱上博物馆.桂林:广西师范大学出版社,2003.
② 中国统计年鉴编委会.中国统计年鉴2001.北京:中国统计出版社,2002.

见,在迅速变化的社会与文化消费态势面前能不能作出适时调整,能不能适应休闲经济时代不断变化的市场需求,能不能与休闲业紧密合作以及怎样借助休闲经济大潮打开市场、拓展观众源,都将关系到博物馆今后的可持续发展。

深入分析博物馆经营现状,不难发现以下几点是造成博物馆发展停滞不前的主要原因。

第一,由于博物馆是国家的事业单位,其经营理念、展出内容、管理经费都由主管部门决定,计划性强,以至于市场意识缺失,脱离休闲经济市场发展的轨道。缺乏主动开发休闲旅游的积极性,即使有主观愿望也缺乏适合的人才,难以突破事业单位的模式,完成跨学科、跨行业的休闲旅游开发;缺乏休闲旅游产品开发所需的经费,使得博物馆无法改善其展陈内容与展陈形式,展陈内容多年不变、没有特色,展陈手段落后,与时代发展脱节;缺乏对休闲市场的深入研究,与休闲产品开发商、旅游开发商以及其他休闲旅游部门缺乏交流与合作,从而不能提供吸引社区居民和旅游者的休闲旅游产品,尤其不能适应旅游者休闲娱乐的需求。

第二,从客观方面讲,一方面由于我国国民没有形成参观博物馆的传统,博物馆缺乏广泛的市场基础;另一方面现代社会日新月异,信息爆炸、新生事物不断涌现,竞争对手之多之强今非昔比。

因此,博物馆一直被置于文化产业的边缘,博物馆在休闲教育中也没有发挥出巨大作用。

3.博物馆休闲教育的模式[①]

在博物馆休闲教育的理念逐渐普泛化的同时,作为理念实验场所的博物馆开始思考一个更为现实的问题,即体现人文关怀的休闲教育在博物馆里的实践。如何在具体实践中顺应时代潮流构建一种崭新的价值取向? 如何在根植于本土文化的同时以海纳百川之胸襟去认同世界文化的共性? 对此类问题的终极追问为博物馆休闲教育范式的树立提供了张力与维度。休闲教育以给生活提供意义为最终目标,符合国人现代性追求的基本诉求;而博物馆也正是在对休闲教育的实践过程中提升了自身的功能层次,给自身的生命力赋予了一种常青的意义。

透视国内外各类博物馆实践休闲教育的具体操作过程,可以发现国内与国外的博物馆在实践休闲教育的模式上存在着相当大的差异。国内博物馆主要通过陈列展览宣传本地历史、文化、经济、科技的发展概况,并且努力建构与游客交流的平台,拓展与观众互动的空间,开设各种能激发兴趣的、有教育意义的活动,寓教于乐,寓教于游,让观众在获取博物馆相关的信息过程中掌握社会、时代发展的脉搏,从而达到使观众群不断巩固已有知识、扩大知识面的目的。而国外博物馆的休闲教育研究则传承了源自大希腊时代博物馆爱国主义的精神,通过与学校形式各异的交流与合作,从小培养起国民的"博物馆情结"。博物馆作为传承文化、传播知识的社会角色已深深根植于人们的观念与行为之中。

例如美国的博物馆都将教育功能写入"建馆宗旨"中,把博物馆塑造成社会的"道德储存库";西欧与亚太地区的博物馆专设教育服务办公室,负责休闲式教育的日常事务;欧美规模较大的博物馆会与大学联合创办学术基金、奖学金及培养研究生。

---

① 王露.博物馆的休闲教育研究.东方博物,2007(11):124—129.

基于宗旨、受众面及休闲教育本质方面的共同点，国内外博物馆休闲教育的实施在差异中依然闪烁着相同的因子。"文化的宝库"、"科学的大本营"、"教育的实验场"、"专家的资料库"等精辟定位常常附注于博物馆的定义之后，甚至成为其别称。这正是国内外博物馆为自身编织的美丽桂冠，而休闲教育应该是其中不可或缺的工具、材料。

现择取教育"标的群"的差异一项对博物馆休闲教育的模式进行分类，以期管中窥豹。

(1)为学校提供附加教育服务

发达国家对采取非程序性教育方式的休闲教育十分重视，无论是美国的学院模式与北欧的民众学院模式，还是日本的公民馆模式与新加坡的社区中心模式，都将社会资源纳入教育资源系统加以有效利用。诚然，学校与博物馆之类的社会公益机构的联系正是休闲教育实施的基本条件和保障。当"标的群"有与博物馆接触的意愿，并渴求通过磨合性的碰撞来发展自身休闲能力的时候，博物馆的休闲教育功能就凸现出来了。

有学者说，休闲教育要先分析社区的资源，然后确定活动的参与者，还要评估个人活动成功的可能性。据此，我们也可以概括出博物馆休闲教育的三项实施指标，即自身的资源、观众群及两者之间的关联，其目的就是利用自身的独特资源吸引观众，使两者间产生向心力与摩擦力，从而使得观众从休闲教育中受益。首先，藏品作为博物馆的独特资源在休闲教育中的功效不可小觑，它能帮助观众直接用感观感知作为人类总体思维产物的历史，用诉诸视觉的物体述说物体的"事"。其次，既然该模式中的观众群被特定为学校里的学生，那么接下来要解决的问题便是如何利用藏品来激发学生的求知欲，实现休闲教育的教学目标。笔者认为，这需分两步走：一是通过使学生透彻、深入地了解博物馆内藏品所承载的文化内涵来实现完善学生认知能力的要求；二是在了解藏品的基础上进行行之有效的升华与延展来实现培养学生创造能力的诉求。

以全国首个湖泊类专题博物馆——西湖博物馆为例，它充分利用了主题式博物馆的自身资源，积极为学校提供附加教育服务，将自己定位成学生寓教于乐的"第二课堂"。"西湖博物馆与人们的休闲生活"调查显示，中小学生参观西湖博物馆的频率、兴趣与收获都保持在一定的高度并呈上升趋势。西湖博物馆利用沙盘、模型、图板等传统展示模式以及环幕(立体)电影、幻灯投影、电子触摸屏等高科技产品，营造出一个动静相宜、亦真亦幻的文化场景，促使学生在领略西湖的历史变迁和人文景观的过程中实现认知能力与创新能力的提升。在西湖博物馆的计划中，今后还将进一步加强和学校的联系与合作，针对不同年龄层次的学生提供各具特色的服务，如与高校联系，通过培训使大学生成为博物馆的义务讲解员，或为不同专业的大学生提出相关的课题调研机会；同时与中小学合作，建立教育基地，通过开设主题讲座、知识竞赛、观看教育片等方式，塑型教育的精神与品位，培养学生的审美能力与情趣。由此可见，西湖博物馆自身的文化属性、象征与符号意义包容了人们已知并视为永世留存的文化与自然物，超越了一般意义上的文化现象和行为。"人是悬挂在由他自己编织的意义之网上的行动，文化就是这些意义之网"的休闲教育理念的真谛由此得以揭示。

(2)为公众提供终身教育服务

随着学习型社会的发展，终身教育的观念逐渐深入人心。作为公众文化机构的博物馆以其大量教育资源的拥有者和大众文化消费的倡导者的独特地位与优势，俨然成为社会教育大本营的缔造者。

美国学者詹金斯在《博物馆之功能》一书中强调"博物馆应成为普通人的教育场所";美国博物馆协会成立宣言也表示"博物馆应成为民众的大学"。博物馆由"物"而生的"灵"与"魂"之精神产品,在为公众提供终身教育的过程中得以升华,在一定意义上验证了"博物馆不在于它拥有什么,而在于它以其拥有的资源做了什么"(古德语)。

考察、对比世界各地对博物馆的定义,可以发现有几个关键词是肯定会被涉及的,即"永续经营的"、"大众的"、"教育的"。将这三个关键词予以逻辑意义上的联系、整合,便可得出这样的结论:博物馆在某种意义上说是为公众提供终身教育的永续经营的社会机构。

博物馆一个容易出现的问题是封闭性和重复性,尤其是在面对地球村落初露端倪、传统文化日趋微弱的今天,博物馆应当与时俱进地通过拓展影视播放、更新展品器物、增设临时展览等途径不断扩大资料库、扩展受众面,以实现展示内容和服务项目的新颖性和独创性。

同样以西湖博物馆为例,其建立伊始就将自身定位成传承历史文化的教育机构,在之后的创新型建设中无不贯彻了为公众提供终身教育服务的宗旨。其中最具特殊意义的一项举措是,实现了博物馆与图书馆"珠联璧合"景观的打造。追溯西方博物馆的进化轨迹,可以发现将两者合璧的传统古已有之。如亚历山大博物馆最初与同名图书馆联为一体,查尔斯顿博物馆作为美国的第一座博物馆由南卡罗来纳州查尔斯顿图书馆协会建立,美国的图书馆专门设有"博物馆内图书馆"(museum library)的类别,等等。而在国内,两者合璧似乎可以被誉予"创举"之称。西湖博物馆这种将典藏专业性书籍的开放性图书中心设置为自身附属机构的做法,在某种意义上,正是将博物馆与图书馆之间的难解之缘以一种更为普泛化的形式存在于为公众提供教育服务的使命之中。

(3)为家庭提供亲子教育服务

休闲教育和亲子教育酷似一对孪生姐妹,在以家庭为单位的教育场景中扮演着重要角色。在博物馆这个促使个体完成个人与社会发展任务的主要存在空间里,培养"标的群"的鉴赏力、创造力、自我实现能力的过程就是所谓"成为人"的过程。在这个过程中,受教育者会切实体验到为什么这种生活方式对于他们的幸福及维系一个社会、家庭来说是至关重要的。

亲子教育是相互的,即教育的"标的"既可以是孩子也可以是家长。这种以血缘关系为纽带而组成的教育统一体,其和谐性与紧密性是其他任何教育体不可企及的。加之统一体的构成元素互为"标的",这便激发了笔者将其作为休闲教育典型范例进行研究的冲动。

在我们的调查中,经常可以看到家长和孩子一起游览博物馆的场景。其实以家庭为单位的本地观众正是博物馆固定游客的构成方面。家长带孩子去参观,其动机是希望通过从事有价值的活动来使家庭成员在彼此交流、切磋中增长见识、培养情趣;而另外一个潜在的愿望则是渴望通过在休闲时间里与家人相处的机会来促进家庭互动、增进彼此感情。因此,内地博物馆可以参照中国香港一些家庭社团开展亲子服务,增加互动环节,把这种情感性服务与博物馆多元化功能的挖掘有机结合起来,使博物馆成为增进家庭成员之间情感的纽带和催化剂。

综上所述,博物馆休闲教育的内容(目标)可以概括如下:通过捕捉、提供信息和正式、非正式的教育,帮助休闲者发展智力、培养情趣、提高创造力、完善和实现自我;通过对休闲者休闲行为方式的教育、引导,改善休闲者的消费观念,培养自由而全面的人;通过普及休闲知识、阐明休闲理念、揭示休闲价值,实现由他人指引转向自我指引、调节和控制的过程,保障区域文化的健康发展,催化人们伦理道德的重建。

博物馆休闲教育功能的实现即触发游客发现创意、引动思考、反省改变的过程,换言之,即满足游客在从事劳动后调整身心、发展智力、激发热情、实现自我价值等欲望的过程。我们力求通过博物馆休闲教育功能的系统化实践,将博物馆的参观者塑造成为非"走马观花"式,也非"点到为止"式,而是"咀嚼"式的观众群。我们有理由相信,休闲教育功能的实现将会使博物馆成为观众与时间交换互动最热烈的场所。

(二)画展

虽然画展的受众面较其余的休闲项目窄,但却有着相对稳定的顾客群。这些群体或对艺术有着执着的追求,或为艺术专业学生吸取各类艺术家的艺术精华。因此,画展休闲项目已然成为高雅艺术的交流平台。

(三)文化讲座

休闲逐渐进入人们的日常生活。寓教于乐,在休闲放松之时尽可能多地进行课余充电、陶冶情操已成为时尚人士追逐的焦点。如今,各类讲座伴随着人们对知识的渴求已如火如荼地开展起来。针对家庭主妇的有各类烹饪、插花、茶艺讲座;针对公司白领的有周末企业培训,大都聘请知名院校专家进行授课;针对时尚女性的有公关、礼仪、化妆等讲座……

【案例分析】

宁波天一阁博物馆

坐落于宁波月湖之畔的天一阁,拥有 430 多年的历史。这座素有"南国书城"美誉的藏书楼,是我国现存最早的私人藏书楼,是亚洲现存最古老的图书馆,也是世界上现存最古老的三大家族图书馆之一。

以天一阁藏书楼为核心的天一阁博物馆,以藏书文化为特色,融社会历史、人物、风俗民情、文物、园林建筑等诸多文化艺术于一体,是宁波这座历史文化名城的重要标志,也是宁波历史文化的窗口。

根据天一阁博物馆的资源特色,结合知识经济时代的要求及市场的需求特点,柳树芬(2001)就以下几方面对其文化休闲活动的开发提出构想。①

一、依据资源特色,确定目标市场

同其他营销活动一样,天一阁博物馆开发文化休闲活动也必须依据自身资源特色,确定目标市场。这是开发成功的前提。天一阁博物馆核心是藏书文化。因此,其文化休闲活动的目标市场主要有两级:一级市场是文化旅游者;二级市场是宁波市民。

(一)一级市场:文化旅游者

文化旅游者又可以分为修学旅游者和一般文化旅游者。其中,修学旅游市场是最具开发潜力的目标市场。修学旅游市场可以有三类人群:一类是广大的青少年学生。这是传统意义上的修学旅游者,也是修学旅游市场的主力。欧美和日本的青少年修学旅游早已成为传统,并且一直呈增长的趋势。我国港台地区的青少年修学旅游也已经成为时尚。另一类是海内外的专家学者,包括图书馆学研究、浙东史学研究、明史研究等领域的专家学者。这

---

① 柳树芬.天一阁博物馆文化休闲活动研究.绍兴文理学院学报(哲学社会科学版).2001,21(4):114—116.

部分市场规模有限,但在海内外具有广泛的影响和号召力。此外,还有老年修学旅游市场,这是个被忽视却颇具潜力的市场。我国的城市老年人尤其是受过良好教育的老年人,都有退休金,有相当的积蓄,有充裕的时间和丰富的阅历,随着人口老龄化的出现及老年人消费观念的转变,老年修学旅游市场将出现生机。

(二)二级市场:宁波市民

近年来,宁波市的都市化进程大大加快:经济增长迅速,人均 GDP 居全省前列,人均收入排名全国第四;市区人口已达 580 万人;人口素质日益提高。这一切表明,宁波市民的文化休闲市场潜力巨大,可开发性极强。

二、发挥资源优势,开发设计文化休闲活动项目

天一阁博物馆以天一阁藏书楼为核心,包括藏书文化、陈列展览、园林休闲三大功能区。设计开发天一阁的文化休闲活动项目,自然是对这三大功能区的综合开发。同时,以天一阁博物馆的藏书文化为主线,综合设计开发一系列的文化休闲专题活动。

(1)藏书知识专题:介绍天一阁特有的藏书技术、防腐防蛀技术、天一阁创始人范氏的制版刻板技术等。这类活动要注重现场性和参与性。如可以请游客动手制作,并且可以带走自己的作品,作为纪念。

(2)书画艺术专题:既可以展示天一阁收藏的书画,又可以与当代的书画名家联手,展示他们的书画艺术精品。

(3)读书专题活动:成立读书协会、诗词协会等。收集整理馆内出自历代名家之手的楹联及明州碑林拓片,将其制作成精巧雅致的书签或其他纪念品,供游客收藏。

三、借助各种渠道,宣传促销

借助名人效应,扩大知名度。430 多年来,自明代的黄宗羲至当代的余秋雨,历代都有著名的人物与天一阁有关。这些不同时代、不同类型的名人在海内外有广泛的影响。

借助名人效应,加强宣传力度,可以有效扩大知名度。借助高科技,运用网络营销。信息社会,营销最快捷有效的途径之一是网络营销。天一阁博物馆开发文化休闲活动,同样需要借助网络营销。

借助联合,共同促销。与宁波市其他的同类文化资源联合,共同促销,实现双赢。

借助新闻媒体,搞好公关活动。运用公共关系手段,与宁波当地的各种媒体合作,提高知名度。

四、生活消遣类休闲产品

所谓的生活消遣类的休闲活动,其实就是人们平时工作之余做得最多的事情。现代人崇尚健康、自然,所以假期里人们不再蒙头大睡或彻夜狂欢,而是更加注重休闲与放松。出于此,如果进行仔细衡量,各种放松方式都有自己的优缺点,开发设计者可以根据人们的兴趣爱好和各类项目的特色来发掘更多另类的休闲方法。

曾经有这样一则电视广告:一开始的广告画面令人眼花缭乱,从一个场景快速切换到另一个场景,不时让人感觉到紧迫和压力,但最后的广告语却很简单,只有一句话:"生活从下班开始!"虽然简单,但正是从这样一句简单的广告语中我们可以看到人们对于生活乐趣、生活品质的追求,对于休闲放松的向往。这也说明在大多数人眼里,快乐的生活、休闲的生活对于自己的人生是很重要的,人们不仅仅是为了金钱而忙碌地工作,更多的是为了在工作之后有机会放松心情,给自己足够的空间进行娱乐休闲。

我们身边的许多人常抱着这样一种观念:工作的几十年都是为了退休后的休闲生活作准备和积累的。因此他们平时工作忙忙碌碌,从来不让自己好好放松。但其实休闲生活并不是从退休之后才开始,恰好相反,许多人真的到了休假或退休的时候,反而由于身体原因或者生活的突发状况而无法实现理想中的休闲生活,这是极其可悲的。因此,我们应该转换观念,不要将休闲与工作看成是生活中两个完全对立的面,在休闲与工作之间划出一道明显的界限,而应该将生活和工作本身当作一种休闲的机会,充分把握有限的时光调整好生活状态,把休闲与生活工作结合起来。甚至可以说,在各种纷繁复杂的休闲娱乐项目中,生活类的休闲项目是人们消费最久也是最基本的休闲方式。

生活消遣类主要是指人们在家或者离家附近的活动中心和娱乐场所参加的各种纯粹的休闲娱乐活动。① 这类活动主要包括文化娱乐活动,指歌、舞、影、视和上网、电脑游戏等;各式吧型消费,指除了到网吧以外的酒吧、陶吧、书吧、水吧、氧吧、咖啡屋、茶馆等场所进行休闲活动;闲逛闲聊,包括散步、逛街、购物和闲聊,指不单纯为购买生活必要品而逛街、逛商场等以及除熟人偶然碰面招呼之外的各种闲聊。

生活消遣类的休闲活动主要可以包括以下几类。

1.电视广播

看电视和听广播是人们进行的最传统的休闲消费,无论处于何种年龄层或者何种性别,电视始终是占据平时休闲时间最主要的项目。但随着各种传媒技术的发展,广播的受众市场正在逐渐缩小,但对于经济较不发达的地区或者一些社会群体,比如老年人,广播还是占据着一定市场。

2.报纸杂志

对于受教育程度比较高的人来说,报纸杂志一直是获取外界信息比较好的方式。相对于电视网络等,报纸杂志具有价格低廉、携带方便、重复使用、便于收藏等特点,因此一直受知识群体的青睐。而一些时尚杂志更是白领或者学生们的生活必需品。

3.上网

随着网络的普及化,互联网的使用者正在迅速增加,因此上网聊天、观看新闻、获取信息等正在成为人们平时生活的休闲活动。而一些新兴的娱乐活动,比如网上漫游、网上购物、网上旅游等正在逐渐进入人们的生活。

4.逛街

对于女性来说,上街购物之所以这么具有吸引力不仅仅在于购买新物品时的快感,同时也在于逛街过程中与朋友的感情交流与沟通。区别于男性,女性对于购物过程中的体力消耗、讨价还价、货比三家等具有较强的承受力,甚至乐此不疲,因此逛街购物一直是女性们的主要休闲娱乐方式。

5.园艺

西方国家,家庭园艺一直是普通居民的休闲娱乐方式。但对于中国居民来说,一些退休在家或者有充足时间待在家里的人,抑或是对修剪花草有特殊爱好的人才会把园艺当作

休闲管理

---

① 楼嘉军.休闲新论.上海:立信会计出版社,2005.

一种休闲方式。不过随着乡村旅游在休闲市场中的增温,一些城市居民也渐渐对农家园艺产生了一些兴趣。

6.养花草养宠物

家里有阳台或者有花园的城市居民为了怡情养生,会种植各种花、草、树,也喜欢养一些虫、鱼、鸟,给工作生活之余带来更丰富的生活体验,陶冶情操。对于都市居民,特别是收入条件较好的白领阶层,领养宠物已经变得相当普遍。随着普通居民的生活水平的提高和休闲理念的改变,养些宠物增加生活乐趣的方法也越来越被人所接受。可以预见,宠物数量在未来将会持续增加。

中国社会科学院近日公布的一份报告显示,我国城市居民常参加的休闲项目有去动物园和公园、看休闲消遣类书籍、打羽毛球、登山、打麻将、种花草、打游戏机等活动,说明城市居民的休闲娱乐活动还是主要集中在简便易行、花费低廉的活动上。

综合来说,休闲消遣的活动形式多种多样,除了刚才介绍的一些之外,其他很多类型也属于生活消遣,甚至带着休闲放松的心情逛逛公园、吃吃点心,或者穿着休闲服、休闲鞋,带上背包和帽子到乡村或周边城市随意游览,同样可以属于休闲的生活。平时,与亲朋好友之间打打电话、写写书信、登门拜访问候,相约品茶聊天,节日期间互赠小礼品也属于休闲生活。至于年轻人们,唱唱卡拉OK,观看体育竞赛,到公园或者附近的城市广场散步、跳舞;与好友一起欣赏花草、饲养宠物、听听音乐等,所有在平时看来很平常的活动都可以属于生活休闲的消遣类活动。

【案例分析】

国内外市民的休闲生活

1.中国成都市民的休闲生活

有调查人员对我国成都市民的休闲方式的选择倾向进行了调查研究,结果显示,到目前为止,无论是平时还是周末,生活类的休闲消费项目始终为大多数市民所喜爱。具体而言:

从节假日(旅游黄金周)休闲方式选择来看,前3位排序已发生显著变化,依次是旅游度假类占54.85%,社会活动类占10.55%,看电视等娱乐活动占8.86%。在长假期间居民50%以上有出游倾向,说明在时间条件、经济能力和休闲动机等要素综合作用下,成都市居民已经具备了大众旅游时代的活动特征。[①]

从周末活动方式选择看,前3位选择与平时相同,但是占据首位的看电视等娱乐活动的比重却明显下降,降至33.33%,而逛街和业余爱好等活动的比例则分别上升了4.22%。尽管如此,位居前三位的休闲活动方式所占比重还是降至62.44%,与平时相比减少了16.08个百分点。从平时看,市民经常选择的休闲方式前3位依次为文化娱乐类(以看电视为主)占58.65%,逛街、购物、就餐等占13.50%,业余爱好活动类(包括学习书画、从事摄影、集邮等活动)占7.17%。

由以上的调查结果可以看出,由于平时可支配的休闲时间比较少,大多数居民仍然选

---

① 楼嘉军,岳培宇.城市居民休闲方式选择倾向及特征研究——以成都市为例.http://wenku.baidu.com.

择以看电视、逛街、购物为主的生活类休闲方式。但随着休闲时间的增加,到了周末,这些生活类休闲项目的主导地位就有所下降了,特别到了假期,人们的休闲方式更显多样化。从中我们可以看出,除了可支配收入以外,休闲时间的充裕与否也决定了人们是否会消费不同的休闲项目。

2. 外国居民的休闲生活①

假期年年都有,休闲方式各不同。让我们把目光投向国外,看看外国人是怎样休假的。澳大利亚人每逢休息日,家长都会带着孩子们去海边,先是下海游泳,然后在海滩上野炊、玩耍。

日本人往往喜欢团体过假日。十几人、二十几人甚至三四十个头戴黄色或白色观光帽的男女走在一起,在导游扩音话筒的指挥下,从一个景点走向另一个景点,走到哪里都是一个整体,很少一个人外出单独活动。

英国人喜欢在假日读书看报和研究学问。他们往往因为一个概念或命题争论得面红耳赤、不可开交。然后,不论辩论结果如何,他们总是忙里偷闲演奏一会儿风笛、钢琴或双簧管,间或唱歌跳舞。

荷兰人注重在假日养花种草,他们特别钟爱郁金香,每逢双休日,青年恋人、中年夫妇、老年伴侣常常会带一枝郁金香赠送对方,或双双带着郁金香去探望亲朋好友。母亲们在休闲日到来之前就忙着做准备,在孩子的卧室里放置一桌子,摆上鲜花,中间放着乳酪、蛋糕等食品。翌日早晨,全家来到孩子的屋里唱歌、品尝糕点等。

德国人常常在假日进行体育运动或观赏音乐、戏剧演出,或举行集邮、摄影活动,或者到郊外旅游、野餐。还有的在双休日以鸡尾酒会的形式同亲朋好友相聚,共度愉快周末。

俄罗斯人特别注重到郊外、到大自然中去尽情舒展四肢,"疲劳"一下自己的身体,用身体的疲劳换取身心的愉悦。夏季他们去旅游,秋季他们去采蘑菇,冬季他们去滑雪。当今俄罗斯人从事的劳动主要消耗的已不再是体力,而是"神经"能量。而神经能量的恢复主要是通过运动"疲劳"来达到休闲的效果。

法国人喜欢在双休日做专题交谈,音乐、舞蹈、电影、戏剧、天文、地理、科学、技术等常常是他们交谈的热门话题。他们无论男女老少都喜欢唱歌,经常在假日开家庭音乐会和专题音乐会,演唱世界名曲或自编的歌曲。

休闲管理

第二节　城市休闲项目营销

一、城市休闲项目形象策划

休闲项目的形象策划是在调研的基础上,以市场为导向,通过要素资源的整合提炼,确定对外宣传的总体形象,设计休闲项目的形象系统,最后借助各种传播方式进行实施的一个系统工程。

---

① 选自宋志萍. 外国人的休闲方式. Chinese tims,2008(5).

休闲项目的形象策划在整个休闲项目营销中具有举足轻重的地位。科学而新颖的形象策划有助于增强休闲项目的吸引力、提高市场占有率,促进休闲项目营销战略顺利而有效地进行。

（一）休闲项目形象调研

1.休闲资源分析

任何一个休闲项目都不会平地而起,他们的打造都要依托一定的资源。如高尔夫运动休闲项目需要较大的地理空间范围以及地貌草坪等资源;城市游憩商业区需要以城市交通、建筑设施、城市文化为载体。在进行休闲资源分析时要从休闲项目所在地的自然地理特征、历史文化特征、区位交通特征及项目自身的设施设备等方面进行研究,提炼出其独特性、排他性特征,让其吸引休闲者,成为休闲项目形象设计的切入点。

2.休闲项目形象认知现状

形象是主体对客体的认知,为了更准确地定位休闲项目的形象,就应该对形象认知主体进行调查,了解该休闲项目在休闲者心目中的形象与整体期望,以便有目的、有方向地塑造这一形象。

形象调查的内容主要包含以下几点:

（1）休闲者对休闲项目的知道与否;

（2）休闲者对休闲项目的感知印象;

（3）该休闲项目本身哪些要素促使休闲者形成这样的印象;

（4）休闲者认为该休闲项目应该具有怎样的形象内容。

（二）城市休闲项目形象策划

1.理念识别（MI）设计

MI是休闲项目形象的精神内涵,是休闲项目的经营信条和管理策略。

（1）休闲项目形象定位原则

形象定位原则对休闲项目的形象定位与设计具有指导性意义。在休闲项目形象定位时应遵循以下原则。

● 文化性原则

亚里士多德认为休闲是哲学、艺术和科学诞生的基本条件之一。休闲活动本身就是一种文化活动。在对休闲项目进行形象定位时不仅要突出休闲项目的轻松愉悦、休闲雅致的形象,更要挖掘休闲项目本身的文化内涵,赋予其新的生命力,给人以独特的精神文化享受,如"塞上江南"、"东方巴黎"等,让休闲者在有限的时间、空间范围内感受不同时空的文化气息。

● 独特性原则

休闲项目种类繁多,仅从休闲项目的性质来分就有体育类、娱乐类、文化类、自然类等,其中体育类休闲项目又可分为篮球、排球、网球、足球、高尔夫、自行车、武术、游泳、跑步等,所以同类休闲项目之间以及不同类休闲项目之间都有极强的替代性。因此,休闲项目形象定位要突出独特性,避免形象间的相互替代现象。可采用领先定位法和逆向定位法,标新立异,夺人眼球。

● 整体性与层次性相结合原则

休闲者的背景、偏好呈现多样性。为了提高休闲项目形象在不同细分市场上的号召力,必须针对不同的细分市场群体,分别对休闲项目形象进行定位。同时,休闲项目往往是多个群聚在一起,尤其是城市休闲项目多以休闲游憩圈、休闲游憩带的形式出现,所以休闲项目在进行不同层次、不同方位形象定位时要考虑到与周边环境的协调性,共同为打造该休闲游憩带形象品牌、增强该地形象的感召力服务。

（2）休闲项目形象定位

休闲项目形象定位是以休闲项目所依托的资源为基础、以市场为导向、结合形象定位原则对该项目将来发展的一种方向性判断、提炼和总结。形象定位最终表述为一句主题口号。它是多方面资源高度整合后的精华、是该休闲项目的形象代表、是吸引人们前来体验的关键吸引物。如海南三亚的"东方夏威夷"、杭州宋城的"给我一天,还你千年"、2006年杭州休闲啤酒节的"喝激情啤酒,享休闲人生"。

进行形象定位时,可根据休闲项目的不同特性采用不同的形象定位方法,如领先定位法、比附定位法、逆向定位法、导向定位法、多头定位法、组合定位法等。

2.行为识别(BI)设计

BI是休闲项目形象的动态行为过程,反映在休闲项目所在地政府部门行为、休闲项目服务提供者行为以及活动所在地社区行为三个方面的行为规范与规章制度。

（1）政府行为系统

政府行为较为隐性不易为休闲者观察到,但能确确实实地感受到。政府行为表现在该休闲项目所在地的规划与管理、政策的制定与实施、有关部门办事的效率与态度等方面。所以,政府部门要秉着廉洁、公正、高效、务实的态度,协调好休闲活动中各方利益主体关系,促进休闲活动的可持续发展。

（2）服务行为系统

服务人员是休闲者在进行休闲活动时接触最多的人员,因而是休闲项目形象展示的窗口。服务人员在服务过程中要把握休闲者追求闲适放逸、少受干扰的心态,提供个性化、定制化服务,于细微之处见真情。企业要经常性地对服务人员进行培训,以提高其职业道德、服务意识、服务技能、外语水平等。

（3）社区行为系统

休闲项目所在地的社区居民也会和休闲者发生活动接触,因而社区行为也属于休闲项目形象的一部分。社区居民热情、友好的态度和行为会为休闲项目形象锦上添花,反之则会使休闲项目形象大打折扣,甚至造成无法弥补的损失。因此,休闲项目所在地社区居民要注重自身素质的提高,增强主人翁意识,以一种平易近人的姿态与休闲者进行接触交流。

3.视觉识别(VI)设计

VI是以休闲项目徽标、宣传口号以及标准字、标准色和象征图形与吉祥物等为基础,设计在直接对休闲者产生视觉冲击力的地方,达到推广传播的目的。据调查,在人们对外界信息产生的所有感觉中,视觉占83%,由视觉器官接收到的信息在人们的记忆里的回忆值是最高的。

休闲项目文化性、环境依赖性、体验型和个性化特征,使得休闲项目在进行VI设计时应遵循以下几点原则。

（1）突出休闲项目文化内涵

休闲项目的最大特点是它的文化性,它对提高人的生活质量、对人的全面发展有着十分重要的意义。据悉,国外休闲企业将65%的投资额用于主题文化的包装,而过去我国早期的游乐场恰恰因缺少主题文化包装而导致衰落。可见,深入挖掘休闲项目的文化内涵在休闲项目的建设及其营销过程中占据着至关重要的地位。

（2）与休闲项目所在地环境相协调

环境是休闲项目的依托,和谐恰当的VI设计能使休闲项目与环境相得益彰,真正使休闲者乘兴而来,满意而归。反之,则会破坏人们的雅兴,令人生厌。所以,在进行VI设计时要充分考虑当地的环境要素,将能充分体现环境特色的要素融入VI的设计中,满足人们的审美需求。

（3）注重亲和力,体现人性亲情

休闲作为人们缓解压力、追求品质生活的途径,更需要用易亲近的、充满人性亲情的视觉符号来打动休闲者,使他们在不知不觉的感情体验中接收休闲项目VI所传播的信息,产生情感共鸣。如迪士尼乐园利用米老鼠、唐老鸭、维尼熊等可爱的卡通形象来捕捉人们追求童趣的心理。

（4）遵守相应法规

休闲项目的VI策划还应当考虑相应的法律法规,凡是法律法规明令禁止使用的符号,都不应当出现在休闲项目的VI策划上。

二、城市休闲项目推广

美国营销学学者麦卡锡教授在20世纪60年代提出了著名的4P营销组合策略,即产品（Product）、价格（Price）、渠道（Place）和促销（Promotion）。他认为一次成功和完整的市场营销活动,意味着以适当的产品、适当的价格、适当的渠道和适当的促销手段,将适当的产品和服务投放到特定市场的行为。然而随着环境的变化,产品的不断同质化,竞争的日益激烈,这一理论逐渐显示出其弊端,难以适应市场变化,在实际运用中很难起到出奇制胜的作用。

正如格雷厄姆·莫利托所说的那样:休闲经济给人们带来许多新的生活态度、观点和活动。这既要求企业不断开辟新的经营领域,提供新的产品和服务以满足人们的休闲需求,又对企业的营销方式提出了新的挑战。

如果城市休闲项目的营销重点仍放在4P战略框架上,恐怕已很难得到消费者的青睐。由此,美国营销专家劳特朋教授在1990年提出了4C理论,即研究旅游者的需求与欲望（Consumer needs and wants）、愿意支付的成本（Cost）、购买商品的便利性（Convenience）以及企业与消费者的有效沟通（Communication）,以指导企业的产品策略、定价策略、分销策略和促销策略。21世纪伊始,艾略特·艾登伯格提出4R营销理论,以关系营销为核心,重在建立顾客忠诚,阐述了四个全新的营销组合要素,即关联（Relativity）、反应（Reaction）、关系（Relation）和回报（Retribution）,对4P、4C进行了补充和完善。

因此,随着营销理论的不断完善,以满足消费者的休闲体验消费需求为核心,适应休闲经济时代特征的多种新营销推广方式就应运而生了。

（一）现代新型的营销理念

1.体验化营销理念

随着消费者收入水平、知识层次和消费品位的不断提高,消费者越来越看重产品或服务的情感体验价值。而休闲产业就是要创造出各种体验,通过让消费者放松身心、欣赏艺术、科学和大自然等,为丰富生活提供可能。企业经营者需要站在消费者的角度,从消费者的感官、情感、思维、行动和关联等五个方面设计营销,研究如何根据消费者的状况,利用各民族传统文化、现代科技和大自然等手段来增加产品体验内涵,更好地满足人们的情感体验、审美体验、教育体验和遁世体验等,在给人们心灵带来强烈震撼的同时实现产品销售的目的。体验营销是一种指以产品为载体,以给顾客提供有价值的体验为主旨,力图以满足消费者的体验需要而达到吸引保留顾客、获取利润的目的,集消费的感觉、情感、思维、行动为一体的新营销理念。

2.定制化营销理念

休闲经济时代的人们追求"定制化"的生活方式,这种消费趋势蕴含着深刻的经济背景。休闲经济体现以人为本,重视人的需要,强调人的自由和价值实现。成功的休闲服务在于恰如其分地对待顾客,而不是绝对的一视同仁,成功的休闲管理应根据顾客的需求定制服务项目、信息和产品。

因此,休闲项目的营销理念必须打破传统的追求规范化和规模效应,应实行有针对性的个性定制化营销。

3.品质化营销理念

休闲项目的主要客源通常是理性和感性的结合体,因此休闲项目不能依靠低壁垒、低品质、低忠诚度的低价竞争来赢得市场,所以休闲产业及项目的营销推广要突破低层次的价格竞争意识,提升质量竞争和文化竞争的层次,树立品质化的营销理念,引领消费者"健康、生态、文化"的消费态度。

(二)休闲项目推广策略

1.体验式营销

休闲经济时代的消费者已经变得越来越个性化和情感化,越来越趋于感性化和理性化的结合体。他们在重视产品和服务的功能利益的同时,更加重视该产品或是否符合自身的心理需要和审美情趣以及购买产品或享受服务过程中所获得的体验和感受。因此,在休闲项目的推广过程中,体验营销是非常重要的一种营销策略。

体验营销是指企业以服务为重心,以商品为素材,在营销推广的过程中,塑造感官体验以及思维认同,以此吸引消费者的消费行为。体验营销的核心是,不仅为顾客提供满意的产品和服务,还要为他们创造和提供有价值的体验。

体验营销在休闲经济时代是一种营销方式的变革。因此,休闲项目在推广过程中,可以设计出体验式的产品和服务尝试内容,让消费者在体验尝试中获得真实的感受,从而进行进一步的购买和消费。

2.主题式营销

休闲项目产品主题化经营既是休闲产业发展的趋势,也是企业在激烈的竞争中取胜的关键。主题是休闲项目形成鲜明特色和独特个性的灵魂,也是企业影响休闲消费者休闲娱乐选择的基本魅力。

而针对休闲项目的独特性,其营销策略也可以突出其主题,如体育营销和娱乐营销等。

(1)体育营销

体育营销是以体育活动为载体来推广自己的产品和品牌的一种市场营销活动,是市场营销的一种手段。它通常有两种内涵:一方面,体育活动本身作为一种休闲项目产品来进行营销活动;另一方面,依靠体育活动来推广另一种休闲产品。

对体育休闲项目进行推广,借助体育赛事开展的营销活动不仅能吸引消费者的目光,达到提高销售额和利润的目标,更重要的是,体育运动所推崇的公正、公平、追求卓越、不断进取的精神,能使厂商的宣传效果和品牌价值得以提升。对于其他休闲产品,通过特定体育赛事来扩大影响、带动相关休闲项目的发展,借助体育明星来造势,打造品牌,演绎时尚。

(2)文化娱乐营销

娱乐营销就是将娱乐的精神和元素与整合营销的精神和规则结合起来,让消费者在娱乐的体验中,对企业以及产品或服务产生好感和联想,从而感化消费者的情感、感动消费者的心灵,以期达到商品销售目的的营销策略。实际上,这里面体现了体验营销和非物质营销的营销理念。

美国娱乐业顾问、著名经济学家迈克尔·J.沃尔芙指出:"娱乐因素已经成为产品与服务的重要的增值内容,是市场细分的关键。"

娱乐营销的手段很多,有观赏型的,如请名人做产品形象代表、生动的广告、邀请明星演出、音乐会、明星电视广告等;也有参与型的,如在商场购买时装时欣赏风情时装秀、在超市挑选货品时玩游戏、在餐厅办生日会等。洋快餐的典范麦当劳的成功秘诀就是"我们不是餐饮业,我们是娱乐业"。在休闲经济时代,我们应把购物、消费从一种简单的交换行为潜移默化为一种合情合理的休闲享受方式。

(3)公益营销

"现代公关之父"艾维·李曾说过:"凡是有利于公众的事业,最终必将有益于企业或组织。"不同于其他营销手段的自我鼓吹,公益营销由于提供有形的财物或无形的劳务,对社会做出了有意义的贡献,非常容易获得公众尤其是目标群体的好感,有利于企业的市场开拓和市场竞争。

公益营销把产品形象和品牌形象巧妙融入了活动中,让公益活动和品牌推广完美地结合起来,脱离了单纯的商业推广秀,不仅能令人更加信服,同时也提升了休闲产品的品牌形象和美誉度。

(4)文化营销

休闲项目的最大特点就是它的文化性,休闲活动对于提高人们的生活质量和生命质量、对于人的全面发展有着十分重要的意义。

文化营销是利用文化进行营销,是指企业营销人员及相关人员在企业核心价值观念的影响下,所形成的营销理念及所塑造出的营销形象,两者在具体的市场运作过程中所形成的一种营销模式,即在市场调研与预测、目标市场的选择、市场定位、产品开发、定价、渠道决策和促销等营销活动流程中,主动进行文化渗透,提高文化含量,以文化作为媒介,与顾客及社会公众构建全新的利益共同体关系。文化营销的内涵十分丰富,如宗教文化、养生文化、饮食文化、汽车文化等。

(三)休闲项目推广的方式

1.广告宣传

广告活动是最为常见的宣传推广手段之一,具有公共性、广泛性、吸引性和客观性的显著特征。根据不同的媒体,可以将广告划分为视听广告、印刷广告、户外广告、交通广告、售点广告、邮寄广告、网络广告等,不同的广告媒体,其特点和作用各有不同,在选择广告媒体时,应根据项目的内外部因素进行全面的权衡。

（1）广告应凸显休闲体验理念

休闲项目的广告应通过视觉体验,给人以新意和美感,结合项目的休闲理念和休闲活动的动感,给人耳目一新的感觉,从而吸引消费者。因此,休闲项目的广告宣传采用电视广告和户外大型广告较能吸引消费者的眼球。

（2）注重广告的连续性和时效性

要注意选择广告的播出时间,一般应选择观众关注度较高的播出时段,投放时间需连续,才能使受众产生深刻印象。

（3）选择有良好受众的媒体

应选择有良好休闲活动受众的媒体发布广告信息,如国内外著名的休闲刊物、时尚杂志、旅游宣传书籍、休闲广场大型户外广告等,使广告宣传具有一定的针对性。

2.公共关系

公共关系是一种通过获取有利的公众舆论,建立良好的公众形象,处理或阻止不利谣言、消息与事件的传播等方式与某一组织的公众建立良好关系的营销努力。主要的公关手段有媒介联系、事件炒作与游说。公关的魅力以其三个鲜明的特点为基础:一是高度的可信性。由独立撰稿人与记者所写的新闻及特写事件要比广告更真实可信。二是公共关系能够达到许多会排斥推销员与广告的潜在购买者。信息以新闻,而不是以销售为导向的方式来被旅游者所接受。三是吸引性。公共关系就像广告一样,具有使某一特点引人注目的潜力。

公共关系策略旨在协调休闲项目与各利益主体的关系,争取各利益主体的支持。休闲项目推广在运用公关策略时,可以考虑多种活动方式和新颖的形式,包括制造和发布新闻,举办有影响力的公关活动及游说活动,邀请国内外有广泛影响力的学术专家和新闻媒体前来体验休闲项目等。

（1）加强新闻宣传

首先,新闻促销运用了新闻这一第三方立场,由于新闻具有社会性,不仅仅是单纯的企业行为。因此,它容易搭建取得消费者信任的传播通道,较通畅地传达促销信息,同时有利于品牌的建设和品牌价值的积累。其次,新闻具有自动传播性,能诱发多方转载与追踪,有效扩大传播面,增进促销力度,与常规促销行为比较,能削减促销成本。再者,新闻的时效性很强,因此可以迅速达成交易,实现促销目标,在短期内就产生消费行为。

（2）开展公益性活动

休闲项目活动可以通过赞助和支持体育事业、文化教育事业、社会医疗福利等公益性慈善活动,提高人们生活水平,树立为大众服务的形象,以提高其知名度和美誉度。

（3）组织专题公关活动

休闲项目活动可以通过主办、承办或参加各种展销会、新闻发布会、交易会等专题公关活动,介绍项目内容、推销产品,沟通企业间以及企业和消费者之间的感情,扩大宣传的深度和广度,强化品牌形象,体现休闲生活的理念。

（4）开展形象大使选拔活动

通过评选某一休闲项目或休闲产品的形象大使或代言人,依靠其在国内外具有较高的知名度而对市场产生较高的号召力,从而引发注意力经济,吸引人的眼球。在信息供给远远大于信息需求的今天,吸引眼球,开发眼球经济,成为营销的重要公关手段。

3. 网络营销

互联网的飞速发展使得网络日益成为信息传递不可替代的媒介工具。网络经济的到来促使经济的运行方式突破了传统的工业经济模式,同时也为商家与企业提供了一种更为便捷、高效的营销模式——网络营销。随着携程、艺龙等专业旅游服务网站纷纷建立并迅速发展,旅游网络化进程加速。休闲者大都为自助游,对休闲项目的信息搜集从传统的旅行社咨询转而向专门网站查询。由于网络促销具有成本低、信息全、不受时空限制、受众广泛等特点,所以网络媒介策略极有可能成为今后最普遍、最有效的推广策略。

网络营销的形式有四种,分别是网络广告、销售促进、站点推广和关系营销。其中网络广告和站点促销是网络营销促销的主要形式。

网络广告类型很多,根据形式不同可以分为旗帜广告、电子邮件广告、电子杂志广告、新闻组广告、公告栏广告等。

网络营销站点推广就是利用网络营销策略扩大站点的知名度,吸引人员访问网站增加流量,起到宣传和推广企业以及企业产品的效果。站点推广主要有两类方法:一类是通过改进网站内容和服务,吸引用户访问,起到推广效果;另一类通过网络广告宣传推广站点。前一类方法,费用较低,而且容易稳定顾客访问,但推广速度比较慢;后一类方法,可以在短时间内扩大站点知名度,但费用略高。

4. 微信营销

微信营销是网络营销的一种方式,随着智能手机的流行,微信营销越来越受到商家的青睐。微信营销依托庞大的腾讯客户基数,在用户量达到几个亿的平台上进行营销活动,极大地提升了营销效率。

微信营销有以下几个特点:第一,较精确的营销。由于用户群庞大,根据移动终端和位置可以让巨大的客户群都收到营销信息。第二,多样的形式。包括漂流瓶、签名档、二维码、语音信息、开放平台和公共平台,这些形式都以直接的营销形式推送给客户。第三,通过微信形成的社会网络进行发散式的营销,通过微信好友进行扩散,可以到达高效率的效果。

微信营销已逐渐成为通过安卓系统、苹果系统的手机或者平板电脑中的移动客户端进行点对点营销的主流模式,极大地提高了营销的效率和效果,已有越来越多的行业进入了微信营销时代。

5. 节事活动

节事活动策略也是休闲项目推广的有效策略之一,如青岛的啤酒节、杭州休博会、武义温泉节、哈尔滨国际冰雪节等。它们能将原本静态的活动项目通过动态的有形展示呈现在休闲者和潜在休闲者面前,拉近了休闲项目与休闲主体之间的距离,能在短时间内产生轰动效应,迅速提高休闲项目的知名度和美誉度。

第七章　乡村休闲

第一节　休闲农业

一、休闲农业研究综述

1865 年意大利成立了"农业与旅游全国协会",介绍城市居民到农村去体味农业野趣。20 世纪中后期,出现了具有观光、餐饮、住宿、购物等多种功能的观光农园,并产生了专职人员,标志着观光农业产生。[①] 20 世纪 80 年代以来,随着人们度假需求的增长,观光农园由以观光为主向以度假体验为主发展。目前少数经济发达国家,出现了租赁休闲农场。

Agritourism 在我国台湾被译为休闲农业,在大陆则习惯称为观光农业。这与该产业在大陆尚处于起步阶段,旅游产品以观光为主有关。但是观光农业从发展伊始就包括一些度假类的产品,而且随着观光农业的发展,度假类产品逐渐增多,最后必然向休闲度假方向发展。

(一)国外休闲农业研究动态

当前,国外对休闲农业的概念、产品、市场开发和宏观政策等方面研究比较充分。研究方法多种多样,包括问卷调查、相关分析、聚类分析、实地访谈等。

1.休闲农业的概念研究

休闲农业是意大利发展最快的一种旅游业形态,托斯卡拉(Tuscany)旅游局认为发展休闲农业的初衷是保护农地及农村生活免受城市化的吞噬。休闲农业作为农场多种经营的一种形式,特色在于农场主积极地为旅游者提供膳宿等旅游服务。[②] 麦基(N. G. McGehee,2004)认为经济利益是发展休闲农业的外在动机,社会和文化价值是其内在动机。[③] 与休闲农业相近的概念有休闲农场等。戴劳(L. A. Dernoi,1983)认为休闲农场在欧洲由来已久,近年来其作为旅游资源和农村社区利润来源的重要性日益显现。

2.休闲农业的产品开发和市场营销

伽拉格(A. Hjalager,1996)认为乡村旅游业是在多功能农业的基础上,由农业多样化经营形成的。乡村旅游因其规模小、设施有特色、环保而形成富有创新性的旅游产品,但其潜力还未能充分发挥。[④] 黑伽提(C. Hegarty,2005)在对波兰和爱尔兰作了比较研究后认

---

① 成升魁,徐增让,李琛等.休闲农业研究进展及其若干理论问题.旅游学刊,2005,5(20):26—30.

② Per AKe Nilsson. Staying on Farms—An Ideological Background. Annals of Tourism Research,2002,29(1):7-24.

③ Nancy G McGehee,Kyungmi Kim. Motivation for Agri-Tourism Entrepreneurship. Journal of Travel Research,2004,43(2):161-170.

④ Anne-Mette Hjalager. Agricultural Diversification into Tourism: Evidence of A European Community Development Programme. Tourism Management,1996,17(2):103-111.

为,休闲农业产业多样性决定了乡村旅游发展的潜力,但其多样性则取决于区域资源及客源市场条件。[①] 麦基(N. G. McGehee,2004)认为农场主拥有土地、经济上依赖于农场经营、休闲农业深受大众欢迎,是刺激休闲农业发展的推动因素。[②]

3.休闲农业的空间结构

沃尔伍德(Nigel Walford,2001)对英格兰和威尔士的自然风景独特区、海岸传统文化区、国家公园等三类风景区与休闲农场的空间分布关系研究后认为:距离风景区5公里以内的家庭农场比那些远离景区的农场更有可能从事旅游接待业务,在许多情况下也优于位于风景区内的旅游接待型农场。[③]

4.宏观管理政策研究

在欧洲休闲农业产品的质量保证制度方面的研究较多。英国约有10000个民宿农场提供膳宿(Bed and Breakfast)服务,但一半多的经营者未参加任何质量保证监督计划。福来斯彻(Aliza Fleischer,2005)对基于农业生产活动的乡村旅游企业与放弃农业生产活动的旅游企业的比较研究证实:基于农业生产活动的乡村旅游企业经营业绩更好。[④]

(二)国内休闲农业研究进展

我国休闲农业源于20世纪80年代末的深圳荔枝采摘园。在理论方面,主要集中于观光农业的概念、类型,特定地区发展观光农业的资源、市场等条件的评价,观光农业园区内部的空间结构,观光农业区的区位特征研究等方面。中国台湾学者在该产业、市场方面的研究已较为深入。

1.休闲农业的含义

由于休闲农业是农业与旅游业边缘交叉的新型产业,并且最初是以小规模的观光果园的形式出现,因而与其相关的名词比较多,如观光农业、乡村旅游、休闲农庄等。此外,不同学者从不同角度理解休闲农业,会给出不同的定义。

最早给出定义的是台湾地区农业"主管机构",在其发布实施的《休闲农业辅导管理办法》中,明确地将休闲农业定义为利用田园景观、自然生态及环境资源,结合农林渔牧生产、农业经营活动、农村文化及农家生活,提供国民休闲,增进国民对农业及农村之体验为目的的农业经营。[⑤] 段兆麟指出休闲农业是以充分开发具有旅游价值的农业资源和农产品为前提,把农业生产、科技应用、艺术加工和游客参与融为一体的农业旅游活动。[⑥] 从生产粮、油、菜、肉、果、药、木等农产品角度看,休闲农业属于第一产业。但把它作为旅游资源来开发,则属于第三产业。它是农业发展的新途径,也是旅游业发展的新领域。[⑦] 休闲农业是一

---

① Cecilia Hegarty,Lucyna Przezborska. Rural and Agritourism as A Tool for Reorganizing Rural Areas in Old and New Member States—A Comparison Study of Ireland and Poland. International Journal of Tourism Research,2005,7(2):63-77.

② Nancy G McGehee,Kyungmi Kim. Motivation for Agri-Tourism Entrepreneurship. Journal of Travel Research,2004,43(2):161-170.

③ Nigel Walford. Patterns of Development in Tourist Accommodation Enterprises on Farms in England and Wales. Applied Geography,2001,21(4):331-345.

④ Aliza Fleischer,Anat Tchetchik. Does Rural Tourism Benefit from Agriculture. TourismM anagement,2005,26:493-501.

⑤ 毛帅,聂锐.浅谈休闲农业游客行为与环境容量的冲突及解决思路.生态经济,2006:197—200.

⑥ 郭焕成,刘盛和.观光休闲农业与农业生态旅游.郑健雄,郭焕成.2004海峡两岸休闲农业与观光旅游学术研讨会.中国台湾,2004.

⑦ 成升魁,徐增让,李琛等.休闲农业研究进展及其若干理论问题.旅游学刊,2005,5(20):26—30.

种集生产、生活、生态"三生"一体的产业,其目的结合观光休闲,盘活农村资源、促进农业转型、增加农村就业、增进农家收益、繁荣乡村经济。[①]

2. 中国休闲农业的种类研究

袁燕才等根据利用层次,将休闲农业分为农产品直接利用型、农作过程利用型、农业环境利用型三类。[②] 范子文等认为休闲农业主要有观光农园、市民农园、农园公园、教育农园、休闲农场、森林旅游、农村留学、民宿农庄、民俗旅游等类型。韦林娜等根据发展点距城市中心区的远近将休闲农园划分为近郊型、中郊型和远郊型。[③] 戴美琪、游碧竹按不同的标准将休闲农业划分为不同的类型,[④]如表7-1所示。

表 7-1 中国休闲农业类型

划分依据	类 型
按旅游功能分	观赏型、品尝型、购物型、务农型、娱乐型、疗养型、度假型
按发展进程分	农产品提供型、农村空间提供型、经验交流型、综合多功能型
按农业旅游开发的主题分	生态旅游型、旅游农业型、休闲度假型
按旅游者体验特征分	农业环境型、农事劳作型、民俗风情型
按区域与内涵分	资源特色型、城郊型、文化特色

郑雨尧等根据经营时间将其划分为长年性经营型和季节性经营型;按照投资主体将其划分为集体经营型、集体经营个人承包型和个人经营;从利用土地分析的角度,将其分为土地整理型、山岙荒坡利用型、塘基废弃地利用型等。[⑤]

3. 中国休闲农业的产业分析

主要包括休闲农业的产业范畴、休闲农业的产业化。旅游业是一个整合性产品市场,而休闲农业只是其中产品形态之一,休闲农业产品与其他旅游业产品具有相当高的替代性。休闲农业的经营范畴已远远超出第一产业,已涵盖了休闲农园、休闲农区、甚至乡村地区的"乡村性"旅游供应业,包括旅馆业、餐饮业、交通运输、旅行社等。[⑥] 江荣吉(2001)认为在休闲农业中,三次产业在形式上是相加的,但其效果是相乘的,即有 $1+2+3=6=1 \times 2 \times 3$,其中,1、2、3分别代表第一、第二、第三产业。[⑦]

4. 休闲农业的市场分析

卢云亭(1995)认为观光农业具有市场定势性。观光农业的客源主要由城市流向农村,特定的观光农业地吸引特定的目标客源,客源在不同的季节冲着不同的旅游项目而来,形成时空上相对稳定的市场流。[⑧] 郑健雄(2004)认为特色是休闲农业产品生命力之所在。城

① 陈昭郎.台湾休闲农业发展策略.郑健雄,郭焕成.2004海峡两岸休闲农业与观光旅游学术研讨会.中国台湾,2004.

② 袁燕才,杨贤智.台湾休闲农业的崛起及其对我省的启示.广东农业科学,1994(1):1—3.

③ 韦林娜,甘永红,陈兴鹏.兰州观光休闲农业发展研究.甘肃农业,2004(11):80—81.

④ 戴美琪,游碧竹.国内休闲农业旅游发展研究.湘潭大学学报(哲学社会科学版),2006,30(7):144—148.

⑤ 郑雨尧,娄钰华,陈国定.休闲农业发展的实证研究——以浙江绍兴县为例.农业经济,2006(6):31—33.

⑥ 郑健雄.观光休闲农业与乡村旅游之定位策略.郭焕成,郑健雄.海峡两岸观光休闲农业与乡村旅游发展.徐州:中国矿业大学出版社,2004.

⑦ 江荣吉.休闲农渔业经营企划与策略.贺东升,刘军萍.观光农业发展的理论与实践.北京:中国农业科技出版社,2001.

⑧ 卢云亭.论新型交叉产业—观光农业.卢云亭,刘军萍.观光农业.北京:北京出版社,1995.

市居民去农村观光、休闲、度假的目的就是观新赏异,体验清新、洁净的乡村生态环境和悠久的农耕文化,感受淳朴的乡情乡味。他以乡村的自然或人文旅游资源为经,以资源利用或保护导向为纬划分出生态型、农业体验型、度假型、乡村体验型等不同的休闲农业产品,并将中国台湾休闲农业在乡村旅游产品谱系中作了定位。①

5.中国休闲农业发展中存在的问题与对策研究

休闲农业自 20 世纪 80 年代在我国出现以来,虽然其发展速度非常之快,也取得了不少成就,但尚处于起步阶段,存在着不少问题。王亚芝等从缺乏政府的统一管理、引导和支持,缺乏科学合理的建设发展规划,原有人文和生态环境被破坏,从业人员素质差及缺乏培训,产品开发和项目建设缺乏特色与创新,经营规模小等方面进行了详细的探讨。② 吴卫东等指出由于人们对休闲农业的概念和内涵认识不清,导致休闲农业存在脱离农业经营的问题。③ 韦林娜等以兰州观光休闲农业为例,指出休闲农业还存在着餐饮、娱乐、交通等基础设施不完善、融资力度不够、宣传力度不够的问题。郑雨尧等认为休闲农业开发过程中存在农村劳动力趋向老龄化、女性化,农业兼业化,土地寻租,环境污染,农民利益遭到新一轮威胁等问题。④ 刘春香指出由于多数观光休闲农业景点的旅游功能多为其生产功能的延伸,使得人们的市场竞争意识和宣传营销观念不足。⑤ 梁新阳从休闲农业可持续发展的角度,指出有些项目受土地、资金等要素"瓶颈"制约,无法进一步扩大规模、提高档次和品位,甚至半途搁浅,致使发展后劲不足。⑥

对于我国休闲农业现存的问题,学者们纷纷献计献策。张建国等从转变旧观念、以农为本、加强相关政府机关的调控和指导、制订科学规划、突出重点、准确市场定位、突出特色、建立高素质人员队伍、借鉴先进经验、遵循市场经济规律、强化宣传、提高科技文化内涵、开展多样化经营等方面进行了详细探讨。⑦ 朱明等认为应对休闲农业功能进行准确定位,以便对不同效益进行客观评估。⑧ 邹统钎提出应建立循环经济激励制度。⑨ 李舟认为在"体验经济"时代背景下,应推动休闲农业旅游产品体验化设计,实现旅游活动和服务的生态化。⑩ 程叙等从土地利用多功能的角度,分析了休闲农业用地的特点和类型,提出了休闲农业用地在利用、利益分割、管理方面应注意的问题。⑪

二、我国休闲农业的发展

随着经济的发展,人们收入水平的不断提高,国家实施新的休假制度,促进了短途旅游的发展,使人们休闲需求不断增加,尤其希望在农村生态环境中放松自我,因而休闲农业市

① 郑健雄.两岸观光休闲农业与乡村旅游发展模式之比较.郑健雄,郭焕成.2004 海峡两岸休闲农业与观光旅游学术研讨会.中国台湾,2004.
② 王亚芝,文化,胡艳霞等.北京观光休闲农业发展的现状及思考.农业新技术,2004(4):1—4.
③ 吴卫东,魏卫.武汉休闲农业发展对策研究.商场现代化,2005(2):139—140.
④ 郑雨尧,娄钰华,陈国定.休闲农业发展的实证研究——以浙江绍兴县为例.农业经济,2006(6):31—33.
⑤ 刘春香.发展观光休闲农业实现农业可持续发展.生态经济,2006(2):97—98.
⑥ 梁新阳.新昌:发展休闲农业大有可为.政策望,2006:44—45.
⑦ 张建国,俞益武,朱志良.浙江休闲观光农业现状评析与发展对策.浙江林学院学报,2006,23(5):581.
⑧ 朱明,程勤阳.日本的都市农业与休闲农业.农村实用工程技术温室园艺,2004(9):16—18.
⑨ 邹统钎.基于生态链的休闲农业发展模式——北京蟹岛度假村的旅游循环经济研究.北京第二外国语学院学报,2005(1):64—69.
⑩ 李舟.体验经济时代休闲农业旅游的发展策略.新疆农垦经济,2004(3):18—20.
⑪ 程叙,雷炎炎,杨晓霞等.休闲农业用地浅议.安徽农业科学,2006,34(13):3217—3218.

场发展潜力巨大。休闲农业既能促进生态旅游产业的超前发展,又使得休闲农业在产生社会、经济效益的同时,也产生与保护农业生态环境相矛盾的状况。当前我国政府正加大对农业产业结构的调整力度,以促进农业与休闲产业的可持续健康发展。

(一)我国休闲农业发展背景及需求分析

1. 城市扩张,人们回归自然的需要

城市化的快速发展,城市人口规模的扩大,为发展休闲农业提供了市场客源。长期生活在城市里的人由于城市环境、生活和工作的压力太大,希望回归到自然,感受乡村的田园风貌,体验农村生活以实现身心的放松与愉悦。据北京市调查,每年有 67.3% 的家庭到郊区休闲旅游,其中有 16.9% 的家庭每年到郊区旅游 3~5 次。全市有 15.3% 的市民到郊区旅游 5 次。① 可见,城市的扩张导致城市人口大规模增加,从而为休闲农业旅游提供广阔的市场基础。

2. 居民收入增加,为休闲旅游提供可能性

经济的快速发展,为发展休闲农业提供了可靠的经济基础。根据国际经验,人均 GDP 达到 1000 美元时,观光性旅游需求急剧膨胀;人均 GDP 达到 2000 美元时,将基本形成对休闲的多样化需求和多样化选择;人均收入达到 3000 美元时,度假需求就产生。可见,居民收入的增加,为休闲农业旅游提供可能性,成为休闲农业目的地的潜在客源。

3. 新休假制度的实施,加速休闲农业的发展

2008 年 1 月 1 日,新的休假制度正式实施。小长假增多、带薪休假制度更加完善,使得短途旅游成为新宠。正因为如此,都市周边的休闲农业在此契机下飞速发展。

4. 道路交通系统改善,减少市民出行障碍

一般来说,农业休闲旅游大多数是短途旅游,以自驾车为主。目前城市私人汽车迅速增加,为城市人外出郊区旅游提供了交通条件。此外,交通系统日臻完善、各类公交辅助查询系统逐步建立使得市民的出行更加方便快捷。

从以上几方面可以看出,目前我国发展休闲农业的条件日渐成熟,尤其一些大中城市和经济比较发达地区,休闲农业的发展时机已经到来。

(二)我国休闲农业的发展历程及特点

1. 休闲农业的发展过程

我国休闲农业兴起于改革开放以后,开始是以观光为主的参观性农业旅游,这与旅游的初级阶段极为相似。20 世纪 90 年代以后开始发展观光与休闲相结合的休闲农业旅游。进入 21 世纪,观光、休闲农业有了较快的发展。回顾我国休闲农业发展的过程,大致可以分为三个阶段:②

第一阶段:早期兴起阶段(1980—1990)。

该阶段处于改革开放初期,靠近城市和景区的少数农村根据当地特有的旅游资源,自发地开展了形式多样的农业观光旅游,举办荔枝节、桃花节、西瓜节等农业节庆活动,吸引了城市游客前来观光旅游,增加了农民收入。如广东深圳市就举办了荔枝节活动,吸引城里人前来观光旅游,并借此举办招商引资洽谈会,收到了良好效果。河北涞水县野山坡景

---

① 郭焕成,任国柱.我国休闲农业发展现状与对策研究.北京第二外国语学院学报,2007,1:66—71.

② 郭焕成,任国柱.我国休闲农业发展现状与对策研究.北京第二外国语学院学报,2007,1:66—71.

区依托当地特有的自然资源,针对京津唐游客市场推出"观农家景、吃农家饭、住农家屋"等旅游活动,有力地带动了当地农民脱贫致富。

第二阶段:初期发展阶段(1990—2000)。

该阶段正处在我国由计划经济向市场经济转变的时期,随着我国城市化发展和居民经济收入的提高,消费结构开始改变,在解决温饱之后有了观光、休闲、旅游的新要求。同时,农村产业结构需要优化调整、农民扩大就业、农民增收提上日程。在这样的背景下,靠近大、中城市郊区的一些农村和农户利用当地特有农业资源环境和特色农产品,开办了以观光为主的观光休闲农业园,开展采摘、钓鱼、种菜、野餐等多种旅游活动。如北京锦绣大地农业科技观光园、上海孙桥现代农业科技观光园、广州番禺区龙化农业大观园、河北北戴河集发生态农业观光园、江苏苏州西山现代农业示范园、四川成都郫县农家乐、福建武夷山观光茶园等。这些观光休闲农业园区,吸引了大批城市居民前来观光旅游,体验农业生产和农家生活,欣赏和感悟大自然,很受欢迎和青睐。

第三阶段:规范经营阶段(2000年至今)。

该阶段处于我国人民生活由温饱型全面向小康型转变的阶段,人们的休闲旅游需求开始强烈,而且呈现出多样化的趋势:一是人们更加注重亲身体验和参与,很多"体验旅游"、"生态旅游"的项目融入农业旅游项目之中,极大地丰富了农业旅游产品的内容;二是人们更加注重绿色消费,农业旅游项目的开发也逐渐与绿色、环保、健康、科技等主题紧密结合;三是人们更加注重文化内涵和科技知识性,农耕文化和农业科技性的旅游项目开始融入观光休闲农业园区;四是政府积极关注和支持,组织编制发展规划,制定评定标准和管理条例,使休闲农业园区开始走向规范化管理,保证了休闲农业健康发展;五是休闲农业的功能由单一的观光功能开始拓宽为观光、休闲、娱乐、度假、体验、学习、健康等综合功能。

2.我国休闲农业发展特点

(1)我国休闲农业的分布从最初的大城市周边地区慢慢地发展到中、小城市周边地区,然后又从城市周边地区发展至城市中、远郊区。休闲农业的分布格局发生了显著的变化,新的格局正慢慢成形。

(2)我国休闲农业从单一观光型向多功能休闲体验型发展。过去休闲农业多是以农业观光和农家乐为主,功能单一、软硬件设施较差。现在休闲农业已不满足于"住农家屋、吃农家饭、干农家活、享农家乐"的内容,而是在发展农业休闲旅游和农家乐的同时,还要开发乡村的民俗文化、农耕文化、生态文化资源,增加休闲、娱乐、养生、健身和回归自然的内容,从而使休闲农业向高品位、高层次、多功能方向发展。

(3)我国休闲农业从无序经营向规范化经营发展。[①] 过去,我国休闲农业很多是自发发展的,没有经过规划论证,经营管理不规范。近年来,各地农业部门和旅游部门都重视规范化管理,制定了农业旅游和民俗旅游的评定标准,有的对农家乐和休闲农庄还制定了星级标准。依据标准定期进行评估,评出一级、二级休闲农业旅游示范区,使休闲农业逐步走向规范化和专业化。

(三)我国休闲农业的经营模式及类型

目前,我国学者对我国休闲农业的经营模式都有较为深入的研究,在这里我引用郭焕成等对我国休闲农业经营模式的划分。主要有以下 7 种模式(共 29 种类型)。

1.田园农业旅游模式

即以农村田园景观、农业生产活动和特色农产品为旅游吸引物,开发农业游、林果游、花卉游、渔业游、牧业游等不同特色的主题旅游活动,满足游客体验农业、回归自然的心理需求。主要类型有以下 4 种。

(1)田园农业游

以大田农业为重点,开发欣赏田园风光、观看农业生产活动、品尝和购置绿色食品、学习农业技术知识等旅游活动,以达到了解和体验农业的目的。如上海孙桥现代农业观光园、北京顺义"三高"农业观光园。

(2)园林观光游

以果林和园林为重点,开发采摘、观景、赏花、踏青、购置果品等旅游活动,让游客观看绿色景观,亲近美好自然。如四川泸州张坝桂园林。

(3)农业科技游

以现代农业科技园区为重点,开发观看园区高新农业技术和品种、温室大棚内设施农业和生态农业,使游客增长现代农业知识。如北京小汤山现代农业科技园。

(4)务农体验游

通过参加农业生产活动,与农民同吃、同住、同劳动,让游客接触实际的农业生产、农耕文化和特殊的乡土气息。如广东高要广新农业生态园。

2.民俗风情旅游模式

即以农村风土人情、民俗文化为旅游吸引物,充分突出农耕文化、乡土文化和民俗文化特色,开发农耕展示、民间技艺、时令民俗、节庆活动、民间歌舞等旅游活动,增加乡村旅游的文化内涵。主要类型有以下 4 种。

(1)农耕文化游

利用农耕技艺、农耕用具、农耕节气、农产品加工活动等,开展农业文化旅游。如新疆吐鲁番坎儿井民俗园。

(2)民俗文化游

利用居住民俗、服饰民俗、饮食民俗、礼仪民俗、节令民俗、游艺民俗等,开展民俗文化游。如山东日照任家台民俗村。

(3)乡土文化游

利用民俗歌舞、民间技艺、民间戏剧、民间表演等,开展乡土文化游。如湖南怀化荆坪古文化村。

(4)民族文化游

利用民族风俗、民族习惯、民族村落、民族歌舞、民族节日、民族宗教等,开展民族文化游。如西藏拉萨娘热民俗风情园。

3.农家乐旅游模式

即指农民利用自家庭院、自己生产的农产品及周围的田园风光、自然景点,以低廉的价格吸引游客前来开展吃、住、玩、游、娱、购等旅游活动。主要类型有以下六种。

(1)农业观光农家乐

利用田园农业生产及农家生活等,吸引游客前来观光、休闲和体验。如四川成都龙泉驿红砂村农家乐、湖南益阳花乡农家乐。

(2)民俗文化农家乐

利用当地民俗文化,吸引游客前来观赏、娱乐、休闲。如贵州郎德上塞的民俗风情农家乐。

(3)民居型农家乐

利用当地古村落和民居住宅,吸引游客前来观光旅游。如广西阳朔特色民居农家乐。

(4)休闲娱乐农家乐

以优美的环境、齐全的设施、舒适的服务,为游客提供吃、住、玩等旅游活动。如四川成都碑县农科村农家乐。

(5)食宿接待农家乐

以舒适、卫生、安全的居住环境和可口的特色食品,吸引游客前来休闲旅游。如江西景德镇的农家旅馆、四川成都乡林酒店。

(6)农事参与农家乐

以农业生产活动和农业工艺技术,吸引游客前来休闲旅游。

4.村落乡镇旅游模式

以古村镇宅院建筑和新农村格局为旅游吸引物,开发观光旅游。主要类型有以下四种。

(1)古民居和古宅院游

大多数是利用明、清两代村镇建筑来发展观光旅游。如山西王家大院和乔家大院、福建闽南土楼。

(2)民族村寨游

利用民族特色的村寨发展观光旅游。如云南瑞丽傣族自然村、红河哈尼族民俗村。

(3)古镇建筑游

利用古镇房屋建筑、民居、街道、店铺、古寺庙、园林来发展观光旅游。如山西平遥、云南丽江,浙江南浔、安徽徽州。

(4)新村风貌游

利用现代农村建筑、民居庭院、街道格局、村庄绿化、工农企业来发展观光旅游。如北京韩村河、江苏华西村、河南南街村。

5.休闲度假旅游模式

依托自然优美的乡野风景、舒适怡人的清新气候、独特的地热温泉、环保生态的绿色空间,结合周围的田园景观和民俗文化,兴建一些休闲、娱乐设施,为游客提供休憩、度假、娱乐、餐饮、健身等服务。主要类型有以下三种。

(1)休闲度假村

以山水、森林、温泉为依托,以齐全、高档的设施和优质的服务,为游客提供休闲、度假旅游。如广东梅州雁南飞茶田度假村。

(2)休闲农庄

以优越的自然环境、独特的田园景观、丰富的农业产品、优惠的餐饮和住宿,为游客提供休闲、观光旅游。如湖北武汉谦森岛庄园。

(3)乡村酒店

以餐饮、住宿为主,配合周围自然景观和人文景观,为游客提供休闲旅游。如四川郫县友爱镇农科村乡村酒店。

6.科普教育旅游模式

利用农业观光园、农业科技生态园、农业产品展览馆、农业博览园或博物馆,为游客提供了解农业历史、学习农业技术、增长农业知识的旅游活动。主要类型有以下四种。

(1)农业科技教育基地

是在农业科研基地的基础上,利用科研设施作景点,以高新农业技术为教材,向农业工作者和中、小学生进行农业技术教育,形成集农业生产、科技示范、科研教育为一体的新型科教农业园。如北京昌平区小汤山现代农业科技园、陕西杨凌全国农业科技观光园。

(2)观光休闲教育农业园

利用当地农业园区的资源环境,如现代农业设施、农业经营活动、农业生产过程、优质农产品等,开展农业观光、参与体验、DIY教育活动。如广东高明蔼雯教育农庄。

(3)少儿教育农业基地

利用当地农业种植、畜牧、饲养、农耕文化、农业技术等,让中、小学生参与休闲农业活动,接受农业技术知识的教育。

(4)农业博览园

将当地农业技术、农业生产过程、农业产品、农业文化进行展示,让游客参观。如沈阳市农业博览园、山东寿光生态农业博览园。

7.回归自然旅游模式

利用农村优美的自然景观、奇异的山水、绿色森林、静荡的湖水,发展观山、赏景、登山、森林浴、滑雪、滑水等旅游活动,让游客感悟大自然、亲近大自然、回归大自然。主要类型有:森林公园、湿地公园、水上乐园、露宿营地、自然保护区。

(四)我国休闲农业发展中存在的问题

我国休闲农业的发展,虽然已经取得长足的进步,但因发展历史较短、经验不足,目前还存在一些问题。

1.科学合理的休闲农业发展规划欠缺

我国现有的休闲农业活动大都在市场需求拉力的作用下自发形成的,基本上是以乡村企业、农民自主开发为主,缺少整体规划和科学论证。由于政府缺乏对休闲农业旅游资源开发的宏观控制和指导、开发商缺乏周密的市场论证和发展规划,以至于休闲农业开发布局不尽合理。同一景区中各个旅游景点不相协调,多有重复或雷同。各地的"农家乐"旅游项目,其经营主体多为一家一户的农民,经营方式和经营内容也基本相似,无序竞争的情况比较严重。

2.休闲农业开发过程中生态、人文环境破坏严重破坏

休闲农业的基础是农业体系内部功能的良性循环和生态合理性。目前,由于外来文化和现代文明的冲击,部分休闲农业地区片面追求经济利益,过分以非自然技术手段,大兴土木,致使休闲农业的民族化、地方化、特色化、生态化缺失。

3.休闲农业开发档次不高,品位偏低

目前,休闲农业多为规模小、档次低、品牌单一的农业,而高品位、高档次、多功能、知识型的较少,多数观光休闲农业区设施简陋,内容不够丰富,生态、文化内涵不高,社会影响力不大,知名度不高,缺乏吸引力,严重影响休闲农业的后续发展。

4.没有形成规模经营和知名品牌①

一方面,由于缺乏统一规划指导,各旅游项目间没有得到很好的协调、配合,产品的同质化现象严重;另一方面,由于我国农业旅游项目大多采取农户独立经营的模式,资金投入少,项目较分散,内容也较单一,尚未形成规模化经营和知名品牌,更没有形成较完整的产业链和产业体系,以致对地方经济和社会发展的拉动作用远远没有充分显现出来。

5.管理粗放,软硬件质量不高

现在较为普遍的现象为休闲农业经营服务理念落后于休闲农业项目的开发,虽然休闲农业是第一产业向第三产业的直接转变,但这种转变是表面的,相关单位还未摆脱传统农业经营服务的思维方式。此外,休闲农业的规章制度和管理机制不健全,农业部门、旅游部门与其他相关部门在管理上还不够协调。休闲农业地区的道路建设、配套设施建设、管理服务用房等用地结构和布局还比较散乱,没有统一的标准和要求,各行其是。游客的餐饮、住宿、娱乐在安全、卫生等方面还不规范。各相关从业人员素质较低,缺乏系统性的培训。

三、休闲农业设计

(一)休闲农业产品设计原则

所谓休闲农业产品设计原则就是应体现人与自然、文化与环境的和谐共生,其具体设计导向就是使旅游消费者在差异化休闲农业体验和活动参与中追求身心享受,获得难以忘怀的经历和回忆。② 休闲农业产品的设计主要应遵循以下两个原则。

1.参与性原则

观光休闲农业园区的空间广阔,内容丰富,极富有参与性特点。城市游客只有广泛参与到园区生产、生活的方方面面,才能更多层面地体验到农产品采摘及农村生活的情趣,才能使游客享受到原汁原味的乡村文化氛围。

2.全面体验原则

即营造全身心的旅游体验。从视觉、听觉、嗅觉、味觉、触觉各要素向游客提供感官刺激。③ "全面"首先体现在"体验",要涵盖体验的五个领域,而非局限于某一方面;其次强调包括视觉、听觉、嗅觉、味觉和触觉在内的全方位的感官冲击,因为一项活动越能有效地刺激感官,就越不容易让人忘记。

(二)休闲农业产品的设计

1.主题鲜明

休闲农业产品要体现出新鲜感,首先要有特色,即具有独特性,其次要具有唯一的特征,最后是能提供给游客多种选择。在项目设计中,主题是十分重要的,特别需要体现地方的自然和人文特性。休闲农业产品设计可以呈现多姿多彩的主题,例如采草莓、插秧、骑马、挤牛奶、剪羊毛等丰富多彩的游客体验活动。将农业生产场所、农产品消费场所和休闲旅游场所结合于一体的区域,会产生独特的效果。例如葡萄公园,将葡萄园景观的观赏、采摘、品尝和葡萄有关的品评、写作、绘画、摄影与季节庆典活动融为一体,达到休闲娱乐的效果。

---

① 袁定明.我国休闲农业现状及发展对策分析.农村经济,2006,9:53—56.

② 吴文智,庄志民.体验经济时代下旅游产品的设计与创新——以古村落旅游产品体验化开发为例.旅游学刊,2003(6):66—70.

③ 梁彦明.基于旅游者体验的旅游产品设计.江苏商论,2005(5):73.

2.科旅结合

将农业高科技产品与旅游相结合推出的休闲项目,是目前休闲农业发展的新趋势。一方面,充分开发农业自身所蕴含的文化,通过展示农产品历史、传统生产过程,丰富产品的文化内涵;另一方面,积极推广实用科学技术,传播现代农业科技知识,如通过无土栽培繁殖的农作物、嫁接的农作物以及太空作物等展示,让游客在寻求体验的过程中增长知识,不断增强对游客的吸引力。[①]

3.景观氛围

可以构筑氛围浓厚的景观建筑以加深休闲农业区块的独特性和人文性。以农业生产为背景,以体现农趣为主题,用破与立的方式建设观光休闲农业园区,形成"可览、可游、可居"的环境景观,构筑出风格自然淳朴、田园气息浓厚的空间休闲系统。景观规划设计充分以原有绿化树种、农作物为植物材料进行园林景观的营造,各景观功能区突出以人为本,同时又要和生产相结合,根据不同地块、不同品种的观赏价值进行安排,使人们在休闲体验中领略到农耕文化及乡土民风的神奇魅力。[②]

【案例分析一】

美国农场[③]

要了解美国的休闲观光农业,可以通过了解美国的一个家庭农场的特色来实现。波士顿远郊有一个家庭农场,占地约1000亩,年收入大概五六百万美元,是美国休闲观光农业的一个缩影。美国农场有以下几个特点:

第一,有序的车辆进出指挥管理。每周末大约有3000~4000的车辆进出,约2~3万人来农场进行观光采摘,因此合理的布局和足够的停车位能给游客留下良好的第一印象,也是农场的一项基础的管理工作。

第二,注重采摘过程的体验。每年大概有5~6个月的时间可以到农场采摘水果。水果品种丰富,种植区的面积也较大,因此需要农场的工作人员给采摘人员做很好的引导。例如苹果园区,入园采摘者必须先排队购买采摘袋,采摘袋分为小袋和大袋,小袋可以采摘约10磅的水果,每次入园人数为4人;大袋可以采摘约20磅的水果,每次入园人数为6人。入园采摘的游客可以乘坐大篷车参观周边的田地和自然环境,并被送到采摘地点。

采摘者最需要体验的是有序、悠闲、美好的自然环境,丰富而快乐地感受过程是采摘者从都市来到农场最希望得到的体验过程。

第三,家庭农场是最大的卖点。农场拥有丰富多彩的儿童娱乐活动,各种儿童娱乐活

休闲管理

---

① 杨瑞霞.国有农场旅游开发思路与产品设计.商业时代,2006(14):84-86.

② 吕明伟,郭焕成.观光休闲农业园区景观规划设计的理论与实践.郭焕成,郑健雄.海峡两岸观光休闲农业与乡村旅游发展.徐州:中国矿业大学出版社,2004.

③ http://mp.weixin.qq.com/s?biz=MzA3NjYwMzY5Ng==&mid=208017320&idx=2&sn=14c11335a5674ad5d350972ccfa7e753&scene=1&key=0acd51d81cb052bcd3f9f48227b0a32032770848eaa480-f2849884571b68123917cf8817f28c10a6e0f52be4eab3ce12&ascene=0&uin=MTg0MjYxNjM0Mg%3D%3D&devicetype=iMac+MacBookAir6%2C2+OSX+OSX+10.9.5+build(13F34)&version=11020012&pass_ticket=VMvEMXwKaBwJMAJirycWAUQS761AEUwqZJDZbcvEToPNP%2FzgwQEG38moUbb2guu3.

动设施以及养殖体验园。例如园内有大小山羊、猪等,孩子们可以免费参加所有的娱乐活动。儿童在农场还可以参加大石头做成的攀登道具,另外也可以体验拖拉机以及饲养各种小动物。农场极具乡村风情的户外休闲娱乐设施是孩子们的儿童乐园。

第四,商业服务中心。例如商场餐厅,商场内包含农家自制的各类农产品、方便食物、咖啡和水果。还有户外小吃,游客可以买爆米花,一天约能卖掉3000多袋,当天收入可高达2万美元。

因此,观光农业是一个综合性项目,也是产业链商业运营模式。它不仅仅要有美感的设计,更要考虑功能性和商业性的可持续发展。

【案例分析二】

我国台湾地区休闲农业①

休闲农业地产是利用农业景观资源和农业生产条件,发展观光、休闲、旅游的一种新型农业生产经营形态。合理开发休闲农业,对于深度挖掘农业资源潜力、调整农业产业结构、促进农民增收具有重要的作用。

台湾休闲农业相对起步较早,经过多年的发展,已进入遍地开花的繁盛阶段。台湾的休闲农业发展,都建立在深度挖掘当地资源、注重生态保护、加大互动体验的基础上,对于开发休闲农业具有重要的借鉴价值。下面就来看看台湾休闲农业,其主要有休闲农场、休闲牧场、教育农场、休闲酒庄、乡村民宿等几种类型。

1. 休闲农场——香格里拉休闲农场

香格里拉休闲农场位于宜兰大元山的山麓上,占地55公顷,海拔250米,四面环山,景致十分清丽,午平均25℃的气温非常舒适,适合度假。

农场原来只栽种果树,后来逐步增设农产品展售区、乡土餐饮区、品茗区、住宿度假区、农业体验区及森林游乐区等,而成为一个兼具采摘、休闲、度假、生态等多功能的旅游地。

香格里拉休闲农场也是一间最丰富的自然教室,里面的生物种类包罗万象,有猕猴、树蛙、萤火虫、蝴蝶(凤蝶)和各式植物,无论年龄大小,都适合在这里学习属于大自然的珍贵知识。

借鉴经验:

(1)充分利用资源,打造多种特色文化,提升农场内涵。农场重视文化发展,如利用稻草开发工艺作品的稻草文化、每年9月的风筝节展现的风筝文化以及中国传统的木屐文化等。

(2)主动参与体验,加强互动。农场依托农村生活娱乐方式,通过各种DIY活动等丰富农场项目,提升农场吸引力。

(3)多业态共同发展,提升农场盈利水平。香格里拉休闲农场既有满足休闲娱乐的观光果园、生态美景,又有极具参与性的体验活动及各种特色节庆活动,以及各种大型会议室

① http://mp.weixin.qq.com/s? biz=MjM5ODg4NTA1Ng==&mid=208193259&idx=1&sn=f19a4180eae9e31ecfe-577549e811623&scene=1&key=dffc561732c22651a79f8fc501ace93a90e9fc3b9f65b6a722165ccfc39d44507762c748c6bae-2b8191367ac2019460a&ascene=1&uin=MTg0MjYxNjM0Mg%3D%3D&devicetype=webwx&version=70000001&pass_ticket=vTeYICJ3TBwJTAR6nwoAebRwGGpAtYF7z8RgsQUY9nsYOkw0ALLAK755gMoMVYJE.

等,满足了不同层次游客的旅游需求,提升了盈利水平。

2.休闲牧场

(1)初鹿牧场

初鹿牧场于1973年成立,位于台东县卑南乡明峰村,距台东市仅有18公里,面积大约900亩,海拔约200~390米,位于高台地,坡度不大,排水良好,且气候温和,雨量丰沛,因此牧草生长旺盛,终年可供应。

初鹿牧场饲养的奶牛从加拿大进口,饲喂苜蓿草,生产出的牛奶香浓可口,品质绝佳。牧场内设有露天茶座、露营烤肉区和森林浴场,并提供住宿。

规划有干草制造、青割牧草区、放牧饲养区和森林步道区。

借鉴经验:首先,注重生态环境保护,维持农业本身生产、生态和生活等特色。牧场养畜的牛均为优质奶牛,绿色、科学饲养,因而能出产优质的奶制品。其次,大力发展休闲观光、生态旅游。其为游客提供游憩、服务及学习功能,为传统的畜牧业转型提供了一种案例、一种典范。

(2)飞牛牧场

牧场坐落在远离尘嚣的山野之中,是以乳牛养殖为主的休闲农场,为全台湾最具特色的观光牧场。

飞牛牧场以“自然、健康、欢乐”为创园宗旨,提供优质的休憩空间及三生合一(生产、生活、生态)的农村休闲体验生活假期。

牧场占地宽广,让游客有多重休闲选择,分为游客游憩区、农业生产区和自然生态区,为都市民众提高休闲活动。

未到周末,已有很多家庭聚集于此,如DIY、生态教育、牛奶火锅,每一个业态都围绕主题展开。

借鉴经验:

(1)主题鲜明。飞牛牧场以“自然、健康、欢乐”为主题,开展的所有业态都围绕着主题展开,一切活动都与自然、牧场紧密相关。

(2)多元化的娱乐体验。牧场主人研发了种类丰富的自然乳制品,并精心规划多元性牧场生活体验——乳制品DIY、创作美学、自然生态探索、牧场活动竞技及欢乐动物农庄等乐活体验,让到访的游客在服务人员的引导下亲身体验,发挥无限创意,并融入大自然环境中感受牧场生活的迷人之处。

3.教育农场——台一生态教育休闲农场

台一生态教育休闲农场位于南投县埔里镇,占地13公顷,风景秀丽,为台一相关事业体多元化发展后所衍生出来的体系之一。这里有一座全亚洲最大的蝴蝶生态馆和甲虫生态馆、押花生活馆、亲子戏水区、浪漫花屋、可爱动物区、度假木屋、景观花园及各类生态标本区等。

近年来农场内又增加了水上花园餐厅、花屋、光合广场、仙人掌生态区等休闲、生态区。

农园专设观光部,负责旅游推介、接待与导游业务,同时还制作与花卉有关的食品。

借鉴经验:(1)精准的定位。台一生态教育休闲农场项目大部分是针对儿童,项目极具趣味性,寓教于乐。农场平时主要以接待学校师生为主,为其提供毕业旅行或户外教学服务,周末则以吸引度假的客人,尤其是亲子游的客人为主,消除了一般景区的淡旺季影响。

(2)完善的服务、管理措施。整个农场有多个专业解说员带领你深入探索及体验农场多项精致 DIY,甚至延聘了多位艺术、文化顾问在农场,添设了许多融合生态、艺术的典雅设施,提升了整个农场的休闲品质以及文化教育内涵。

4.休闲酒庄——台湾大湖草莓休闲酒庄

大湖草莓休闲酒庄位于台湾苗栗县,是大湖农会转型经营的酒庄,由大湖草莓文化馆和大湖酒庄组成。

文化馆共有 5 层楼,一楼提供各式草莓纪念商品及农特产品,二、三楼介绍草莓的生态、发展史及食用方式,四、五楼设有餐厅及空中花园。

大湖酒庄是岛内第一家生产草莓水果酒的酒庄,内设有制酒中心及品酒中心(贩售农特产品、酒品区),酒庄不大,但是具有丰富的衍生产品。

借鉴经验:

(1)充分挖掘当地资源,打造独特主题,实现农产业与文化产业的结合。大湖草莓名冠台湾,大湖酒庄充分利用草莓资源,扩大产业链,将其作为一种文化发扬光大。酒庄既可以作为衍生品的开发地,又具有丰富的观光旅游价值。

(2)多种农业衍生品的开发,提升了效益产业链。草莓做成各种副产品,像是草莓酱、草莓酒、草莓酒香肠、草莓酥、草莓牛奶糖、草莓泡芙、草莓醋等。衍生品不仅可以作为副食品,实现商品收益,又能丰富到此游玩的游客的体验。

5.乡村民宿——垦丁民宿

民宿是台湾旅游不可或缺的组成元素,俗话说"去台湾,不住民宿等于没有来过",可见其对当地旅游产业的影响与作用。

台湾是世界民宿密度最高的地区,有经济、别致、奢华的无数选择。这些民宿在不同地方有着各自特色,如九份的怀旧古朴,清净农场的欧式风格,垦丁的面朝大海。

垦丁背山面海,海洋资源丰富,风景优美,为其民宿发展提供了很好的资源支撑。垦丁具有很多大大小小的民宿,现在,民宿甚至已经发展成景区,吸引了大批的游客来住宿体验。

借鉴经验:

(1)以自然化、平民化、平价化、亲民化为主要经营目标。台湾民宿依托自然风景、少数民族文化和农业资源,以岛内居民为主要客源,强调大众化的合理收费,以简单食宿接待、特色农产品或少数民族歌舞表演为基本形态,提供乡村旅游。

(2)独特的建筑及自然景观。台湾民宿的地理位置多位于风景秀丽的山间乡村,建筑造型各异却又与周围景色融为一体。给人返璞归真之感的茅草屋,沿溪而建的别致小木屋,与青山白云相映成趣独具异域特色的洋楼,与大海相呼应如船形般的建筑外形等,这些民宿与周边环境有如天成,迷人的风景和别具特色的建筑外形形成了民宿一大魅力。

(3)主人的亲和力和舒适的房间设置。浓郁的人情味和亲和力是民宿主人的共同特点。台湾的民宿一般是由夫妇二人共同经营,他们往往把民宿作为一生的艺术作品精雕细琢,融入个人的感情和人文理念。再加上舒适、便利的室内环境,使民宿深受寄宿者的喜爱。

(4)结合当地自然资源,与周边生态环境协调发展。台湾民宿充分利用周边自然环境的独特性与专属性,结合人文、自然景观、生态环境资源及农林渔牧生产活动等,形成各自独特的民宿形式,避免了千篇一律的现象。如宜兰民宿强调乡村风光,台中民宿推出豪华型房屋,花莲民宿标榜海岸景致等。

(5)与当地产业联合互促发展。原来以种茶、种果树、养鸡、养牛等生产为主的联结村民,现在转型做起了休闲农业和民宿。

(6)准确的市场定位和经营内容,逐渐细化市场。近年来台湾民宿越来越注重多样化发展,除融合自然人文环境要素外,还加上创意和美学元素,打造不同主题的民宿特色,如异国风情、家庭温馨、怀旧复古、原住民风情、田园乡村、人文艺术主题等。

四、杭州农家休闲茶室研究

(一)研究背景

农家休闲茶室的经营管理是我国新农村建设的重要窗口。因此,农家休闲茶室顾客满意度的研究显得尤为重要,并且正受到越来越多的关注。但迄今为止,有关顾客满意度研究的理论和应用模型在我国农家休闲茶室文献研究中并不多见。

美国从 1990 年开始进行关于建立顾客满意度指数(American Customer Satisaction Index,ACSI)的调查和研究,并于 1994 年正式启动 ACSI,正式确立其在顾客满意度指数测评理论和实践方面的权威地位。

欧洲顾客满意度指数(ECSI)模型在美国模型的基础上又有了新的发展,它由 7 个结构变量、20 个观测变量和 11 个关系构成(见图 7-1)。在结构变量中,形象、顾客期望、感知到的产品质量、感知到的服务质量和感知价值是顾客满意度的原因变量;顾客忠诚是顾客满意度的结果变量。

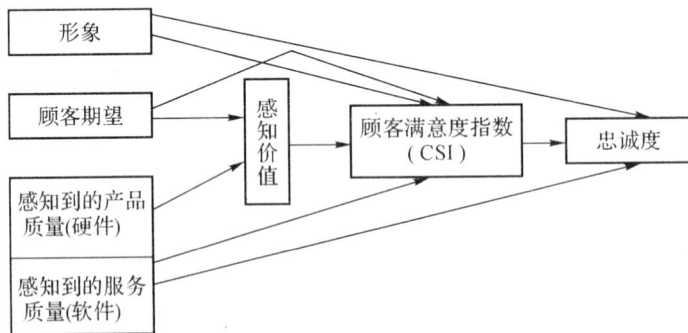

图 7-1 欧洲顾客满意度指数模型

(二)杭州农家茶室发展存在的问题

随着我国新农村建设的不断深入,杭州农家休闲茶室规模不断扩大,初步形成以规模求效益的发展趋势,但也存在着一些问题,具体表现如下。

1.服务设施档次低

总体来说,目前农家休闲茶室的服务设施档次较低,未根据不同消费者的消费层次进行规划建设,且规模小、硬件设施差、卫生条件有待改善。[①]

---

① 李学东.西南地区观光农业发展与经营特点初探:以成都市龙泉驿区"农家乐"为例.经济地理,2001(5):367—370.

118

休闲管理

2.娱乐方式单一

农家乐娱乐方式单一,无法吸引游客的长久注意力。其娱乐方式主要为麻将、棋牌、茶艺表演、跳舞、唱歌。真正能吸引游客的娱乐方式很少。

3.文化内涵挖掘深度不够

目前制约农家休闲茶室发展的瓶颈因素就是文化内涵挖掘深度不够,不仅表现在硬件设施建设上,还表现在产品的开发、项目的策划创意及专题活动的设计上,从而阻碍了农家休闲茶室的进一步发展。[①]

4.营销意识薄弱,宣传力度不够

虽然一些农家休闲茶室凭借当地深厚的旅游基础和鲜明的茶文化特色,取得了极大的发展,但竞争越来越激烈,如果不加大营销宣传力度,传统知名品牌就难保长盛不衰。

5.内部整合机制尚未建立

农家休闲茶室往往聚集经营,有时一个村会聚集上百个农家休闲茶室,如此宏大的规模,从客观上讲,必将产生集聚效益,即各茶室均能分享共同的基础设施、服务设施、旅游资源、信息以及知名度所带来的利益。然而,这种效益目前表现得并不突出,主要是因为内部整合机制尚未建立。对于各种基础设施、服务设施的建设,旅游项目的开发,以及营销宣传等公益活动,大多数农户认为其不能得到短期经济效益,不愿投资共建,往往各自为政、自行建设,造成资金和资源浪费,阻碍了整体经济效益的提高。[②]

由这些问题可知,顾客对农家休闲茶室的满意度还不尽如人意。从农家休闲茶室的发展趋势看,提升农家休闲茶室的产品和服务质量不仅是满足农家休闲茶室消费者日益增长的需求,也是农家休闲茶室经营者提高销售业绩的有效手段,更是提升农家乐和茶文化休闲旅游的方式之一。

(三)测量农家休闲茶室顾客满意度

参照欧洲顾客满意度指数模型,本研究构建了测量农家休闲茶室顾客满意度的量表,如表7-2所示。

表7-2 我国农家休闲茶室顾客满意度指标体系

零级指标	一级指标	二级指标	三级指标
顾客满意度	环境	1.外部环境	自然环境 人文环境 交通 茶室的形象、口碑
		2.内部环境	茶室的规模、档次 茶室的布局、装潢 客流疏导顺畅性和茶室宽敞度 员工的仪表 茶室的气氛 茶室及各种用具清洁卫生状况 配套设施状况

① 刘清荣.乡村茶文化旅游发展谫论.农业考古,2005(5):173—179.

② 马艳霞.以村野文化内涵塑"农家乐"旅游核心:浅析重庆市农家乐旅游开发现状及发展趋势.西南民族大学学报,2003(4):228—232.

零级指标	一级指标	二级指标	三级指标
顾客满意度	产品	3. 茶水、茶点、菜品	茶水、茶点、菜品的可选择性 茶水、茶点、菜品的口味 茶水、茶点、菜品品种的搭配 茶水、茶点、菜品的卫生状况 产品的价格 产品的性价比
		4. 娱乐活动	娱乐活动的多样性 娱乐活动安排的合理性
	服务	5. 服务态度	服务的主动性 对顾客的建议/投诉的重视程度 礼貌礼节
		6. 服务水平	员工的素质 对顾客需求反应的及时性、有效性 个性化服务
		7. 服务的便捷性	营业时间 能否通过电话或网上预订座位

杭州茶乡梅家坞、龙井、龙坞、茅家埠、翁家山等的农家休闲茶室以其融茶园与茶室于一体的独特的环境氛围、朴实的经营风格,迅速成为休闲年代人们品茶的新宠。因此,调查对象界定为那些曾经在梅家坞、龙井、龙坞、茅家埠、翁家山等农家休闲茶室消费过的顾客,对他们进行问卷调查。本研究总共发放问卷 380 份,回收 347 份,其中有效问卷 312 份,有效回收率 82.11%。

1. 描述统计

根据数据的统计结果,我国农家休闲茶室的顾客满意度指数(CSI)为 3.1970,折合成百分制为 63.94,与通过问卷调查得出的总体满意度均值 65.18 基本吻合。由此可以判断,我国农家休闲茶室的顾客满意度属于中等偏下水平。

2. 因子分析和信度检验

以初始变量环境分析为例,图 7-2 所示是关于产品的因子提取碎石图。从碎石图上看,从第 2 个公共因子开始,坡度线变得甚为平坦,因而保留 2 个因子较为适宜。

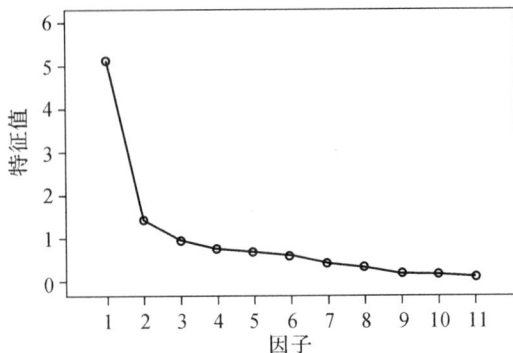

图 7-2 碎石图

表 7-3 所示是总方差分解表,从表中的"平方和负荷量提取"一栏中可以看到,初始特征值大于 1 的共有两个,分别为 5.153 和 1.461,这也是因子分析时所抽出的公共因子数。前两个因子解释了总体方差的 60.124％,可以认为这两个公共因子提供了原始数据大部分的信息,因而因子提取是有效的。

表 7-3　总方差分解表

因子	初始特征值			平方和负荷量提取			转轴平方和负荷量		
	总和	方差(％)	累积(％)	总和	方差(％)	累积(％)	总和	方差(％)	累积(％)
1	5.153	46.846	46.846	5.153	46.846	46.846	4.475	40.682	40.682
2	1.461	13.279	60.124	1.461	13.279	60.124	2.139	19.442	60.124
3	0.973	8.842	68.966						
4	0.780	7.095	76.061						
5	0.716	6.509	82.570						
6	0.617	5.612	88.182						
7	0.431	3.914	92.096						
8	0.353	3.213	95.309						
9	0.213	1.941	97.250						
10	0.185	1.681	98.931						
11	0.118	1.069	100.00						

提取方法:主成分分析

据所有因子分析的结果得知表 7-2 中对休闲茶室顾客满意度的测评指标体系的建立比较适用,并总共提取出 7 个公共因子,分别重新命名为:因子 1"外部环境"、因子 2"内部环境"、因子 3"茶水、茶点、菜品"、因子 4"娱乐"、因子 5"服务态度"、因子 6"服务水平"和因子 7"服务便捷性"。这就验证了研究假设一,我国农家休闲茶室顾客满意度可以用"外部环境"、"内部环境"、"茶水、茶点、菜品"、"娱乐"、"服务态度"、"服务水平"、"服务便捷性"这七大因子来测量。

(四)农家休闲茶室顾客满意度改进措施

1.切实了解顾客期望,把握顾客感受

提供增值产品和服务,是企业满足或超越日趋多变的顾客需要和期望、提高顾客的满意度、留住顾客、维持或提升企业竞争地位的重要手段之一。顾客满意度的高低取决于顾客的服务感知与其服务期望之间的正负缺口的大小。图 7-3 所示从产品和服务的顾客感知与顾客期望两个维度,清楚地揭示了增值产品和服务的重要性(Holbrook,M.B.,1999;Parasuraman,A.,1997;Roger,J.B.,1997;Sinha,I.& DeSarbo,W.S.,1998)。

2.实行关系(relationship)营销

关系营销是美国营销学者巴巴拉·杰克逊于 1985 年首先提出的。默林·斯通认为关系营销的主要原则在于:在任何时间都满足所有顾客的需求是十分困难的,所以必须优先考虑重要顾客的最重要需求。只有通过这种满足顾客在你竞争对手那里未得到满足的需

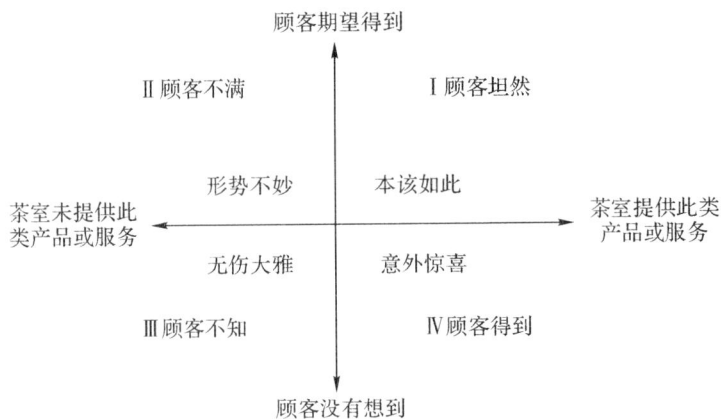

$$顾客期望得到$$

Ⅱ 顾客不满　　　　Ⅰ 顾客坦然

形势不妙　　本该如此

茶室未提供此　←───────────────→　茶室提供此类
类产品或服务　　　　　　　　　　　　产品或服务

无伤大雅　　意外惊喜

Ⅲ 顾客不知　　　　Ⅳ 顾客得到

$$顾客没有想到$$

图 7-3　顾客感知与顾客期望

求的方式,才能取得竞争优势。[①] 有鉴于此,需要:①很好地了解不同的顾客群体的需求;②优先考虑重点顾客及其需要;③决定应与哪些顾客群建立关系。

农家休闲茶室要实现关系营销,首先要从过去被动地"消费者请注意"向主动地"请注意消费者";关系营销,不仅强调一次赢得顾客,更重要的是强调长期拥有顾客;从重视顾客服务转向高度承诺。其次,要合理运用维持营销理论,如 5A 理论,即 5A 是指认识顾客(Acquainting)、答谢顾客(Acknowledging)、欣赏顾客(Appreciating)、分析顾客(Analyzing)、为顾客满意而行动(Acting),以较低的营销成本和较高的营销效率培养一批对农家休闲茶室高度满意和高度忠诚的顾客群。最后,要有完善的信息畅通渠道、健全的顾客档案,掌握顾客需求动态,随时与顾客保持友好联系。

3.创建良好的农家休闲茶文化旅游和生态环境

(1)创建良好的旅游和生态环境

发展农家休闲茶文化旅游和生态环境需要一定物质和社会基础,政府应予以扶持,做好软硬件两方面的环境建设,为农家休闲茶文化旅游生态环境的发展提供条件。

旅游部门应加大投资,为茶文化旅游和生态发展投入硬件建设,如选择适当的旅游示范村,兴建一批能展示当地特色茶文化魅力的饮茶场所,鼓励当地居民发挥本土特色以多种经济形式来运作。建筑的风格要尽可能保持原生态风貌和环境,与当地的风景、文化相一致。旅游管理部门、旅游企业和科研部门应通力合作,根据当地茶文化的特点和现状,研究和建立起一套科学缜密的理论框架,指导农家休闲茶文化旅游健康发展。同时,旅游管理部门和旅游企业应加大支持科研工作者进行茶产业研究的力度,并构建起将研究成果转化为现实利益的合理机制。旅游管理部门应充分发挥监督和引导职能,加强对茶文化旅游场所的科学管理和茶文化旅游资源的保护,完善茶文化旅游中的规章制度建设;还要帮助培训农家休闲茶室旅游区的工作人员,提高他们的文化素质、旅游意识、市场意识,从而提高农家休闲茶文化旅游的服务水平和服务质量。

122

休闲管理

---

① 默林·斯通(Merlin·Stone)[英],尼尔·伍德科克(Neil·Woodcock)[英].关系营销.上海:上海远东出版社,1998.

（2）加强本土农家休闲茶文化旅游商品的开发工作

茶商品从狭义上说是指各种品牌的茶叶，从广义上讲是指以茶为龙头的包括茶具、茶点、农家菜肴、茶画、茶书法、茶工艺品、饮茶休闲时的娱乐活动等的一系列商品和活动。有关部门可以编辑出版当地茶故事、茶传说、茶谚语等，经营者和相关部门也可以制作一些反映当地民间饮茶生活的木雕，按比例缩小的茶具、茶桌椅、茶建筑等，唯有本土特色的旅游商品才能可持续发展。

【案例分析】

民宿——开启旅游度假新模式[①]

据资料介绍，民宿的起源有很多说法，有研究说来自日本，也有的说来自法国。探究"民宿"一词，更多的是来自英国。

20世纪60年代初期，英国的西南部与中部人口较稀疏的农家，为了增加收入开始出现民宿，当时的民宿数量并不多，是采用B&B(Bed and Breakfast)的经营方式，它的性质是家庭式的招待，这就是英国最早的民宿。

除了一般常见的饭店以及旅社之外，其他可以提供旅客住宿的地方，例如民宅、休闲中心、农庄、农舍、牧场等，都可以归纳成民宿。而民宿的产生是必然的，并不偶发于日本或法国，世界各地都可看到类似性质的服务。民宿这个名字，在世界各国会因环境与文化生活不同而略有差异，欧陆方面多是采用农庄式民宿(Accommodation in the Farm)经营，让一般民宿能够享受农庄式田园生活环境，体验农庄生活；加拿大则是采用假日农庄(Vacation Farm)的模式，提供一般民宿让游客在假日可以享受农庄生活；美国则多见居家式民宿(Homestay)或青年旅舍(Hostel)，不刻意布置的居家住宿，价格相对饭店便宜的住宿选择；英国则惯称其为Bed and Breakfast(B&B)，按字面解释，意谓提供睡觉以及简单早餐的地区，索费大多每人每晚约二三十英镑，视星级而定，当然价格会比一般旅馆便宜许多。

按位置分，民宿可以分为城市民宿和乡村民宿两大类。城市民宿：由小村落发展而来，多以公寓大楼的形式呈现，以现代风格的建筑为特色。乡村民宿：以乡村文化为内涵，多依托景区或者地域特色资源而发展，乡土气息浓厚。

按功能分，民宿可以分为纯粹住宿型和特色服务型两大类。纯粹住宿型：一般临近景区，依托周边景区的人气而发展，具有干净清爽、价格低廉等特点。特色服务型：自身也是旅游吸引物，通常结合周边资源，打造温泉养生、乡村运动等特色主题，提供农业体验、生态观光多项服务。

按产权分，民宿可以分为传统民宿和社会型民宿两大类。传统民宿：利用自用住宅空闲房间，以家庭副业方式经营社会型民宿：外来投资者租赁房屋，以家庭主业方式经营。

民宿在我国台湾地方的发展有很长的历史，最早大规模发展民宿的地区是垦丁国家公

---

① http://mp.weixin.qq.com/s? biz=MjM5NDYyMDk3NQ==&mid=222805301&idx=1&sn=28a08a62b34f113-eae16b503183ebdbc&scene=1&key=dffc561732c22651444588bd53379cb82b4f44401de918da4ede0c4842eca54c131d1e92f60f6f-233dcbad5abcb23d22&ascene = 1&uin = MTg0MjYxNjM0Mg% 3D% 3D&devicetype = webwx&version = 70000001&pass_ticket=vTeYICJ3TBwJTAR6nwoAebRwGGpAtYF7z8RgsQUY9nsYOkw0ALLAK755gMoMVYJE.

园,时间约在1981年,当初是为了解决住宿不足的问题。它只是一种简单住宿形态,没有导览或餐饮服务。起因是假日游憩区的大饭店旅馆住宿供应不足或缺乏服务,或登山旅游借住山区房舍工寮缘起,有空屋人家因而起意挂起民宿的招牌,或直接到饭店门口、车站等地招揽游客,而兴起此行业。

1981年,原"台湾省政府"原住民行政局在其部落产业发展计划中自订规则,辅导原住民利用空屋与当地特有环境经营民宿,增加原住民收入。而除了原住民地区,在非原住民地区,风景特定区、国家公园内及各观光景点亦有不少人将空置之房舍改建或以新建楼房出租给旅客。因民宿主人多半是本地人,借此进而借势推动当地的观光旅游产业,同年间农委会大举鼓吹"传统农业"转型"观光农业",进一步刺激了民宿发展,成为我国台湾地区一个新兴的乡村旅游经济产业。

民宿业因平民化、平价化、亲民化而广受游客之喜欢。因初期民宿经营水平参差不齐,缺乏完善之管理制度,导致消费者权益毫无保障,政府于2001年12月12日颁布"民宿管理办法",就民宿之设置地点、规模、建筑、消防、经营设施基准、申请登记要件、管理监督及经营者应遵守事项订有规范,设定其为农、林、渔、牧业的附属产业,正式辅导台湾民宿产业合法化,以期透过辅导管理体系之建设,提升民宿质量与安全,促进农业休闲、山地聚落观光产业发展。

早期民宿的经营,大多是以家庭副业的方式。随着民宿的风潮渐热,民宿创造出来的商机实在太过诱人,原本被定义成家庭副业的经营模式,逐渐成为家庭主业在经营,甚而房产投资客、新移民主义人士等,大伙争先恐后地进入民宿经营这块。竞争者众的情况下,品质、服务及效率的经营管理竞争力需求、影响力慢慢出现,左右民宿生意甚大,也因如此,慢慢促成台湾民宿朝精致化、豪华化、高价化以及高服务化方向演进。根据交通部观光局的统计,2003年台湾合法民宿仅124家,而2007年已登记的合法民宿,全台湾地区总计已高达1939家,其中,正常营业的业者共1886家,总房间达7751间。

但有相关资料保守估计,全台湾地区民宿已超过5000家甚至有估算大大小小超过万家以上。

民宿分类:(A)景观民宿(B)原住民部落民宿(C)农园民宿(D)温泉民宿(E)传统建筑民宿(F)艺术文化民宿。

吸集顾客:(A)农业体验、林业体验民宿:菇菌采拾、烧炭……(B)牧业体验、渔业体验、加工体验民宿:做豆腐、捏寿司……(C)工艺体验民宿:押花、捏陶……(D)自然体验民宿:观星、野菜药草采集、昆虫采集、标本制作……(E)民俗体验民宿:地方祭典、民俗传说、风筝制作……(F)运动体验民宿:滑雪、登山……

满足游客:(A)艺术体验型民宿:由经营者带领游客体验各项艺术品制作活动,包括捏陶、雕刻、绘画、木屐、果冻蜡烛、天灯制作等,游客可亲手创造艺术作品,体验乡村或现代的艺术文化飨宴。(B)复古经营型民宿:其住宿环境均为古厝所整修,或以古建筑的式样为设计蓝图,提供游客深切的怀旧体验。(C)赏景度假型民宿:乃结合自然的景观或是精心规划的人工造景,如万家灯火的夜景、满天星斗、庭园景观、草原花海或是高山大海等。(D)农村体验型民宿:于传统的农业乡村中,除有农村景观提供体验农家生活之外,还提供农业生产方面的体验活动。综合上述对民宿的简单了解,我们可以肯定地说,繁华的都市生活,使人们压力越来越大,作为久居城市的市民也想带着老人、子女走进山区体验乡村旅游,其是不可或缺的一部分。民宿在人们眼中一直扮演着类似驿站的角色，田园绿野、山川美景的观光可以在这里歇脚，也可以在这里启程。与许多现代星级酒店不同的是，民宿可以很好地融入大自然，本身就是风景的一部分。比如，杭州有许多乡土民宿，凤凰古镇的旅游民宿，其本身便处于乡村旅游的一道风景中，看似静谧引而不发，其实包涵着诸多旅游要素，在乡村旅游的生态链中有着牵一发而动全身的功能性。

或许是有鉴于此，"民宿"或许将成为乡村旅游建设过程中的一个新现象——在生态环境良好、适于发展旅游经济的地区动员全村乃至全镇之力，建立规模化、有市场竞争性的民宿、农家乐集群，同时强调当地原生态环境和旅游景点的规范化和可旅游性。这样的"民宿基地"，已在江南大地呈星火燎原之势。

陕西地处秦岭山脉，陕南更是依傍历史自然生态环境之美，是陕西罕有的原生态植被保护完好、无工业污染的生态胜地。青山绿水间，商洛市、安康市、汉中市的故居相得益彰；商洛的商鞅邑城、名人故居、湿地公园、漂流、生态大峡谷、溶洞、自然山区风景等美不胜收；汉中"青山碧水，松涛竹海，鸟语花香"，油菜花田、武侯祠、青木川等，则在蓝天白云下开得绚烂多姿……安康茶园、民宿旅游、名胜古迹等面对这些独特的乡村旅游资源，政府有了建立民宿基地的念头。

早在2010年，陕西省安康市平利县便引进学习了徽派建筑乡村旅游经营公司打造民宿基地，并将其纳入品牌统一管理，实行"公司＋农户"的运作模式。从此，"民宿、农家乐"的运营，全部交给农户自己，政府主要负责民宿基地的品牌、营销方面的推广和基地整体的规划发展。除了自驾游游客，来乡村旅游的团队游游客多由公司统一接团分客，向农户们输送客源，最后再统一收费结账。不难发现，这种"公司＋农户"的运作模式，在乡村旅游市场中起到明显的互补效应。2014年，民宿基地的概念乡村游已吸引了陕西本地游客及重庆等地游客。

乡村旅游建设的基本思路是以乡村为中心向外辐射，目前陕南部分县区正在积极配合政府，已有部分行政村发展农家乐，包括多个农家客栈、特色民宿、因为其兼具古朴元素和时尚气息，讲求个性，备受游客欢迎。

乡村旅游的举措是以风情民宿为媒，引入浪漫元素，这已经成为常态化旅游活动。近几年，乡村旅游得到了有效的发展，因此政府也开始重视投资发展。

第二节　休闲渔业

一、休闲渔业的内涵

休闲渔业起源于20世纪60年代拉丁美洲的加勒比海沿岸，兴盛于20世纪90年代的欧美、亚太地区。国际上，休闲渔业作为常规渔业与现代旅游业相结合形成的新的交叉产业已逐渐成为现代渔业的支柱性产业。在此，本书就休闲渔业的概念、特点及种类进行探讨。

休闲渔业是休闲业与渔业的有机组合,是水产产业链向旅游业延伸并与之相耦合的结果。关于休闲渔业的概念,国内外许多学者都有所涉及。

最早对休闲渔业进行定义的是我国台湾著名经济学家江荣吉教授,他认为休闲渔业就是将渔村设备、渔村空间、渔业生产的场地、渔法、渔具、渔业产品、渔业经营活动、渔业自然环境及渔村人文资源,经过规划设计,以发挥渔业与渔村的休闲旅游功能,增进国人对渔村与渔业之体验,提升旅游品质,并提高渔民收益,促进渔村发展。[①]

洪惠馨先生在《大力发展休闲渔业拓展渔业发展空间》一文中定义"休闲渔业"是"利用海洋和淡水渔业资源、陆上渔村村舍、渔业公共设施、渔业生产器具、渔产品,结合当地的生产环境和人文环境而规划设计相关活动和休闲空间,提供给民众体验渔业活动的机会并达到休闲、娱乐功能的一种产业"。

研究休闲渔业的林法玲专家认为:休闲渔业是以资源为依托,从市场需求实际出发,通过渔业和旅游资源的优化配置,将休闲、娱乐、餐饮等行业与渔业结合为一体,实现第一产业与第三产业的结合,提高渔业的社会、生态和经济效益,实现资源开发和环境保护协调发展的一种新型的渔业。[②]

勾维民认为休闲渔业是以渔业生产者为主体,以渔业综合经营为依托,以休闲娱乐为载体,以体验性消费为特征,以渔业综合价值增进为目的的一种新型商业水产开发。投身于"休闲渔业"会提高生活品位,消费"休闲渔业"能体验大自然的亲切感,投资于"休闲渔业"能得到满意回报,已成为渔业生产者、消费者、投资者、管理者的共识。[③]

此外,国内多数专家认为,休闲渔业是一种集渔业、旅游、休闲为一体的新兴产业,它不同于普通的渔业,因为它包含有旅游、休闲、娱乐业的性质;也不同于以生产为主要目的第一产业,而属于以服务增值为特性的第三产业。

国内也有专家定义休闲渔业是在资源开发和环境保护协调发展的前提下,以市场为导向,以效益为中心,将休闲、娱乐、餐饮等活动与渔业有机结合,实现渔业资源和旅游资源优化组合的一种新兴产业。

上述专家对休闲渔业概念的表述虽各有侧重,表达形式各异,但有三点共识:一是休闲渔业要利用渔业资源;二是休闲渔业是将传统渔业与第三产业相结合的新型渔业方式;三是休闲渔业是一种新兴的产业。

休闲渔业相对于传统的渔业而言,两者具有本质的区别:

第一,从从事的目的看,传统的渔业生产方式是渔民为了生存而进行的捕捞行为。其生产目的是为了获得捕鱼量,销售后获得渔业经济收入,从而维持生计。而休闲渔业是为了活化渔业资源,以吸引旅游者的参与,旨在为前来观光休闲的客人即旅游者创造和提供体验渔民捕鱼生产方式的机会,通过旅游者对渔民生产生活方式的亲身体验,获得身心的休闲与放松,体验另一种生活情趣,从而丰富人生的阅历,增加人生经验。渔民从事休闲渔业作业的主要目的是获得渔业经济收入,但这不是唯一的目的,它具有双重性:既创造渔业收入,也为旅游者创造休闲体验。

第二,休闲渔业活动主体、活动时间、活动空间范围及活动形式等也与传统的渔业不

休闲管理

---

① 江荣吉.入世后两岸农业的合作.中国台湾农业探索,2003(1).
② 林法玲.关于发展福建海洋休闲渔业的探讨.现代渔业信息,2003(3).
③ 勾维民.休闲渔业特征、发展动因、开发优势和产品设计.沈阳农业大学学报,2006,8(2):196-198.

同。休闲渔业的活动主体是休闲旅游者,他们身份、年龄各异,参与面广。相对于传统渔业,休闲渔业的活动时间较为短暂,活动形式也是千变万化,强调的是通过某个时间段内的体验以获得愉悦放松的感觉。

通过对各学者休闲渔业表述的综合以及对休闲渔业和传统渔业的区分,定义休闲渔业如下:休闲渔业是以现有的各种渔业资源为依托,以市场需求为导向,以休闲活动为表现形式,将休闲业与传统渔业有机结合供游客休闲、体验、度假,以获得身心愉悦与放松的一种新型的休闲产品。

二、国外休闲渔业发展模式

20 世纪 60 年代,休闲渔业诞生在拉美加勒比海地区。七八十年代,在一些社会经济和渔业发达的国家和地区,如美国、加拿大、日本、欧洲以及中国台湾地区,休闲渔业开始盛行。目前,休闲渔业在许多国家已成为一项重要的产业。我国邻近日本,在 20 世纪 70 年代就提出了"面向海洋,多面利用"的发展休闲渔业战略。东南亚诸国,如菲律宾、马来西亚、泰国等较早把休闲渔业与旅游业有机结合,形成了形式多样、广纳客源的游钓业。以下,我们选择休闲渔业发展模式较为典型的美国、日本和澳大利亚来加以具体阐述。

(一)美国休闲渔业模式

美国休闲渔业的发展历史久远,最初以垂钓俱乐部等为主要形式,后来随着人们收入增加、休闲时间延长,用于休闲娱乐目的的私家船艇大量涌现,推动了休闲渔业的高速发展。目前,休闲渔业在美国经济中占据重要地位,产值约为常规渔业的 3 倍以上,同时还极大地带动了相关产业,如渔具、车船、修理、交通、食宿等的发展,促进了社会就业。

美国休闲渔业的蓬勃发展得益于其在管理体系建设、资源保护、法制建设、科研支撑等方面采取的一系列积极措施。

1.科学的管理体制

美国休闲渔业的管理体制包括行政管理和行业管理,两者相互补充,相辅相成。行政管理包括两种类型,一是联邦的管理,二是各州的管理。联邦的行政管理机构是国家海洋渔业局和内政部鱼类与野生生物局,分别管理海洋休闲渔业和淡水游钓业,主要负责全国休闲渔业的管理、研究和规划等。而各州的休闲渔业管理机构则负责本州管辖水域内的休闲渔业管理。行业管理即在美国的各种行业协会自发地参与休闲渔业的管理,如美国钓鱼协会(SFI)等,其主要职能是为科研机构组织专门的调查、制定鱼类资源保护计划并促进其实施、推动游钓活动的发展、为游钓爱好者服务等。

2.完善的法规体系

随着休闲渔业的发展及其在渔业经济中的比重不断增加,休闲渔业的开发与管理也被纳入到政府的渔业法律体系当中。从联邦到各州都制定了各种强制性的渔业法律法规,目的是为了保护环境,保持渔业发展与环境、资源、生态协调,确保休闲渔业的可持续发展,最终保护渔业从业者和消费者的合法权益。这些法律法规内容广泛,包括游钓许可证制度、渔具总可捕量限制(TAC)、休闲渔业配额、特殊鱼类配额和渔获物的规定等。另外,联邦政府渔业局及五大区域办公室、州政府、海岸防卫队、地方法院四部门构成了严格的执法体系,确保相关法律法规的贯彻实施。①

3.严密的决策机制

美国政府非常重视科研对休闲渔业管理和发展的指导作用。不论是针对某个物种采取生态保护措施,还是进行某项决策、制定某项法规,都以科学研究为依据,增强可行性,避免盲目性。这些研究都建立在科学调查的基础上,如为进行海洋休闲渔业的统计调查,美国国家海洋渔业局在1979年就进行了一项全国性的规划,建立了一个可靠的数据库来反映休闲渔业对海洋资源的影响,其结果专门供国家海洋渔业局,各州、州际渔业委托机构和地区渔业管理委员会在进行渔业估算和管理决策时使用。②

4.高效的管理手段

美国在渔业发展中建立了高效的信息管理系统,可以准确、有效、及时、全面地提供关于美国渔业的各种数据信息,为休闲渔业的健康发展和高效管理提供技术支撑和保障。③

（二）日本休闲渔业模式

日本的休闲渔业发展迅猛,据农林水产省2002年度休闲渔业调查报告显示,2002年2～12月,日本娱乐渔船上服务人员总计为14300人,休闲捕鱼者总计为448.7万人,总捕获量为29300吨,约为沿岸渔业捕捞量的2%。

20世纪60年代,日本渔业的发展经历了从沿岸到近海、从近海到远洋的扩展和高速发展时期,但到了70年代,由于石油危机和世界主要沿岸国先后实施200海里专属经济区管理,高度依赖进口石油和外国渔场的日本渔业,出现了一个减船和渔业结构调整的大转变时期。在这个时期,日本政府提出了"面向海洋,多面利用"的发展战略,实施了沿岸和近海渔场的整治和"渔港渔村综合整备事业",并采取各种措施,发展休闲渔业。

1.强化管理,加强组织和制度建设

日本休闲渔业最初和最主要的形式为游钓业。随着参与人数的逐年增加,游钓已不再是单纯娱乐消遣的个人行为,而已经开始影响到渔业资源的开发利用和管理,对以游钓业为主的休闲渔业加强管理的呼声越来越高。日本政府对此所采取的措施主要有:在中央和地方都增设了休闲渔业组织,强化管理;与国际接轨,由国家立法实施游钓准入制度,并对游钓船的使用情况和游钓的主要品种与产量进行登记;加大投入,建造人工渔场;改善渔村渔港环境,完善道路、通信等基础设施建设,保障休闲渔业持久健康地开展下去。同时,渔民、游钓者和渔业协同组织也参与休闲渔业管理。④

2.注重科研,促进渔业的持续发展

日本在休闲渔业发展中非常注重发挥科研的指导作用。由于过度捕捞和环境污染,日本的渔业生态环境遭到巨大破坏,日本的科研人员在污染监测系统和治理的研究方面,开展了大量卓有成效的工作,开发出许多有效的污染监测手段和治理方法,使渔业水域环境得到显著改善。另外,日本对人工鱼礁的研究非常细致和深入,水产厅下属的几个研究所都有专人研究人工鱼礁与鱼类的关系、人工鱼礁的效益等。人工鱼礁的投放,从根本上限制了海底拖网作业,海底从平坦变为高低不平,再加上人工放流各种鱼苗,使原本日趋衰退

休闲管理

① 陈刚,陈卫忠.对美国渔业管理模式的初步探讨.上海水产大学学报,2002(3):237-241.
② 柴寿升,张佳佳.美、日休闲渔业的发展模式对我国休闲渔业发展的启示.中国海洋大学学报,2007,1:27-31.
③ 吴维宁,卢卫平.美国国家渔业信息网络建设及其启示.中国水产,2005(6):33-34.
④ 柴寿升,张佳佳.美、日休闲渔业的发展模式对我国休闲渔业发展的启示.中国海洋大学学报,2007,1:27-31.

的近海渔业资源得到了恢复性增长,为休闲渔业的发展创造了条件。[①]

（三）澳大利亚的模式

澳大利亚的休闲渔业是在近十年的时间里兴起的。时间虽然不长,但澳大利亚政府每年都进行了一系列专项经济研究。如今,澳大利亚的休闲渔业管理法规比较完善,执法相当严格,公民的遵法守法意识很强,海洋自然资源的保护很到位。

1.注重协调发展

澳大利亚的休闲渔业规划都是通过州渔业管理部门进行海岸带资源管理和规划的,以确定休闲渔业资源可持续发展目标,提出海岸带资源开发利用活动的指导原则,解决休闲渔业与商业渔业、休闲渔业与海洋环境保护的问题。把发展休闲渔业、野生渔业资源管理和区域性海洋养殖以及海洋保护区战略的制定相结合,统一进行规划和部署。

2.联邦政府与地方政府分工明确

联邦政府主要负责海洋管理立法,对州政府的执法进行监督与协调,确定国家级海洋自然资源保护区,对特定野生鱼类资源和一些洄游鱼类资源进行管理保护,对渔业资源实行严格的限额捕捞和总量控制制度,对3海里以外海域和专属经济区进行管理。

3.海洋法制建设比较完善

澳大利亚渔业立法始于20世纪60年代,到90年代初,已基本建立起海洋法律体系。在休闲渔业方面,澳大利亚对可用于休闲渔业的渔区、渔期、钓具、品种、规格、数量等各个细节,都有非常明确的规定。

4.加强宣传与实施

澳大利亚休闲渔业的场所很多,执法人员并不多,但普法效果很好。休闲渔业的管理人员每年都花许多时间和精力制作宣传手册,并进行普法教育。因此,公民的遵法守法意识和海洋保护意识非常强,对联邦和州政府发布施行的海洋法律法规都很明白,执行也很自觉。

三、我国休闲渔业的发展

中国的休闲渔业始于20世纪90年代初,广东、福建和浙江等沿海省份先行。现阶段,休闲渔业旅游在国内蓬勃发展。国内学者对于休闲渔业的研究,也始于20世纪90年代初,研究者多为渔业经济专家。

（一）我国休闲渔业发展动因

1.外部基础扎实

第一,可供开发的资源丰富。我国既是内陆大国,又是海洋大国,池塘、江河、湖泊、水库、岛屿和港湾面积广阔,适合垂钓和观赏的水产品种资源丰富。无论是淡水鱼类还是海洋鱼类,可开发的潜力都很巨大。

第二,气候适宜。我国幅员辽阔,横跨热带、亚热带和温带,不仅适于休闲的季节较长,而且适宜养殖许多观赏鱼类,尤其适宜引进和出口多种观赏鱼。

第三,中国目前社会稳定,经济发展状况良好,人们也具备一定的消费能力,并有较为充裕的休闲时间。

第四,随着经济和社会的快速发展,人们对休闲娱乐、生活品质的要求越来越高。2008

① 黄瑞.日本海洋渔业资源管理现状.现代渔业信息,2001(1):11—15.

年1月1日新的休假制度正式实施,长假时间缩短、传统节假日增多,促发短途休闲旅游热,为发展休闲渔业奠定了充足的客源。

2.内在需求潜力大

第一,渔业功能的演变具备扎实基础。

渔业的快速发展,不仅满足了日益增长的市场需求,解决了在经济困难时代普遍存在的城乡"吃鱼难"问题,为调整农村产业结构,增加渔农民收入,提高出口创汇,保障粮食安全作出了重要贡献。同时,随着渔业生产力水平的不断提高,生产规模的扩大和结构的优化,渔业功能的演变也具备了越来越扎实的物质基础。渔业正由生物生产向生命系统生产转变,向追求社会文化生产综合价值目标提升。

第二,结构调整依然是渔业发展的主线。①

"十一五"时期,渔业发展能力增强,渔业产业素质提升,渔业经济增长空间扩大,影响渔业发展的因素越来越多,越来越复杂。目前,渔业存在着以下几个矛盾:渔业产业结构战略性调整与经济结构升级和增长方式转变中实际困难的矛盾;渔业资源、生态环境保护与资源和环境的约束和增长成本上升的矛盾;增强产业竞争力与水产品质量安全的矛盾;全面提高产业发展能力与奠定产业可持续发展基础的矛盾;把握渔业发展规律与执政能力建设的矛盾等。坚持用发展和深化改革的办法解决发展中的现实问题和深层次问题,大力扶持休闲渔业发展是一种现实性的、战略性的选择。发展休闲渔业对渔业全面协调持续发展、加快渔业结构战略性调整,对实现渔业增效、渔民增收对增强渔业的国际竞争力,对全面提高渔业发展能力和水平,对实现渔业现代化目标有重要现实和长远意义。

第三,创新渔业经济增长方式。

休闲渔业强调生产、生态、生活的协调发展,这不仅可以增加经济收入,丰富生活,而且还能推动区域环境整治,美化生活空间,提高生活环境质量,客观上对发展生态旅游、保护生态环境起到促进作用。休闲渔业较好地实现了生态渔业与渔业工程技术的结合,体现出可持续渔业与渔业现代化的联系,将自然生态因素、技术物理因素、经济资产因素、社会文化因素有机结合在渔业生产系统之中,从而实现经济可持续、资源可持续、生态可持续的以人为本发展理念。

第四,剩余渔业生产力急需盘活。

渔业结构的战略性调整,我国近海洋捕捞"零增长"战略的实施,导致渔船、渔机等生产资料闲置,渔业从业人员过剩。减船转产后,剩余的渔业生产力急需盘活。休闲渔业开发的内容丰富,相关联的产业多,且多为劳动密集型行业,就业容量大,为渔农民提供大量的转产和再就业空间。休闲渔业在优化渔业产业结构、缓解渔业生产及渔区社会经济生活的矛盾中发挥了重要作用。

(二)我国休闲渔业发展现状

近年来,我国休闲渔业发展势头强劲,在为渔民提供就业机会,为社会提供升级消费产品、增加渔民收入等方面发挥了重要作用,休闲渔业已成为我国渔业发展中的一个新亮点。

1.各地休闲渔业的发展各具特色,区域优势已基本形成②

我国各地在发展休闲渔业的过程中,注意从实际出发,因地制宜,充分发挥自身优势,

休
闲
管
理

① 勾维民.休闲渔业特征、发展动因、开发优势和产品设计.沈阳农业大学学报,2006,8(2):196-198.
② 陈鸥.我国休闲渔业的发展现状及其对策.内陆水产.2007,8:4-6.

形成了各具特色的发展模式。

沿海地区结合捕捞、渔民减船转产转业和保护渔业资源的需要,利用民间资金雄厚、生活水平较高的优势,发展具有海湾城市型特色的休闲渔业。

内陆地区则结合农村产业结构调整的需要,利用原有发达的城郊水产养殖基础条件,将池塘山野风情和农家庭院特有的淳朴映衬到城郊休闲渔业中。

大中城市休闲渔业发展的共同特点是迎合城市居民闲暇时间到郊外休闲娱乐的需求,在发展养殖业的同时,建立集郊游、垂钓、鱼鲜品尝等于一体的休闲渔业景区,吸引了大批游客的光临和参与。如北京、上海等许多大城市周边已形成了一定规模和档次的休闲渔业区(带)。其他大中城市郊区的池塘垂钓业也正以不可阻挡的势头迅速发展,成为当今城郊渔业一道新的风景线。

2.休闲渔业内容丰富,呈多样化的发展趋势

经过多年的发展,我国休闲渔业呈现出多样化的发展趋势。如运动形态,主要指以钓鱼为主的体育运动;体验形态,让游客直接参与渔业生产活动,如采集贝壳等;食鱼形态,表现为旅游购买、品尝海鲜等方式;游览形态,指游玩、观赏渔业劳作的观光形式;教育文化形态,主要是水族馆、渔业博览会及各种展览会等,带有一定的教育性和科普性。

国内一些休闲渔业研究专家将现代休闲渔业分类为:生产经营型,指一些渔场以渔业生产为主,以垂钓为辅的生产经营方式;休闲垂钓型,指一些专业垂钓园和设施较完备的垂钓场,开展以垂钓为主,集游乐、健身、餐饮为一体的休闲渔业;观光疗养型,指一些公园、山区及沿海地区结合周围旅游景点,综合开发水资源,"住水边、玩水面、食水鲜",既有垂钓、餐饮,又能观景、休闲、度假、避暑;展示教育型,指一些水族馆以展示海洋鱼类为主,建立集科普教育、观赏娱乐为一体的现代博览馆。

2004年12月,在浙江省休闲渔业之乡舟山市举行的休闲渔业研讨会上,与会代表对休闲渔业类型进行了多种划分,比较有代表性,如表7-4所示。

表7-4 休闲渔业的类型

划分类型	内 容
划分一	养殖垂钓型、涉渔运动观光型、旅游综合配套型
划分二	海陆养殖垂钓型、渔业生产体验型、领略渔村风俗型、海岛观光游览型和休闲综合配套型
划分三	体验型、品尝型、观赏型和综合型
划分四	运动型:以海钓为主,集休闲、娱乐于一体; 游览型:以旅游为主,集休闲、观赏于一体; 品尝型:以品尝海鲜为主,集休闲、购物于一体
划分五	休闲垂钓型、生态观光型、生活体验型和综合配套型
……	……

可见,我国休闲渔业类型多、内容广,根据市场偏好而开发各类休闲渔业产品,逐步走向市场导向的发展道路。

3.休闲渔业逐步向产业化、规模化、综合化的方向发展

休闲渔业得到了我国各级政府的重视,从政策、资金投入等各方面给予了大力支持和扶持,促使休闲渔业向产业化、综合化、规模化方向发展。

如 2003 年浙江省海洋与渔业局与省旅游局联合下发了《浙江省休闲渔业示范基地建设实施意见(试行)》,积极培育休闲渔业的发展,带领各地以建设"效益渔业、精品旅游"为目标,"因地制宜、合理规划、形成特色、示范带动",结合海洋经济开发和旅游发展总体布局规划、现代农业园区项目建设、城市旅游景点开发和农村城镇化改造,引导各级和社会投入,建成了一批初具规模的休闲渔业景点,有力地推动了浙江省休闲渔业产业的健康发展。

2004 年浙江省又投入资金近 10 亿元,初步建成休闲渔业基地 190 余家。杭州滨江区白马湖渔场等 20 家单位还被命名为首批"浙江省休闲渔业示范基地"。[①] 2004 年 11 月,舟山市 6 家休闲渔业基地又通过了浙江省海洋与渔业局、旅游局组织的专家验收,成为浙江省省级休闲渔业示范基地。[②] 这标志着我国休闲渔业正向产业化、规模化、综合化方向发展。

(三)制约我国休闲渔业发展的问题

对于广大的沿岸、沿海渔村渔区来讲,充分利用近海、沿岸的渔业资源和环境资源,因地制宜地发展海上垂钓、海上观光、参观购物和品尝海鲜等休闲活动,既可以改造海洋环境和渔村、渔港的环境,也可以为当前转产转业的渔民提供更多的就业机会,从而促进渔区经济建设,增加渔民的经济收入。然而,由于我国休闲渔业刚刚起步,规范的休闲旅游市场机制尚未建立。虽然,沿海一些地区休闲渔业已经有所发展,取得了一些经验,但在诸多方面,例如渔业船舶检验与准入制度、执业人员及其相关人员的培训、游客人身安全保障等方面均没有统一的条款和规章制度,市场管理比较混乱。

目前发展休闲渔业仍然存在不少的问题和困难,主要有以下几个方面。[③]

1.渔区自然资源优势问题

不同地区的资源禀赋是经济结构调整的基础。每个地区发展渔业的资源禀赋都不尽相同。具体而言,地理位置(沿海和内陆)、水体特点等各方面都存在一定的甚至是极大的差异,从而导致了不同地区比较优势的差异。在大力发展休闲渔业的今天,不同地区应从实际出发,分析当地发展休闲渔业的可行性,不可盲目发展;应坚持以保护渔业生态环境,发展渔业生产力,优化渔区产业结构,繁荣渔区经济为指导,发挥各地人文自然资源优势,努力建设适应不同层次、不同需求、不同规模、不同类型的休闲渔业基地。

2.观念问题

在纯渔村经济发展的地区,从事渔业的生产者多是世代相传的渔民。让他们从生产性的捕捞业转到休闲性渔业,在一定时期内还将存在一定的难度。

3.资金问题

资金短缺问题一直是阻碍沿岸沿海渔区经济发展的一大重要因素。休闲渔业的发展需要大量的资金支持。长期以来,我国渔业投入资金较少,渔区、渔港基础设施的建设远远不足。在当前转产转业的政策背景下,资金问题更为突出,资金不足,缺口较大现象更加严重。

4.劳动者素质问题

劳动者素质是休闲渔业发展中一个不可忽视的因素。目前,从事休闲渔业的劳动者多

休闲管理

① 浙江省海洋与渔业局.浙江省休闲渔业产业发展迅猛[EB/OI].http://www.cnfm.gov.cn/info/display.asp? id=5783/2005-02-21.

② 浙江省海洋与渔业局.浙江舟山市 6 家休闲渔业基地通过省级验收[EB/OI].http://www.cnfm.gov.cn/info/dis-play.asp? id=4637/,2004-11-09.

③ 邴绍倩,张相国.当前我国休闲渔业的发展状况及其战略研究.上海水产大学学报,2003,12(3):278-281.

是一些专业渔民,他们从传统的捕捞业转移而来,接受文化教育程度偏低,缺乏一定的知识和技能。休闲渔业的发展需要有大批具有一定知识和技术的专业人员,这样可以给游客一定的指导。目前这一方面尚未有明确的规定,这严重影响了休闲渔业的质量水平。

5.市场环境问题

休闲渔业的发展需要有一个良好的外部环境和健全的市场服务体系。目前,休闲渔业市场比较突出的问题就是市场体系和市场管理机制不完善,管理职能不明确,在落实监督管理方面做得不够,致使休闲渔业市场处于一个比较混乱的状态。

四、我国休闲渔业发展启示

(一)问题的解决

休闲渔业的发展涉及方方面面,前文提到渔区自然资源优势问题、观念问题、资金问题、劳动者素质问题、市场环境问题等都是制约我国休闲渔业发展的关键要素。如何解决这些问题,寻找一条合理化的发展道路对于我国休闲渔业今后的可持续发展至关重要。

对于渔区自然资源优势问题,应因地制宜、根据当地渔业种类及景观环境资源寻找特色化发展道路,同时融入当地特有的文化以增加休闲渔业目的地的文化素养与韵味,加深游客在休闲渔业目的地的体验程度。

对于观念性问题和劳动者素质问题,一方面可以实行渔业税费调整和渔民减负政策,因为渔民在从事渔业活动的过程中,渔船工作、养护以及其他各项管理的费用都非常巨大,渔民负担过大,不利于渔民休闲渔业的开展;另一方面可以提高渔业劳动者素质,加强技术培训。休闲渔业是一项新兴的产业,也是一种新的旅游资源,同其他任何产业一样,休闲渔业需要具有一定知识技能的、较高水平的工作人员;然而,现有的从事休闲渔业的工作人员的状况决定了这一新兴产业的发展状况。在执业的人员中,多是世代相传的专业渔民,且老龄化程度较高,其现有知识水平是不能满足休闲渔业的发展要求的。因此,要推进休闲渔业的发展,保证休闲渔业的质量,就要加强宣传教育,进行人力资本投资,加大其技能培训,提高休闲渔业的安全性,提供给游客更好的服务和指导。

对于资金问题,应当加强政府支持力度,增加渔业资金投入。无论在宏观经济政策还是在微观经济政策方面,政府都要将渔业部门的建议置于国家整个经济中去考虑,做好财政和金融保险等方面的工作。目前已经有相当数量的专业渔民转移到休闲渔业行业,但是为此他们需要大量的资金以从事新的工作,凭借已有的积蓄是远远不够的,建立转移支付制度就是要纯渔村渔区的财政转移支付,建立鼓励发展休闲渔业的发展基金、专项基金、补助基金等,这些都将有利于渔民开展休闲渔业活动。另外,可增加渔港及辅助设施建设基金、海区渔区通信设施建设基金,使渔区休闲渔业发展过程中的安全性以及把握市场信息和市场机会的能力增强。

此外,要促进我国休闲渔业的健康发展,还必须重点研究适合我国休闲渔业的发展模式和休闲渔业产品。

(二)我国休闲渔业发展模式

我们在前文中谈到很多学者对我国休闲渔业的内容和种类进行了界定与划分,这非常有利于我们理解名目繁多、不断发展的我国休闲渔业。但这样的分类也存在划分标准的模糊和游移不定,从而只能流于从现象对休闲渔业进行界定,难以揭示休闲渔业发展的本质规律。所以,基于体验经济的理念从本质上归纳休闲渔业发展的模式就很有必要。

对于我国休闲渔业的发展模式,我们采用了学者杨子江的基于体验经济视角的休闲渔业发展模式,简要介绍如下:

首先,他将我国乃至全球休闲渔业发展的模式分为三个模块,即休闲渔业资源模块、休闲渔业设计和经营模块、渔业休闲体验模块。三大模块中不同要素的配对组合,便形成了现实世界万花筒般的休闲渔业模式。

休闲渔业资源模块是指休闲渔业赖以发展的资源,可以进一步划分为自然资源、景观资源、产业资源、人的资源、文化资源等五大类,如表 7-5 所示,这些都是发展渔业休闲体验式经济的基础。

表 7-5　休闲渔业资源

类　　别	内　　容
自然资源	海况、水文和气象资源(潮汐、海市蜃楼、溪流、河床、山洞、瀑布、温泉、浪花、日落日出、彩虹、星相、季风等),水生生物资源(鱼、虾、贝、藻、水草、蟹类、鸟类、昆虫及潮间带生物等)
景观资源	地形地貌景观(湖沼、潭泽、水库、鱼塘、海岸线、潮间带、海滩、沙洲、海岸洞穴、奇石、珊瑚礁岩、渔区平原、步道、峡谷、河滩、曲流、峭壁等),建筑景观(渔村传统建筑、寺庙建筑、鱼排景观、渔村风情、盐田景观等)
产业资源	各种传统捕捞、水产养殖和加工工艺等产品和服务(水上游钓体验、观光垂钓养殖渔场、假日鱼市、渔制品观摩与采买等均可作为设计体验活动的资源)
人文资源	渔村乡坊的历史人物、知名人士,有特殊技艺的农渔民,有特色的农渔村的聚落活动
文化资源	传统渔村建筑资源(渔村古代建筑遗址、古道老街、古宅、古城、古井、古桥、废墟、旧码头等),传统渔业手工艺品(具有地方特色的石雕、木雕、竹编、纺织、服饰、古渔机具及渔民家居用具等渔业艺术品),传统节庆、婚嫁礼仪、民间杂耍及健身活动等渔村民俗活动(如龙舟赛、王船祭、宋江阵、祭祀庙会等)以及各种文化设施与活动(如有特色的农渔牧博物馆、历史遗迹等)

然后,利用自然资源、景观资源、产业资源、人的资源、文化资源等五大类休闲渔业可资利用的资源,针对开放场所型、半开放场所型、封闭场所型、社区和家庭渔乐型等休闲渔业设计和经营方式,开发出娱乐体验、教育体验、遁世体验、美学体验等渔业休闲体验模式。按照图 7-4 所示的三个模块中 13 类要素的排列组合,至少可以形成 80 类渔业休闲体验模式($5 \times 4 \times 4$)。休闲渔业发展模式的竞争优势取决于与同业竞争者相比,其核心专长的优异化程度,这种"看不懂、学不来、买不到"的独特专长才是休闲渔业竞争的利器。经过营造、加工、包装、策划后依次使名特优渔业产品向商品—礼品—艺术品—体验品升级,其附加值逐级提高。只有这样才能主动迎接体验式经济时代的到来而不被社会淘汰。

休闲渔业作为乡村休闲的一部分,越来越受到人们的普遍欢迎。它在保护当地生态环境、加快产业升级、转移剩余劳动力等方面都处于举足轻重的地位。如何借鉴国内外成功经验,加速我国休闲渔业健康高效发展将成为今后休闲业的一个重要议题。

【案例分析】

舟山休闲渔业

舟山休闲渔业自1999年嵊泗县五龙乡首先推出"渔家乐"休闲渔业项目以来,经过几年实践与探索,已经取得一定成效,形成一定规模。综观舟山休闲渔业项目,已逐步呈现多样化的发展趋势,王迎宾、余存根(2008)将舟山市现有的休闲渔业模式归纳为以下几种[①]:

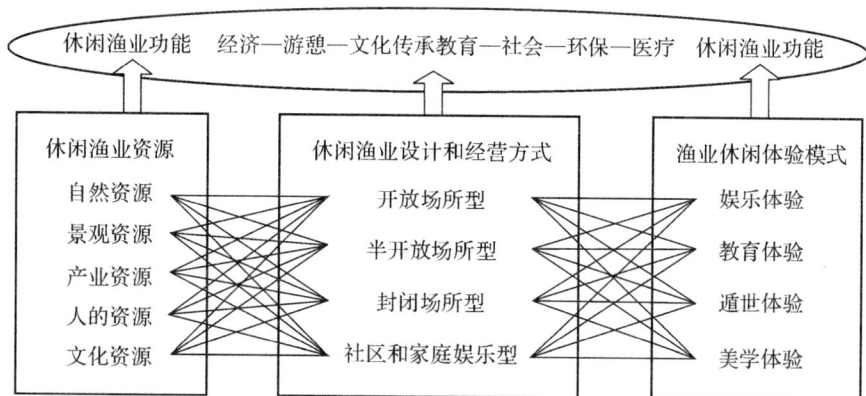

图 7-4　休闲渔业的发展模式

1.休闲垂钓型——利用现有一定规模的专业海水养殖网箱、围塘养殖基地及淡水养殖池塘,放养名贵海淡水鱼类,配备一定的设施,开展以垂钓为主,集娱乐、餐饮为一体的休闲渔业。

2.生态观光型——利用岛礁、港湾浅海的海洋与自然生态资源,组织游客参加海岛海景观光旅游与岛礁矶钓、潮间带采集相结合以及养殖基地观赏、海鲜品尝与旅游相结合的休闲渔业。

3.生活体验型——利用渔区的渔船、渔具设备和专业渔民的技能以及渔港、渔业设施和村舍条件,让游客直接参与张网、流网、拖虾、笼捕、海钓等形式的近海传统小型捕捞作业,和渔民一起坐渔船、拢鱼网、尝海鲜、住渔家,当一天真正的渔民,亲身体验渔民生活,享受渔捞乐趣,领略渔村风俗民情。

4.品尝购物型——充分发挥舟山海鲜"鲜、活、优"的特色,大力发展以品尝海鲜、娱乐、购物为一体的滨港休闲渔业,开发滨港"夜排档"、"渔市一条街"等具有鲜明地方特色的项目,使游客既能在滨港纳海风、听渔歌、尝海鲜,又可饱览渔港夜景,愉悦身心。

5.科普教育型——通过对鱼标本、船和渔具模型、渔业发展历史的展示,充分反映舟山渔文化特色,让游客在观赏中接受教育,得到知识,了解舟山。

6.综合配套型——集海上各类型休闲渔业和岸上休闲度假观光旅游于一体的、多功能化、配套设备齐全、活动种类多样、服务内容丰富、具有一定规模的休闲渔业。

---

① 王迎宾,余存根.舟山市休闲渔业现状及发展探讨.休闲渔业,2008,2:77-78.

可见,目前舟山市渔业旅游资源丰富,活动项目多样,管理日趋规范,已成为浙江省休闲渔业发展的典型代表,吸引着越来越多的游客前来休闲体验。

当然,作为浙江省休闲渔业发展的佼佼者,其在发展过程中也暴露出许多问题,如休闲渔业基地小,设施简陋;休闲渔业项目季节性较强,设施利用率不高;休闲项目推介力度不够,缺乏整体形象推广等。尤其是最后一点,舟山市休闲渔业如果要走得更远更长久,统一的休闲形象设计必不可少。

到目前为止,已有许多学者通过对舟山市现有的旅游资源和市场感知分析,对舟山市的休闲渔业形象进行了设计。夏海明(2007)在分析舟山市旅游资源特色、舟山市分区旅游资源特色以及市场感知的基础上,结合舟山海洋休闲度假旅游发展的实际,提出了舟山市海洋休闲度假旅游形象的设计方案,并就形象宣传作了适当说明。①

一、形象设计

根据旅游资源特色及市场感知分析,同时考虑到舟山海洋休闲度假旅游建设才刚起步,满足海洋休闲度假的旅游产品体系尚未形成,提出以下舟山海洋休闲度假旅游形象设计参考方案,基本框架包括整体形象、分区形象、阶段形象,如表7-6所示。

表7-6 舟山市海洋休闲度假旅游形象设计方案

整体形象	形象细分		细分形象	宣传口号
国际化海洋休闲度假花园城市	分区形象	北部嵊泗旅游区	海洋休闲观光胜地	列岛风光,魂牵梦绕
		中部岱山旅游区	都市人的海洋休闲游乐园	回归自然,走向海洋,都市人的梦想乐园
		南部定海旅游区	海岛古城	海岛古城,给您别样感觉
		南部普陀旅游区	体验现代海洋的最佳地	佛国圣地,港城渔都
	各发展阶段形象	近期形象	大众型的海洋观光休闲旅游	海天佛国,渔都港城
		中期形象	以休闲为主的海洋旅游	舟山群岛,休闲天堂
		远期形象	综合性的海洋休闲独家旅游	海洋文化,魅力无穷

在阶段形象口号设计上,经历由直观、具体向抽象及纯抽象逐步升级。当然,对于旅游形象宣传口号,最好由专业的策划机构根据形象定位来提出更富有冲击力的口号及宣传方案,效果才会更佳。

二、形象宣传

(一)原则要求

形象宣传必须注意技巧并以效益为前提,宣传活动应当遵循以下原则:第一,特色原则,要求突出舟山海洋休闲度假旅游的特色;第二,阶段原则,要求在海洋休闲度假旅游发展的不同阶段采取不同的宣传策略;第三,区域原则,要求对不同的客源市场区域采取不同的宣传策略。

(二)媒介选择

媒介是现代社会生活必不可少的构成要素。海洋休闲度假旅游形象的宣传必然在很大程度上依赖于媒介的作用。随着科学技术的进步,媒介的种类也愈加多样化,如电子媒

休闲管理

---

① 夏海明.舟山市海洋休闲度假旅游形象设计.浙江国际海运职业技术学院学报,2007,3(1):28—31.

介、印刷媒体、展示媒体、户外媒体等。由于各种媒介的受众群体不同、受众程度不同、特点不同、价格不同,在确定舟山海洋休闲度假旅游形象宣传媒介时,应注意一些基本要点:一是经常化,要求长期、不间断地在各种媒介上进行宣传;二是细分化,要求对不同的细分目标市场有针对性地选择不同媒介进行宣传;三是多样化,要求选择多种媒介进行宣传;四是系统化,要求建立完善的媒介组合系统进行宣传。

第八章　度假休闲

第一节　海滨休闲度假

随着人们经济收入的提高和休闲意识的增强,特别是对休闲活动个性化的追求,越来越多的消费者趋向于一些高档、新潮的休闲方式,而海滨休闲度假则以其独有的自然景观和人文景观,被广大消费者所接受并喜爱。

和一般的旅游者不一样的是,海滨度假的人通常会在海滨度假区游玩较长时间,充分享受那里的沙滩、海水和阳光,充分放松,享受远离生活压力和工作压力的幸福时光。

海滨度假旅游是依托海滨地区发展起来的以休闲、度假、娱乐为主要目的的一种专项旅游形式,正被广大旅游者所普遍接受和喜爱。[①] 一般来说,到海边旅游的人,因为时间短暂,通常只是快速地体验海边的风景,他必然快速地甚至走马观花般地将海边旅游元素看一遍,但很少能彻底参与或者融入海的世界中。也正因为这样,到海边旅游的满意度就大打折扣。相反,海滨度假者就完全不同,作为一个海滨生活的休闲娱乐者,这些游客拥有足够的休闲时间来完全享受这片属于自己的海边风景,他们不会因为受到时间的限制而匆匆走过,所以可以更加亲近大海、沙滩和阳光,暂时离开城市中的忙碌和压力,放松心情体验美好的事物。就目前而言,海滨资源由于要求比较高,因此是各种度假形态中最具稀缺性的一种。对于此,怎样最大化利用有限的资源,是所有开发设计人员们都应该思考的问题。一般认为世界级滨海度假生活具备的共性是:首先,拥有优越的海景海滩资源;其次,拥有适宜人居的气候环境;第三,拥有高尚品位与高雅情调;第四,拥有丰富、自由的人文氛围。

针对以上条件,对于中国而言,国内的海岸资源非常稀缺。因此面对这样资源不足的状况,所有有志于开发海滨休闲度假地的人员都应在开发资源的同时还要特别注意资源的保护,注意旅游地的可持续发展。当然,不可否认,由于发展时间的有限和经验的不足,我国的海滨休闲度假与国外海滨休闲度假的水平相比还存在很大的差距。就中国的实际情况,从硬件条件上来说,我国的基础设施、自然资源等都不是很充裕或者很完善,而中国的大部分居民从休闲意识到休闲消费层次也都不高,仍需要大力的挖掘和开发;当然从另一个角度来说,这其中的差距也说明我国的海滨休闲度假存在很大的发展潜力和成长空间。因此,有关部门和相关人员应该致力于培养居民的全新休闲消费观念,从而为发展海滨度假提供基础。

---

① 周霄,夏沫.中国海滨度假旅游的现状,趋势与创新对策.学术探索,2005(2):53.

休闲管理

当然,虽然中国在很多方面不是很有优势,但相反却也具有很大的发展潜力,中国海滨休闲度假必将非常有前景。中国是一个地大物博、人口众多的国家,随着改革开放的深入,国外很多先进的休闲理念和生活休闲方式都逐渐渗透到了我国,人们的思想也变得越来越国际化。而14亿人的观念更新是国内生活方式发生巨大变化的前兆和基础,这也说明很多机会一旦被把握住将会出现巨大的利益。近年来,我国经济发展十分迅猛,各领域的建设都取得了令世界瞩目的成果,广大人民的物质水平与精神领域都得到了快速的增长,而电子网络的发展也使人们对外界有了更直接、更方便的方式和途径。

一、海滨度假地的特点

相对于其他一般的度假产品,海滨度假产品具有以下特点。

(一)自然性

风景点按照所依托的资源类型分,可以分为人造景观和自然景观。很显然,海滨地区虽然经过人工改造但主要的还是属于自然景观,也正是它的自然性和原生态性,以及优越的海景海滩和适宜人居的气候环境才更加吸引被城市生活压抑很久的城市工作者们,达到使他们放松心情、放松身体的效果。

(二)地域性

海滨度假地常以其特有的3S(阳光、沙滩、海水)而著称,因此并非所有的风景地都可作为海滨旅游度假地,它具有较高的资源环境要求。一般只有那些海陆交接明显、集水体与岛屿于一体、具有生物多样性和景观生态独特性的地方才可以发展海滨度假旅游。

(三)品质性

相较于一些普遍的、已被大众所接受的旅游风景地,海滨度假还属于一种新兴的旅游度假方式,而其较高的消费成本也决定了并非所有的居民都能消费或者愿意消费它。因此,就目前而言,选择海滨度假旅游的人一般具有较高的经济收入,而追求个性化和生活品质化的意愿也相对比较强烈。

(四)保护性

正是由于海滨度假区所特有的地域限制性和资源有限性,在发展这种度假方式的时候有关部门必须强调和提倡可持续发展,提高消费者的环保意识,同时增强旅游区的环境监控,进一步完善相关的政策法规,从而为海滨度假的发展创造一个良好的外部环境。

二、海滨度假者的人口学特征

旅游者的人口学特征包括其性别、年龄、文化、职业、收入等方面,这些特征决定了旅游者在进行消费时的特征和规律,这些对旅游企业有针对性地开发旅游产品具有指导意义。而区别于其他类型的旅游方式,海滨度假的客源也具有特别的人口学特征。

(一)性别构成

由于海滨度假以休闲放松为主,不像其他一些山岳型游览或野外探险等,它对于旅游者的体力要求很低,因此选择海滨度假的旅游者中女性比例会比其他旅游形式的女性比例来得高。

(二)年龄构成

现有的一些海滨度假游客的调查结果显示,该旅游群体中20~50岁的中青年占最大比重,这可能与他们具有充沛的体力、稳定的经济基础以及前卫的休闲理念有关,同时与他们平时的生活与工作压力也有联系。

（三）职业构成

进行海滨度假需要有足够的休闲时间和充裕的资金来源,因此,海滨度假者往往以公务员或企业管理人员为主,这类群体经济约束力较小,而且能享受带薪假期的待遇,符合进行海滨度假的要求。

（四）文化程度

由于旅游度假方式的选择受旅游者的经济来源和生活观念的影响,而一定程度上来说,文化程度与经济收入和出游动机呈正相关性。因此,一般而言,海滨度假者的受教育程度比较高。

【案例分析】

国内外海滨度假发展

1.英国海滨度假

在全球海滨休闲业发展过程中,英国一直遥遥领先于其他国家,它在19世纪上半叶的时候,海滨休闲产业已成为该国的一大特色产业。而英国之所以能在海滨休闲业中发展如此迅速,是与该国的自然、历史、社会等条件所分不开的。[①]

首先,英国独特的海岛地理特征,为海滨休闲城镇的发展提供了条件。英国位居大西洋北部,与欧洲大陆遥遥相望,漫长曲折的海岸线上有许多天然的优良港口和沙滩,这些正符合发展海滨旅游地的自然要求。

其次,英国工业的大力发展为海滨休闲度假旅游提供了坚实的物质基础。18～19世纪以来,英国物质文明的发展和物质财富的相对丰富,使英国的城镇建设、休闲设施建设和交通运输网的修筑成为可能。

再次,人们经济收入的增加和休闲时间的充裕,为海滨休闲城市的发展提供了直接动力。而一些上层社会的居民,为了显示自己的社会地位和独特品位,也开始消费海滨度假旅游,从而对其他阶层的人们产生了示范效应。

最后,英国城市化进程也导致自然环境恶劣,"雾都伦敦"更是举世闻名。因此,越来越多的城市居民希望暂时逃离城市,回归自然,享受清新的空气、温暖的阳光、纯净的海水、静谧的沙滩,海滨休闲也就应运而生了。

2.中国海滨度假领军者:秦皇岛成功开发第一代海滨休闲地产项目——蓝色海岸[②]

2006年,秦皇岛成功开发了第一代海滨休闲地产项目——蓝色海岸,该项目于2004年正式启动,历时两年。从产品形态、设施配套到管理服务等,蓝色海岸都极力以休闲度假者为中心,满足其消费需求。今天,蓝色海岸公寓已经成为当地的地标性建筑,给那些钟爱于海滨休闲度假的人们带来了全新的生活享受。蓝色海岸之所以能得到社会的认同,取得如

---

① 陆伟芳.英国近代海滨休闲城市初探.世界历史,2001(6):13—14.
② 谭笑.中国海滨休闲度假地产领军者.中国消费者报,2007—9—17.

140

休闲管理

此大的成功,原因就在于它把握了海滨休闲度假兴起的绝好时机,发展并满足了市场需求,并且勇于创新。

　　蓝色海岸的成功开发,以事实证明了中国的海滨度假地产已经具备了各方面的条件——社会经济基础、居民消费观念,即消费者的物质与精神基础都已经足够支撑海滨度假在中国的兴起。当然,秦皇岛成功的背后还隐含着一个非常重要的原因,即它拥有稀缺的海滨资源,这也是它能有别于其他旅游地开发海滨度假地产并得到当地政府大力支持的重要基础之一。

第二节　邮轮休闲度假

一、邮轮的相关概念

(一)邮轮的定义

　　邮轮的英文名为 Cruise ship,是指配备了较为齐全的购物、餐饮、住宿、娱乐设施、用于游览的轮船。邮轮的原意指海洋上定线、定期航行的大型客运轮船,其客运及货运的交通作用远大于游览。现代邮轮出现在 20 世纪 30 年代,与原来邮轮的根本区别在于两者的功能完全不同:传统的邮轮是海上的一种客运工具,最终目标是将旅客送达目的地;而船上的所有的基础配备设施都是为了使游客在航行过程中舒适,是为了满足他们最基本的要求。而现代邮轮不再仅仅是运载人或物的运输工具,而是作为一个旅游目的地供游客游玩,自身就是旅游目的地,是旅游过程中一个重要的组成部分,到达目的地则是为了休闲和观光。总的来说,现代邮轮不仅能用于最原始的运输业,还能用于观光产业,它是集交通工具、住宿设施和餐饮娱乐设施为一体的综合型旅游产品,是区别于传统旅游方式的一种新型理念。

　　就目前而言,邮轮旅游还只占世界旅游市场总份额的 1% 左右,虽然占有率不高,但其发展速度却是各类休闲旅游产业中最快的种类之一。邮轮的数量越来越多,规模越来越大,提供的休闲娱乐项目也越来越齐全,从而对游客构成的吸引力也就越来越大。由此看出,邮轮产业正在朝规模化和设备齐全化发展,规模化有助于企业获得规模经济效益,降低消费价格,从而使消费邮轮产品的人数增加。而设备的齐全化、服务的多样化则有助于吸引更多的消费者,扩大邮轮产业的客户群。相比较其他远距离旅行方式,邮轮也许是最为便利、最为综合的一种,它将旅游与交通、食宿很好地结合在一起,其中的住宿设施、餐饮酒店、娱乐场所、健身中心等一应俱全,是一座功能齐全的移动宫殿,非常适合家庭出游和老年人出游的需要。当然由于其内部具有个体化的服务功能以及游艇属于比较前卫新潮的旅游方式,因此也非常受年轻人的喜爱。

（二）全球邮轮旅游市场发展阶段①

世界邮轮旅游市场的发展经历了四个主要阶段，即萌芽期、产生期、成长期和繁荣期。邮轮旅游最早可以追溯到早期班轮运营的年代。

1.萌芽期（20世纪60年代末至70年代初）

20世纪70年代初，往返美欧大陆之间的跨大西洋客运班轮每年的客运量从60年代初期的100万急剧下降到25万左右，这导致航船经营商不得不寻找新的经营方式，这也意味着世界邮轮旅游市场的萌芽。20世纪70年代，班轮公司从原先的服务提供商的角色向提供邮轮设施及服务转变，但由于受当时条件的影响，客运班轮的很多硬件设备都不符合要求，比如人员复杂、公共空间缺乏、制冷工具不全等，当然人们的意识也很落后，很多人完全没有对邮轮的认识，更别说是对邮轮旅游的实际需求，这就给邮轮业的发展带来了很大的限制。

2.产生期（20世纪70年代至80年代）

随着邮轮业的逐渐兴起，人们对邮轮也有了进一步的了解，邮轮市场也逐渐受到了人们的重视。但最初，由于整个市场的不成熟，很少有国外的游客到异国去进行邮轮消费，因此当地的目标市场仍然以本国游客为主，航行路线也是以本国观光地为主。但是，人们对邮轮的认识虽然有了提高，可往往只是局限在其外观以及旅游费用。

3.成长期（20世纪80年代至90年代中期）

随着人们对现代邮轮的认识逐渐提升，邮轮市场越来越受到广大游客的喜爱，市场逐渐得到了扩大，邮轮行业也进入到了成长阶段。马来西亚丽星邮轮公司1993年开始进入亚洲市场，成为第一家真正的全球邮轮公司。

4.繁荣期（20世纪90年代中晚期至今）

邮轮业能进入到繁荣期，一方面是由于它受到越来越多游客的喜爱和接受，另一方面是与全球邮轮数量与产品种类的增加分不开的。这一时期，北美、欧洲的一些地区的邮轮业最早进入繁荣成熟期，停靠目的港不断增多，平均航程达到6～8天，价格也逐年下降，因此邮轮市场得到了很大的扩大，不再是原先的极度高端产品，而逐渐变得大众化。当然，随着行业进入者的增加，竞争的激烈程度也迅速加大，为了获得竞争优势，很多邮轮公司推出各式航线以及各档次的类型，以期获得更多的顾客。

（三）邮轮的发展状况

早在2003年全球邮轮就达到了260余艘，总的排水量超过100万吨，规模最大的排水量达到了15万吨，最大载客能力超过25万人；平均一艘邮轮的载客能力近1000人。国际邮轮可以到达全球近2000个目的地，邮轮航行的主要区域为加勒比海、地中海、阿拉斯加、北欧、亚洲南太平洋。根据载客量大小可将现代邮轮分为小型、中型和大型。亚洲最大的邮轮"狮子星号"可载客1966人，船长268米，宽32米，排水量76800公吨，吃水深度8.3米。邮轮，一般大型为1000～4000人（50000～150000吨）；中型为500～1000人（25000～50000吨）；小型为50～500人（2000～25000吨）②。随着邮轮业的不断发展，对于豪华邮轮的需求也在不断增加。

随着邮轮产业的发展，当地的经济也有了大幅度的进步。邮轮产业不仅带动了本行业的经济发展，同时也拉动了诸如汽油、交通运输、酒店餐饮等相关行业的发展，形成多个行

休闲管理

① 程爵浩,高欣.全球邮轮旅游市场发展研究.世界海运,2004,27(4).
② 俞斯佳,孙姗.从头认识邮轮经济.上海城市规划,2005(2):28.

业共同发展的一种经济现象。比如,随着邮轮市场的发展,邮轮需求也越来越大,需求的增长自然也拉动了供给的增长,于是,邮轮制造和修理产业也就随之发展起来了。越来越多的制造商开始投资于邮轮产业,越来越多的邮轮修理厂因之建立了起来。同时,由于邮轮产业的发展依赖于很多其他条件,其中一个就是码头,随着邮轮数量的增加,码头的规模也与日俱增,同时,码头附近的餐饮、酒店、娱乐、金融等也就自然有所发展。邮轮的起航、抵达、停靠等都需要一些相关物资的供给,因此很多眼光敏锐的开发商也就自然有所举动。

也正是邮轮产业对当地经济有巨大的拉动作用,面对如此大的经济收益,无论是当地政府还是投资开发商都极力支持邮轮业的发展,这也是邮轮业能在全球迅速发展的原因之一,当然中国也不例外。

二、邮轮市场产生的原因

作为一种在全球迅速崛起的休闲度假方式,邮轮数量正在以年均 8%～9% 的速度快速增长,其中主要原因可以归纳为以下三个。

(一)特殊的旅游体验

与传统的旅游方式相比,邮轮作为一种交通方式与旅游目的地的完美结合体,能给游客带来特殊的旅游体验。一些较大的邮轮在设备与服务档次上甚至可以和三星级以上的酒店相媲美,内部除了一般的餐饮、住房等基础性服务设施外,还配备了商务中心、健身中心、酒吧、图书馆、娱乐场所等,有些甚至包括了剧院、购物等高档场所。因此,游客除了能欣赏沿途的风景之外,还能享受船上的各种设施。正因为如此,邮轮度假能满足不同顾客群体的需求,使他们产生高满意度,从而提高再次消费的可能性。

(二)体现生活档次

就目前而言,邮轮在全球还属于高档消费活动。在欧美发达国家,一般进行邮轮度假的都是那些经济基础雄厚并且拥有充足休闲时间的群体。这些人对于生活品质的要求比较高、休闲消费意识也比较强,因此在做消费选择时,往往会偏向于一些能体现自己生活档次的休闲方式,从而体现自己的与众不同。

(三)经济带动性强

旅游产业是一种综合性产业,邮轮产业一定意义上也是,因此邮轮经济的发展除了能给本产业带来巨大收益之外,同时还会拉动多个相关行业的发展。比如随着邮轮需求量的增加,材料商、建造商、维修商的收入也会相应增加,燃料业、海港运输业、贸易业、服务业也会随之有所发展。因此,一国邮轮产业的迅速发展有利于推动本国经济发展。

三、发展邮轮产业的条件

(一)邮轮产业的含义

广义来说,包括邮轮制造、维修及其相关上下游产业,都属于邮轮产业,比如码头建设、物资输送、餐饮住宿、娱乐休闲等相关产业;狭义的邮轮经济是由于邮轮抵达之前、抵达之时、停靠直到离开码头所引发的一系列产品与服务的交易。总的来说,邮轮产业是介于运输业、观光与休闲业、旅行业之间的一种边缘产业,被称为"海上流动度假村",在全球都还算是一个朝阳产业。与邮轮产业发展直接相关的是邮轮经济,它涵盖了由邮轮产业推动、拉动的所有相关产业,形成了多产业共同发展的经济现象。而另一方面,邮轮经济的发展也会促进一个国家整体经济的发展,并有效解决一国劳动力过剩的问题。

(二)邮轮产业的发展

世界现代邮轮产业诞生于 20 世纪 60 年代后期的北美,经过 30 年的发展,目前国际邮轮产业发展得已经比较成熟。但由于受自然条件和发展实践的影响,全球的邮轮市场主要集中于北美和欧洲。特别是美国,是全球邮轮码头最多的国家,也就自然成了全球最大的邮轮市场。而邮轮制造业为德国、意大利、芬兰和法国所垄断。

另外,从世界上来访的邮轮本身带来的收入看,一个载有 2000 名游客的邮轮每次停靠母港将给港口产生 45 万美元的收入,这笔收入来自于包括停靠费、码头费、船坞费和用于旅馆、饮用水、关税等的费用。[①] 通常由于邮轮造访使得该城市名声远扬,将吸引更多的外地游客前来游览,为城市带来额外收益。

(三)发展邮轮产业的条件

虽然邮轮产业的发展对本国的经济发展有巨大的帮助,但这并不代表所有地区都可以通过邮轮产业来促进本国经济,因为邮轮业的发展对本地区的一些客观条件有所要求。

1. 港口条件

邮轮旅游作为一种海上度假方式,必须要求当地具有大型港口及相应的服务设施。首先,由于邮轮日趋大型化以备内部条件的高档化,因此对于港口依赖程度比较高。其次,由于船体需要进行及时的维护保养以及相应的物资供给,港口处还必须配备有较高水平的维修处和技术人员,附近需有大型的物资供给渠道。

2. 具备旅游吸引点

虽然邮轮本身能够作为一个旅游目的地,让游客在船上进行各种娱乐活动;但同时,邮轮毕竟还是一种交通运输工具,要带领游客到另一目的地进行游玩。因此,发展邮轮产业的地区本身必须具有相应的旅游吸引点,可以是拥有绮丽的自然风光,当然也可以是某一极具吸引力的人造景点,这样才能增加游客的滞留时间,提高游客的旅游满意度和忠诚度。

3. 足够的潜在顾客

作为一种新兴的旅游休闲方式,邮轮度假在欧美国家也是近几年才逐渐普及到中产阶级的。但对于大多数的地区来说,由于邮轮度假的消费成本较高,尚属于高档消费,也就是说这种休闲方式的消费群体相对于其他传统的旅游方式而言要小很多,这也就要求邮轮度假地的辐射范围内有足够的潜在顾客可以进行这种消费。一般而言,邮轮产业的发展地最好选在一些经济比较发达,人们的思想比较开放,休闲意识比较强,对于高层次消费和个性化消费的需求比较多的地方,这样才能促进邮轮产业的发展。

(四)未来邮轮旅游市场发展

1. 全球邮轮市场的发展预期

随着人们休闲观念和消费习惯的转变以及科技水平的提高,邮轮业的未来发展趋势仍然是相当乐观的,主要可以表现为以下几方面:

第一,由于邮轮旅游能满足消费者高档休闲的需求并体现出他们高层次的消费理念,很多为了突现自己社会地位或者满足自己精神需求的消费者会逐渐加大对邮轮旅游的消费,未来邮轮产业的市场份额会越来越大。

休闲管理

---

① 俞斯佳,孙姗.从头认识邮轮经济.上海城市规划,2005(2).

第二,从第一点可以看出邮轮市场会有大幅度的增加,因此对应于需求的增加供给也会有很大的提高。而一个产业一旦进入门槛降低,竞争者增加则必定导致产品的价格下降。因此,在未来几年,当邮轮消费的价格下降之后会有越来越多层次的消费者来进行消费,而不再局限于高收入人群。也就是说,邮轮经济将向着大众化方向转变。

第三,垄断局面犹存。虽然上面的分析可以得出邮轮产业的竞争者会大幅增多,竞争程度也会有所加剧,全球邮轮市场的垄断格局还是不可避免地会存在,但一段时间内,北美市场还将占据邮轮市场的最大份额,具有绝对优势。这是由于邮轮产业的发展必然受到自然条件和发展经验与规模的影响,在这方面,邮轮产业历史相对悠久的欧美国家具有比较大的优势。具体而言,欧洲邮轮市场将紧随北美出现稳定快速的增长势头。

2.中国邮轮市场的发展预测

总体而言,中国的邮轮业尚处于起步阶段,与国际上邮轮产业发达的国家相比,中国的邮轮产业的基础设施、接待游客的数量规模、产业经营管理能力、消费者的消费理念等都相对滞后。据统计,中国邮轮业收入约为2.4亿美元,仅占全球邮轮业总收入的1.3%。

虽然目前邮轮产业仍然主要集中在欧美发达地区,但人口众多、经济发展迅速的亚洲市场已越来越展现出其发展的巨大潜力,全球的邮轮产业正在出现向"东"转移的迹象。而作为亚洲新兴市场的中国,更是以其占世界1/5的人口规模以及强劲的经济发展势头吸引着国际众多的邮轮公司。

目前,中国沿海港口城市正在争相发展邮轮经济,其中6个港口城市:上海、厦门、天津、青岛、大连、三亚,都已大力投入邮轮运客规划与建设。从基础建设、经济发展水平、总体环境等条件来看6个城市中以上海拥有最完善的邮轮业基础。据不完全统计,2007年上海口岸进出的国际豪华邮轮高达92艘次,随船出入境的游客数高达13.5万人次。

据国际旅游组织预测,到2020年,中国将成为旅游目的地第一大国,而在快速增长的旅游业带动下,我国邮轮旅游市场也必将越来越成熟。

【案例分析】

全球八大邮轮业①

1.嘉年华邮轮(Carniva-Cruise Lines)

这是全球最大和最成功的邮轮航线,欢乐是航线的总理念,旗下的每条船还有各自的主题。嘉年华邮轮并不标榜豪华和高档,而是提供充满动感和舒适的服务,深受年轻人的喜爱。1996年,又推出"假期志愿者"计划,以此帮助首次或没有接触过邮轮的游客来充分认识邮轮、使用邮轮和享受邮轮服务。

2.明星邮轮(Celebrity Cruises)

明星邮轮成立于1989年,以其杰出的饮食料理驰名于邮轮业八强之中,同时该邮轮的高档之处还在于其极为精良的服务和豪华的艺术装修,每条船上的员工人数都远远多于其他邮轮,餐厅员工大多来自东欧,受过严格的训练,非常容易沟通。明星邮轮的高标准现在

---

① 俞斯佳,孙姗.从头认识邮轮经济.上海城市规划,2005(2):30—31.

已经延续到它的新股东——皇家加勒比。

3. 海岸邮轮(Costa Cruises)

成立于1860年,是一条很有欧洲味的航线,饮食上乏善可陈,但邮轮上充满乐感,无论在餐厅、酒吧还是甲板上,到处是音乐。海岸邮轮是邮轮八强中唯一在船上设置教堂的,便于进行天主教弥撒。嘉年华邮轮于1997和2000年分两次并购了海岸邮轮,使其成为一条意大利风情的欢乐之旅。

4. 荷美邮轮(HollandAmeriea Line)

荷美邮轮成立于1873年,如今旗下的邮轮越来越大型化,非常干净,设施良好,服务水准较高,多用印度和菲律宾的员工。船上装饰有西部荷兰和东印度的艺术品。邮轮内套房的比例较高,安静舒适。嘉年华公司于1988年收购了荷美邮轮,将其主要定位为有一定生活阅历和沧桑的人士,使他们在度假中享受安宁,抚今追昔。

5. 挪威邮轮(Norwegian Cruise Line)

成立于1966年,主要为年轻人和活泼好动的人士服务。职员大多来自加勒比湾。挪威邮轮倡导的是一种自由的生活方式。有别于其他邮轮的固定就餐方式,该邮轮上就餐相当随性自由,便于更多的人相互交流接触,边走边吃。船上到处洋溢着动感的音乐、绚烂的场景和欢乐的人群。挪威邮轮在2000年被丽星收购。

6. P&O公主邮轮(P&O Princess Cruises)

成立于1965年,这不是一艘"爱情之舟",绝大多数的邮轮上都没有双人餐桌,而是一条适合家庭和50岁以上老年人的航线。航程线路不长,曾经以美味的食物著称,如今则越来越标准化。这是一个以英国为基地的邮轮集团,部分属于大嘉年华集团。

7. 皇家加勒比邮轮(Royal Caribbean International)

航线始于1969年三个挪威的船舶公司,现在旗下的邮轮越来越大型。公司把精力都放在如何让游客充分地参与上,包括艺术品拍卖、游客才艺表演、化装舞会、集会比赛等。邮轮外观设计优美,识别性很强,如果是年轻的家庭,一定会喜欢这条邮轮。皇家加勒比目前还拥有明星邮轮。

8. 丽星邮轮(Star Cruises)

公司成立于1994年,服务范围主要是澳洲、欧洲、南亚和东南亚,主要经营是亚太地区。赌场是该邮轮主要的娱乐方式。

休闲管理

【案例分析】

中国邮轮发展

近年来,我国许多沿海港口城市瞄准了邮轮产业的巨大潜力,已经把邮轮产业作为推动城市经济发展新的动力点。各地纷纷加快邮轮码头和基础设施建设,积极为邮轮经济的发展创造条件和环境。目前,中国大陆已建成了上海国际客运中心、厦门国际客运中心、三亚凤凰岛国际客运中心3个设施较为齐全的邮轮港口。此外,天津港邮轮码头已开工建设,大连国际邮轮码头进入设计阶段,深圳邮轮港有望年底动工,青岛、珠海、宁波等城市已经在制定建造邮轮客运中心的规划。可以说,从硬件上,我国已经初步具备了大力发展邮轮经济的条件。

据中国交通运输协会邮轮游艇分会统计,我国已有上海、宁波、天津、大连、青岛、广州、厦门、三亚、海口等16个沿海城市接待过国际豪华邮轮,对推动当地旅游业和经济发展起到了积极作用。

(选自:中国渔业报,2008-11-7)

1. 上海①

上海地处我国南北海岸中心点、长江和钱塘江入海汇合处,因此具有得天独厚的地理优势,此外,作为我国的主要经济中心,上海及周边地区的经济相对发达,因此,无论是在资源禀赋上还是经济条件上,上海都具备了发展邮轮旅游的基础要素。目前,世界三大邮轮集团——嘉年华邮轮、皇家加勒比邮轮和丽星邮轮,都纷纷看好上海的独特优势而先后在上海设立了办事机构,有的还开辟了固定航线。2007年,上海举办了"海上之旅"邮轮旅游活动,涵盖了上海、天津、日本以及韩国的济州、长崎、鹿儿岛等旅游胜地,价格位于2000至8000元之间。据上海春秋国旅副总经理姜伟浩所称,该年仅7月份一个月就吸引了近1000名游客报名。由于恰逢暑假,主要以两个大人加一个孩子的家庭套餐游比较受到欢迎。但除了暑假,黄金周期间的报名人数也非常多。据专家预测,到2010年,上海港的邮轮游客量将会高达50万人次。

2. 浙江②

2007年"十一"黄金周之前,"皇家生活"浙江运营中心携手全球最大的国际邮轮公司之一的皇家加勒比在杭州正式开设了首家邮轮产品专卖店。

杭州属于中国最著名的休闲城市之一,该城市及周边居民休闲消费意识比较强,而且经济收入可观,因此邮轮旅游市场的发展在杭州显得尤为自然。习惯了坐飞机、汽车、火车等旅游方式之后,越来越多的杭州人已经逐渐接受并热衷于豪华邮轮旅游这种时尚休闲的度假方式。

例如,2007年省中旅于暑假推出的乘坐意大利诗歌达邮轮前往日本、韩国的航海夏令营,就深受杭城居民的欢迎,中途还连续两次追加仓位。除此之外,杭州国际旅行社与2007年暑假推出的长江三峡、武汉、重庆双飞五日游中就包含了一次五星级邮轮之旅,所选邮轮是设备齐全、服务上乘的涉外邮轮"海上之星"。由于活动价格极具吸引力,成人每人3980元,儿童每人2700元,因此深受广大游客的喜爱。除了杭州之外,宁波作为我国的主要港口城市,其邮轮旅游的发展程度也非常引人注目。例如,宁波中旅集团承办的老年人坐邮轮游三峡活动已有近十年的发展历程,而且日益红火。其他如台州等沿海城市也正在努力筹备邮轮产业的发展。

第三节　温泉度假

一、日本温泉的定义

日本是世界上屈指可数的温泉国家,温泉胜地作为国民的保健疗养胜地发挥着极为重

---

① 观察视点:邮轮旅游在中国升温,2007-10-16.
② 观察视点:邮轮旅游在中国升温,2007-10-16.

要的作用。据日本 2005 年 3 月的统计,目前全国共有温泉泉眼 27347 处(其中自喷泉眼 5189 处,依靠动力抽出的 13559 处,未被利用的 8958 处),日涌出量约达 386 吨(日本观光白皮书,2006)。今后,随着老龄化社会的到来、休闲时间的增加、城市化进程的加快等社会变化以及随之引起的国民多样化的娱乐意向,关心健康的热情高涨,在这些国民生活、国民意识的变化中,温泉正扮演着越来越重要的角色。一般来说,经过地热加热的地下水或岩礁水从地壳的裂缝涌出或人工抽取,泉水温度较当地年平均气温高的称为温泉。[①]

由于地下水的温度比当地年平均气温高 1～4℃,如果各地对于温泉的温度划分不统一的话会很不便,因此各国都规定了温泉的泉温,对温泉的定义存在若干差异。例如,美国为 21.1℃,德国、法国、意大利等西欧各国规定 20℃ 以上为温泉,而南非共和国则定为 25℃(沟尾良隆,1998)。1948 年日本厚生省制定了旨在“保护温泉,谋求合理利用,有助于增进公共福利”的《温泉法》,对温泉作出如下定义:“所谓温泉是指从地下涌出的温水、矿泉水、水蒸气以及其他天然气体(以碳氢化合物为主要成分的天然气体除外),温度在 25℃ 以上,物质构成为蒸发残留物 1g/kg 以上、二氧化碳 250g/kg 以上、铁离子 10mg/kg 以上、硫黄总量 10mg/kg 以上、氡 5.5 马谢以上,只要满足上述物质含量中的任意一项的就是温泉。”(前田勇,1998)《温泉法》的第一章总则第一条中写着“该法律的制定旨在保护温泉,谋求合理利用,有助于增进公共福利”。第二章关于温泉的保护,阐明以温泉涌出为目的的土地挖掘必须事先得到都道府县的批准方可进行,有效地制止了温泉的盲目开发。制定《温泉法》的另一目的是对于温泉的保健利用,在第三章中指出了温泉在浴用和饮用方面的卫生标准,同时还在第十四条中规定了地域范围,以谋求促进温泉的公共利用(山村顺次,1999)。

日本政府在 1954 年实施了“国民温泉疗养地”的定点,促进温泉的公共利用。“国民温泉疗养地”是指温泉利用的效果十分值得期待,作为健康的保健疗养地被有效地广为利用的场所,由环境大臣依据《温泉法》将其指定为温泉地。至 2006 年 3 月止,全国共有 91 处定点温泉地。

二、中国温泉的定义

由于中国一直没有出台《温泉法》,目前还没有关于温泉的法定的科学定义。在中国,温泉的定义最权威的解释是《辞海》。新中国成立以前,中华书局出版的《辞海》将其定义为:“泉水涌出温度较当地年平均气温为高者曰温泉。”解放初期出版的《辞海》(试行本)对温泉的解释是:“水温超过 30℃ 的泉。”1999 年出版的《辞海》也明确了温泉的定义:“水温超过 30 摄氏度的泉,也认为是水温超过当地年平均气温的泉”(桂博史,2007)。按照刘振礼、王兵(1996)的说法,冷泉是指 20℃ 以下的泉,20～37℃ 则为温泉,38～42℃ 及 43℃ 以上的泉分别为热泉和高热泉,超过当地沸点的泉为沸泉。黄尚瑶则认为水温显著高于当地平均气温的地下水天然露头为温泉。周进步、庞规荃与秦关民认为一般把水温高于人的皮肤温度(34℃)的泉水统称为温泉。“汤”字在古汉语中有热水的含义,故在中国的一些地名中有“汤”字的地区多是温泉的故乡,如辽宁省的汤岗子、江苏省的汤山及北京的小汤山等。然而,由于中国地域辽阔,各地区对温泉的认识也不尽相同。如海南省地处亚热带的南端,当地行政部门对温泉的温度界定为 32℃,从中也反映了温泉现象的地域差别属性。在温泉的

休闲管理

---

① 长谷政弘.观光学词典.日本:同文馆,1998.

温度划分方面值得注意的是 37℃ 与 42℃ 这两个数值,前者与人类的体温相同,后者则与洗浴业的水温要求一致,其科学解释还需要温泉医学的考证(王艳平,2007)。[1] 在 1964 年,中国卫生部就主持了"温泉医疗研究成果交流与未来十年发展讨论会",会上通过了《中国医疗矿泉分类草案》;1981 年在青岛举行的"全国第一次温泉疗养学术会议"上又对该草案进行了修订;1987 年国家又制定了《饮用天然矿泉水标准》,1995 年对该标准进行了修改。可见,广为中国社会接受的温泉定义是:高于 25℃ 且不含有对人体有害物质的地下涌出热水。其要点包括对温度的限定及对其成分的要求,关于含有某些对人体有益物质的说法则是强调温泉的疗养治疗功能,而对不存在有害物质的限定则是考虑到现代社会对温泉认可的宽泛性。

目前我国国内还难以发现关于对出水量要求的研究。显然,出水量是与利用者人数相关联的。假定 1 吨水可以洗浴 3 个人,1 个温泉地年内旅游者是 100 万人次的话,每日出水量要大于 900 吨,否则虽然这里存在着真正的温泉,但洗浴的温泉水未必就是 100% 真实的。

综合上述分析,可以从温度、成分、涌出量和涌出方式来认定温泉。关于温度有 25℃、34℃、42℃ 等界点,每个界点都应有个说法。对于温泉的认识也出现了由温度转向成分的趋势,进而再由有益成分转向无害成分。[2]

中国的温泉资源是伴随着大陆板块运动特别是华夏和新华夏运动形成的,也即位于亚欧板块东部的中国,在来自南面印度——澳大利亚板块及东面太平洋板块的冲击下,形成了云南(属喜马拉雅高温地热带)及台湾(属环太平洋高温地热带)高温温泉集中区;而其他地区的温泉则多是由于构造运动,随着地质断层及地质破碎带的出现形成的。依照上述分析,中国大陆的温泉资源主要分布在云南省(823 处,占全国的 34%),以下依次为广东省、西藏自治区、四川省、福建省、湖南省(均在 100～300 处),其次为江西省、贵州省、新疆维吾尔自治区、湖北省(50～99 处)、青海省、广西壮族自治区、海南省、辽宁省、河北省(20～49 处)等。概括地讲,中国的温泉资源主要分布于西南及东南地区,北方的温泉相对集中于以辽东半岛及山东半岛为中心的区域。上海市、天津市、宁夏回族自治区、黑龙江省原本没有温泉资源,著名的黑龙江五大连池为冷泉疗养。但随着经济的发展,对温泉资源的调查不断深入,并且动力掘挖技术日新月异,无温泉资源省市的说法将会改变。黑龙江省的林甸县、大庆市以及上海市、天津市的塘沽和宝坻区都发现了"人工温泉"。

三、温泉度假区的定义和特征

(一)温泉度假区的定义

温泉旅游度假区是以温泉资源为吸引物和特色,依托温泉文化而形成的集旅游、度假、休闲、娱乐、保健等产品于一身的旅游服务单位,主要服务于度假、休闲、会议、奖励旅游等市场。朱跃东(2007)定义中国温泉旅游度假区必须具有以下四个基本条件:①地处温泉资源区或温泉地;②旅游区的设计、建造、装修等必须依托温泉资源;③旅游区的设施、活动及其服务的设计必须考虑温泉消费客人的行为方式、活动规律、消费需求;④具有浓厚的温泉

---

① 王艳平. 中国温泉旅游——来自地理学的发现及人文主义的挑战. 大连:大连出版社,2003.
② 王艳平. 中国温泉旅游——来自地理学的发现及人文主义的挑战. 大连:大连出版社,2003.

文化。[①]

（二）温泉度假区的特征

根据温泉旅游度假区的定义和基本条件要求，与一般旅游区比较，朱跃东（2007）指出温泉旅游度假区从以下七个方面体现出不同的特点。

1. 位置

温泉旅游度假区通常位于拥有温泉旅游资源的度假地，而这些度假地往往较为偏僻。因此，在温泉旅游度假区的周围，一般没有太多太好的消费场所和服务设施，客人吃饭、娱乐和夜生活都必须依赖温泉旅游度假区。这就要求温泉旅游度假区必须能提供温泉沐浴、住宿、餐饮、娱乐、健身等多种综合服务。

2. 客人需求偏好和消费行为

温泉旅游者在温泉旅游度假区逗留期间要参加各种各样的活动，因此酒店必须提供完善的娱乐设施和丰富的活动项目，以充实客人的停留时间。由于温泉的理疗效果是逐渐产生的，温泉旅游者必须在温泉中浸泡较长时间，而且还要经常反复才能保证疗效。因此，温泉旅游具有明显的重复性，客人的回头率较高。

这些重复消费的客人往往把员工当作老朋友，所以好的温泉旅游度假区应力图传达一种"宾至如归"的感觉，在那里客人成为酒店这个"大家庭"中的一员。

与观光旅游者相比，温泉旅游者的消费较高。观光旅游的消费主要集中在观赏景物方面，旅游者除了购买门票之外，其他在观光旅游区的消费环节不多。温泉旅游以休闲、度假、健身、娱乐为主，其行为不依赖于观赏景物，而需要大量的疗养和娱乐设施，每一种设施的使用基本上都是付费的，这就使得温泉旅游者的消费较高。

3. 设备设施

一个大型的温泉旅游度假区不仅要有独特的温泉设施，而且还要提供一些基本的健身设施或其他娱乐设施，甚至需要有大面积的场地来建设高尔夫球场、网球场、供欣赏自然用的散步小径等。维护和经营这些设施需要专业化的管理，而其中涉及的劳动力成本也极其昂贵。

4. 服务

温泉旅游度假区的服务对象主要是以放松、保健、休闲、娱乐为目的的度假旅游者和会议客人。其提供的服务以康体、休闲、娱乐为主，餐饮、住宿为辅，同时提供基本的商务服务，以满足会议度假者的需求。所提供的服务需要在标准化服务的基础上突出个性，强调健康、放松、享受、娱乐。

5. 员工

员工服饰上，温泉旅游度假区员工的着装追求的是休闲、洒脱、亲切、活泼，其款式、面料、色彩体现的是文化韵味和民族风情，消除客人的拘谨感。员工业务技能方面，要求的服务技能范围较广，除了常规的客房、餐饮之外，还要掌握所设置的多项康体健身设施和娱乐活动的操作技能。

6. 淡旺季

温泉旅游度假区有明显的淡旺季差别，温泉度假比较适合在冬季进行，且越是节假日

休闲管理

---

① 朱跃东.温泉旅游休闲度假旅游之新宠——论温泉主题度假酒店的开发建设与经营管理.中国旅游报,2005-02-16.

往往越是旺季。

7.建筑、设计与装潢

温泉旅游度假区大多采用古朴典雅的田园建筑风格,其建筑模式通常需要依所在的人文、地理、气候、民俗民居建筑特色而定,不提倡贴金镶银、金碧辉煌,讲究纯朴简洁、回归自然。

第四节　高尔夫休闲度假

现代高尔夫运动起源于中世纪的苏格兰,是由牧羊人在放牧之余所启蒙的一种游戏。高尔夫运动在漫长的历史发展进程中,经历了早期牧羊人的启蒙、中世纪"贵族集团"强势文化的填充、职业竞技的发展、职业竞技与休闲娱乐并重的发展,以及世界范围内经济文化一体化社会趋势下的发展等,绵延600多年的不同历史时期的发展,进而形成高尔夫运动丰富的文化底蕴与现代多元文化表现方式为一体的特殊文化现象。

一、高尔夫休闲的概念

高尔夫休闲是运动休闲的类型之一。休闲时代的"运动休闲"可以定义为"人们在闲暇时间里自主选择参与的以身体运动为主要形式的休闲活动",英文表述为 leisure through sport 或 sport leisure。[①] 根据运动强度和娱乐性两个维度的特征,可以将运动休闲活动分为四类:核心运动休闲活动、保健型运动休闲活动、趣味型运动休闲活动、惯常型运动休闲活动。从高尔夫运动强度和娱乐性来看,其相对其他体育运动来说强度不是太大,但其娱乐性较强,因此属于趣味性运动休闲活动类型。

高尔夫休闲是指人们在可自由支配时间内自主选择高尔夫运动,并可从中得到身心愉悦和精神满足、最终有益于自我的实现与发展。[②] 该定义有以下几个方面的含义:第一,高尔夫休闲的基础在于人们对休闲客体的好感,因为只有休闲客体对休闲主体具有一定的吸引力,主体才会有欣喜感和精神满足感;第二,积极的休闲态度能帮助人们在个性上重建、在社会关系上重建和人地关系上重建,从而改善人类生活品质,实现自我发展;第三,高尔夫休闲包括了除职业高尔夫运动以外的所有高尔夫活动,不能排除运动员在进行高尔夫比赛时也能得到身心愉悦、个性发展,具有休闲的某些特征,但由于职业高尔夫运动员以盈利为目的,是作为维持自身生活必需的工作形式,因此应将职业高尔夫运动排除在高尔夫休闲之外;第四,高尔夫休闲需求常常是周而复始的。

二、高尔夫休闲的特征

（一）高尔夫休闲追求运动与自然的充分融合

在众多的运动休闲项目中,有许多运动休闲也是在大自然的环境中进行的,如登山、攀

---

① 郑向敏,宋伟.运动休闲的概念阐述与理解.北京体育大学学报,2008(3):316—317.

② 丘萍,张鹏,程道品等.高尔夫休闲层次特征的理论探讨.桂林旅游高等专科学校学报,2006(4):394—398.

岩、冲浪等。这些项目都有一个共同的特点,即通过人体各种不同方式的运动挑战大自然、超越生命极限。而高尔夫运动休闲则是以其特殊的运动方式,在自然形态与人工设计浑然一体的运动环境中,体验人与自然和谐共处,表现休闲者运动技术水平。因此,高尔夫休闲是人与自然完美结合的运动休闲项目之一。

(二)高尔夫休闲追求修身养性、练神和练形的统一

中国传统运动思维主张以动养形,以静养神,形神共养。高尔夫休闲,在散步健身中得到感官享受,在运动中涵养大脑,以心性和谋略来设计打球路线。由于其没有裁判而且基于休闲游戏的性质,通常无法监视打球者是否犯规,能否公平竞争完全依靠高尔夫休闲者依靠高度的自制力进行自我约束,球品如人品,诚信与风度涵养在球场上都得到体现和培养。①

(三)高尔夫休闲体现了体育运动的竞技与娱乐的双重性

休闲体育被视为人们休闲活动的主要手段,而高尔夫则被人们视为休闲体育运动的首选。在高尔夫漫长的历史发展进程中,职业高尔夫作为世界范围内竞技运动的重要表现形式,其广泛的社会影响力,以及职业高尔夫运动员高超的竞技水平、精湛的球技吸引着众多高尔夫爱好者积极参与其中,成为休闲娱乐的重要手段与生活方式。② 因此,高尔夫运动休闲体现了现代体育运动的竞技与娱乐的双重性。

(四)高尔夫休闲具有很强的可参与性和健身性

高尔夫作为一项调养身心、有利健康的良好运动方式,就其运动量与强度来看,并不算是剧烈运动类,在运动生理学上叫做"有氧运动"。因而,高尔夫休闲适合各种性别、年龄、体态、体能状况者,无论男女老少都可以享受高尔夫运动休闲的乐趣。高尔夫运动休闲的健身价值突出,长期从事高尔夫运动休闲,对人体的神经系统、心肺功能、心理水平以及运动器官的协调性与柔韧性都具有很强的锻炼价值。

三、高尔夫休闲的类型③

(一)高尔夫休闲者的识别

我们把参与高尔夫休闲的人群,以地域性和休闲内容两个指标进行分类,可分为高尔夫游憩、高尔夫旅游、高尔夫度假三层次。如果休闲者在本地打高尔夫球则为高尔夫游憩者,否则依据其是否专为打高尔夫球而划分为高尔夫度假者和高尔夫旅游者。高尔夫旅游者主要特点为空间转移的频率较高,并且有可能被划分入其他旅游者内,比如,观光旅游团中到高尔夫练习场打球的游客,同时也是观光旅游者。主要划分如表8-1所示。

表8-1 高尔夫休闲者类型划分

	高尔夫度假者	高尔夫游憩者	高尔夫旅游者
地域性	异地休闲	本地休闲	异地休闲
休闲内容	专为高尔夫	专为高尔夫	以高尔夫休闲为主,兼有其他休闲项目

① 程道品.高尔夫休闲文化探析.广西民族学院学报(哲学社会科学版),2005(6):110.
② 吴亚初.高尔夫概论.人民体育出版社,2011:9.
③ 程道品.高尔夫休闲文化探析.广西民族学院学报(哲学社会科学版),2005(6):107-108.

旅游、运动和度假三者之间都发生于闲暇时间中,具有一定程度的重叠,但在心理需求、身体需求、个性发展、健康恢复四个方面各有侧重。高尔夫运动渗透到游憩、旅游系统、度假系统中,与游憩内容结合形成高尔夫游憩休闲方式,与旅游方式结合形成高尔夫旅游休闲方式,高尔夫度假亦然。

高尔夫休闲三层次在满足心理需求和个性发展方面各有侧重。高尔夫旅游偏向于心理需求和个性发展两方面,在旅游过程中将注意力集中于拓展视野;而高尔夫度假则偏向于身体健康需求和个性发展两方面,度假的主要目的在于与水准相近的球友共同专注打球,从而使个人的球技得以提高,活跃的身体机能得到充分发挥;而高尔夫游憩由于空间距离相对较短,因而偏向于锻炼需求、心理需求和精力恢复三方面的内容,更侧重于便利性、与球友交流心得等内容。

(二)高尔夫休闲三层次的区别特征

高尔夫游憩、高尔夫旅游和高尔夫度假是相互关联的三个不同层面的高尔夫休闲形式。从心理学的角度剖析休闲需求,高尔夫休闲三层次虽然都围绕高尔夫运动而展开,但旅游层次追求的是刺激,即通过"求新求异"获得刺激,从而获得与日常生活全然不同的体验。刺激越大,体验越深刻。游憩层次在于身体的放松和愉悦,而度假层次追求的是生理和心理的放松,从而恢复正常的生理机能和心理平衡。三者主要特征区别如表8-2所示。

表8-2 高尔夫休闲三层次的比较

	高尔夫度假	高尔夫游憩	高尔夫旅游
理念	追求方便舒适	追求体验,获得刺激	追求健康,获得放松
目的	通过适当的外部刺激摆脱日常的枯燥与乏味,达到身心愉悦	通过不同地域文化刺激,追求新鲜刺激感,达到拓展视野,增加经历的目的	通过各种活动使紧张得到放松,恢复身心平衡,提高生活质量
产品形式	依托于球场或健身中心各种设施的组合	主要是多个不同类型的景点串连的线路	依托于单个度假旅游地各种活动的组合,主要为球场设施
旅游半径	以居住区为圆心,以城市行政范围为边界	由小到大,不断增加的趋势,即越走越远,希望征服所有的球场	相对较小,主要集中居住地近几个小时内
停留时间	每次只选择某个特定球场且停留时间较长	在单个景点或球场停留地时间较短	在单个度假地停留较长时间
休闲形式	以散客形式居多	以旅游团队、球队形式居多	以朋友、家庭形式为主
要求重点	对球场价格、交通便利程度要求较高	对目的地景观、球场环境、饮食特色、导游服务要求较多	对果岭质量、球场品牌、住宿、娱乐、环境有较高要求
消费特点	以低档为主	以中低档为主	以中高档为主
购买方式	即时直接购买	较多选择旅行社等中间商	较多选择直接购买,网上预订成时尚
重复购买	频率很高	频率较低	频率高

【案例分析】

观澜湖：中国休闲旅游的第一商业案例[①]

　　2011年5月，观澜湖被全国旅游景区质量等级评定委员会正式评定为国家5A级旅游景区。这是中国唯一一家以高尔夫休闲度假旅游为主题成功申报的景区。从闻名海内外的世界第一大球会到中国最高级别的5A旅游景区，观澜湖创立了独有的产业模式，让中国新兴的休闲旅游拥有一张参与国际竞争的"名片"。

高尔夫＋X的乘法效应

　　经济学上有个概念"乘法效应"。意思是让投入和产出之间，产生倍数的效益。在观澜湖休闲旅游度假区这片广袤的绿茵地上，就有着乘法效应的多个生动案例。

　　很多人了解观澜湖，是从高尔夫开始的。早在多年以前，观澜湖就以12个国际巨星设计的球场成为全球最大的球会。然而，高尔夫似乎仅仅是一个产业链亮丽的支点，由此发展出的一个完整的产业链和完善的综合休闲生态系统，可以称为"高尔夫＋X"模式。如高尔夫＋赛事：形成了顶级国际交流平台；高尔夫＋居住：营造了国际高尔夫私属住区；高尔夫＋旅游：诞生了国家5A级旅游景区……

　　表面上看，高尔夫＋X做的是加分，但从效果上看，观澜湖做的是乘法。通过以高尔夫为龙头和支点，衍生发展运动、会议、居住、文化、商业等多种业态，带动整个产业链条的效益增长。经过不到20年的经营，观澜湖就从无到有，从小到大，发展了集运动休闲、商务休闲、养生休闲、会议旅游、文化娱乐、美食购物、长居短憩各个功能为一体的国际休闲旅游度假区。

主题休闲旅游的实践

　　安徽黄山风景区、陕西秦始皇兵马俑博物馆、四川九寨沟黄龙风景区……粗粗浏览一下中国百家国家5A级旅游景区的名单，不难发现，大多数景区凭借的是得天独厚的自然风景，或者悠远沉淀的历史遗迹。相比之下，深圳乃至整个广东省，自然资源和历史文化并不算强项。营造自己的亮点成为广东旅游今后发展的重点。

　　观澜湖的模式是以高尔夫为主导，运动养生休闲为亮点，营造以高尔夫为主题的大规模休闲旅游综合体。当前，主题休闲综合旅游是未来世界旅游增长最快的市场，也是中国休闲旅游提升的方向。我国旅游产业正在寻求从数量规模型向质量效益型的转变，旅游产品也在寻求从观光旅游向度假休闲的转变，观澜湖不仅给广东旅游创造了独有的名片，也为全国5A级景区创造了新的样本。

休闲旅游的品牌时代

　　目前，熟悉观澜湖的人士都想知道一个数字，就是观澜湖的品牌价值有多大？无与伦比的品牌价值，才是观澜湖最强大的竞争力和生命力。正如观澜湖主席朱树豪博士所表达的，观澜湖不仅要创建世界上独一无二的休闲胜地，更致力于创造世界上独一无二的休闲品牌。

---

　　① 观澜湖.中国休闲旅游的第一商业案例.小康,2011年7月1日.

　　观澜湖通过发展综合休闲旅游项目，完善多元休闲产业群，核心业务已经涵盖大型综合休闲旅游区开发、休闲地产发展、国际赛事运营、高尔夫体育休闲、酒店、矿温泉 SPA 养生、餐饮、娱乐购物、商务会展、教育培训、商业运营、文化产业等领域。观澜湖更以国际顶级体育赛事和文体巨星交流活动为亮点，成功发展成为当前最具竞争力的参与型、运动型、养生型、商务型、会议型、康体文娱型休闲度假区。随着项目的发展，世界第一大高尔夫休闲品牌的不断拓展和衍生。

　　中国旅游业近年一直在呼吁，要发展具有国际竞争力和号召力，具有较大规模和市场容量，可以吸引旅游消费者重复购买的国际级休闲度假项目。在观澜湖，一流的硬件设施、软件服务，让越来越多的海内外宾客在这里流连忘返，这正是中国旅游业追求的魅力。

　　产业和品牌的深度结合，总会产生最动人的商业故事。

第九章 生态休闲

第一节 国家公园

一、国家公园的概念

国家公园的概念最早是由美国艺术家乔治·卡特林(Geoge Catlin)提出的,他指出国家公园是指一国政府对某些在天然状态下具有独特代表性的自然环境区划出一定范围而建立的公园,属于国家所有并由国家直接管辖;旨在保护自然生态系统和自然地貌的原始状态,同时又作为科学研究、科学普及教育和提供公众游乐、了解和欣赏大自然神奇景观的场所。

1969 年国际自然与自然资源保护联盟(IUCN)指出,"一个国家公园,是这样一片比较广大的区域。它有一个或多个生态系统,通常没有或很少受到人类占据及开发的影响,这里的物种具有科学的、教育的或游憩的特定作用,或者这里存在着具有高度美学价值的自然景观;在这里,国家最高管理机构一旦有可能就采取措施,在整个范围内阻止或取缔人类的占据和开发并切实尊重这里的生态、地貌或美学实体,以此证明国家公园的设立;到此观光必须以游憩、教育及文化陶冶为目的,并得到批准。"[1]

目前,有关国家公园的定义和标准各国不一,但国家公园所具有的价值和功能一致,都是以生态保护、科研和游憩为主要经营目的。

二、国家公园的起源

国家公园理念开始于 17 世纪中叶,但发展缓慢,直到 19 世纪,才得到蓬勃发展,主要有三个方面的原因:一是一些浪漫主义作家发现了自然美,并且广泛传播;二是当时大量的科学发现,如达尔文的生物进化论等;三是对野生动物尤其是鸟类的残酷杀害的反省。[2]

世界上最早开始建设国家公园的国家是美国。1864 年 6 月 24 日,美国前总统林肯签署了一项法案,将约塞米蒂和马里波萨巨树森林划为永久公共所有地,并赠予加利福尼亚州政府进行管理,命名为州立公园(State Park)。1872 年 3 月 1 日,美国国会颁布了一项关于在怀俄明州与蒙大拿州交界处建立黄石国家公园的法令《黄石公园法案》,至此,世界上

休闲管理

---

① 韩海荣. 森林资源与环境导论. 北京:中国林业出版社,2002.

② Holdgate M. T he Green Web:A U nion for World Conservation. London:Earthscan Publications Ltd,1999.

第一个国家公园宣告成立,即美国开创了国家公园运动的先驱。加拿大于 1885 年开始在西部划定了 3 个国家公园(冰川国家公园、班夫国家公园、沃特顿湖国家公园)。同时,澳大利亚设立了 6 个,新西兰也设立了 6 个。19 世纪,几乎全部国家公园都是在美国和英联邦范围内出现的。[①]

继黄石公园之后,美国的国家公园很快发展起来。在美国国家公园的发展过程中,有许多人进行了不懈的努力,作出了卓越的贡献。艺术家乔治·卡特林是国家公园概念的最早提出者。早在美国建立第一个国家公园的 40 年前,他便提出了国家公园的概念及构想。美国自然保护先驱约翰·缪尔对国家公园的建立和发展也起到了重要的推动作用。约翰·缪尔的基本思想是把大自然的美景、保护自然遗产的价值和保护自然的科学方法结合起来,倡导建立国家公园是体现其自然哲学的中心。他的国家公园理论的实现,使他在美国人民的心目中享有"国家公园之父"的美誉。美国国家公园发展还得到许多政治家的支持。20 世纪初的美国总统西奥多·罗斯福就是其中的代表。罗斯福在任期内,不仅批准了 5 个国家公园(包括著名的约瑟米堤国家公园),还批准建立了 53 个野生动物保护区、16 个国家纪念保护区,并使森林保护区扩大了一倍。罗斯福有一句名言:"我们建设自己的国家,不是为了一时,而是为了长远。"这不仅表明了他对保护大自然的高度重视,也使他成为在 20 世纪 80 年代所确立的"可持续发展"思想的一位先驱者。[②]

经过长期的努力,美国陆续建立了众多的国家公园,并逐渐扩展,形成了包括 20 个分类、397 个单位的国家公园体系,覆盖了 30 多万平方公里的土地。

三、国外国家公园的管理

不可否认,国外国家公园的发展状况比我国的发展现状来得好,而这些国家之所以能够拥有现在的发展规模和优势,主要在于这些国家往往形成了一套有效的管理模式和完善的管理体制。

(一)管理模式

由于各个国家的政治制度、经济水平、历史文化等因素存在差异,不同国家在选择国家公园的管理模式时也会偏向于不同的方法,但总体上而言,主要可以分为中央集权制、地方自治型和综合管理制三类。第一,以美国为代表的中央集权制。美国国家公园的管理模式属于典型的中央集权制,实行自上而下的垂直管理制度。这属于国家所有、国家管理、单一管理、目的明确的垂直管理系统。在实践中,国家公园管理局的设立及所采取的管理方案均遵守联邦法律。除了美国之外,泰国、挪威等国也均采取中央集权制的管理模式。第二,以德国为代表的地方自治型。在这种管理模式下,中央政府只负责政策的发布、法律法规的建立等方面工作,而具体的管理则由地方政府负责,澳大利亚也属于这种地方管理模式。第三,以日本为代表的综合管理模式。综合管理模式同时采用了上述两种管理模式的特点,即国家政府部门进行协管,而地方政府则予以配合。除日本外,英国、加拿大等国也采用此种方法。

(二)管理原则

美国作为国家公园的发源地,其管理体制和管理方法上均比较完善;同时,在 100 多年

① 周年兴,黄震方.国家公园运动的教训、趋势及其启示.山地学报,2006,24(6).
② 陈苹苹.美国国家公园的经验及其启示.合肥学院学报(自然科学版),2004,14(2).

的管理经验下,也逐渐形成了一套有效的管理原则,其中最为重要的就是保护原则和满足公众体验的原则,从而最大限度地达到人与自然的和谐统一。

1.保护原则

保护自然生态资源是对国家公园进行管理的首要目的,因此,在满足游客观光旅游、领略自然风光的同时,如何最大限度地保护当地资源、实现可持续发展是管理当局最需关心的问题之一。因此,美国国家公园管理局制定了一系列具体措施来做到这点,比如,国家公园管理部门会进行有效的游客管理,通过限制游客数量、管理游客行为、控制游玩时间等来对资源起到保护作用。当然,在基础设施的建设上也始终遵循保护资源的原则,比如禁止修建不必要的娱乐性设施、不允许修建索道等以避免造成对环境的破坏。

2.满足公众体验的原则

虽然保护环境是管理当局最为关心的问题,但国家公园之所以被开发,其最终目的还是为了满足游客探索自然、领略自然风光的需求。而为了让尽可能多的游客能够享受到这种旅游体验,美国国家公园的开发大部分不以营利为目的。由于多数的日常开支来自政府拨款或者公众的捐款,很多国家公园的票价非常低廉,再加上一些每年都有的优惠活动,就使得无论何种公众,不管其贫贱与否,都能享受到国家公园为其带来的自然体验。

四、国家公园的开发问题

(一)设施过于高档

国家公园的建立初衷是在保护自然资源的基础上供游客游玩,达到人与自然的和谐发展。例如美国在成立国家公园署的使命书中,陈述了国家公园双重和矛盾的使命:保护优美的风景,保护自然和历史遗产及其野生动物,同时以不损害后代享用的利用方式和态度为国民提供游憩机会。但当各地的国家公园开始开发时,人们却渐渐遗忘了这个目的,人为的过度改造与修建严重破坏了国家公园的原始生态。早期的国家公园内的游憩、住宿设施往往是原始型的,后来为了获得大量的经济收入,设施不断变得高档和豪华,开发者们往往在公园内建设高档的餐饮、娱乐、住宿设施,这些都对生物的生存环境造成了极大破坏。直到1970年以后,随着环境保护法的颁布这种现象才有所改善。

(二)破坏生物链

国家公园之所以能吸引游客,很大程度上是因为其拥有原生态的自然环境和一些罕见的野生动物。但很多公园经营人员为了让游客能观赏到更多的野生动物,私自对一些处于生物链上端的捕食动物进行捕杀,有的动物则被进行大量的人工喂养,从而严重破坏了生物链的自然状态,造成恶性循环。对于一些植物公园,管理者为了增加某些观赏性高的植物,任意使用农药对害虫进行防治,这也导致生态系统的严重失衡。在野生动物管理方面,美国各国家公园往往为了保护观赏性较高的野生动物而对捕食它们的动物进行大量捕杀,虽然初衷是为了提高国家公园的观赏性和吸引游客的能力,但这种违反自然规律的做法还是严重破坏了自然的正常生态链状态。

例如,黄石公园为了保护灰熊而大肆捕杀狼(黄石最后的狼在1924年被捕杀),原来鼓励此事的生物学家,经过了数十年的光阴,才了解他们所犯的错误。1973年,灰狼终于受到了《濒危物种保护法案》的保护,但此时,黄石已无狼可以保护。经过漫长而激烈的争议,1995年1月,14只在加拿大亚伯达省捕获的狼被送往黄石;到1998年底,黄石至少已有了

120 只狼。经过了数世纪不公平地把狼当作魔鬼动物的历程后,人们才把它们当作落基山的"永久居民"来进行保护。捕食动物的大量被捕杀往往对国家公园内的生态系统造成极大的不稳定。除了以上这种杀害捕食动物的做法外,国家公园的管理人员为了壮大观赏性动物的数量,还对其进行大量人工喂养。为了增加观赏性鱼类的数量,还引进了外来物种或人工增加诱饵。对野火的管理往往不顾生态原则,效仿其他地区进行扑灭,破坏了国家公园内原野干扰的存在。森林抚育则是大量地引进观赏性物种。森林病虫害的防治也大量使用杀虫剂而使生态系统失衡。国家公园的这种任意性的资源管理措施就是在旅游和风景两大目的的基础上进行的。

（三）生态保护意识薄弱

在国家公园开始开发建设的时候,为了获得更多的经济收入和财政支持,很多公园管理者甚至是政府部门并没有注重对生态保护意识的强调。而即使一些破坏生态环境的现象越来越严重的时候,也很少有生态学家或动物学家对此提出强烈异议,从而导致国家公园内的生态陷入了低谷,生态环境遭受日益严重的破坏。

一直到 1929 年夏,野生动植物调查者才萌发了国家公园的生态观念,其标志是 1933 年正式发表的动物志 1 号(Fauna No. 1)(随后在 1934 年发表了动物志 2 号,Fauna No. 2),强调了最有远见的管理政策是最大限度地减少对生存环境的干扰,自然原野的对照标准是远古文明和白人到来之前的状态。动物志 1 号是在国家公园系统中具有里程碑意义的革命性变革,对科学研究、生态恢复、捕食动物和濒危动物的保护、外来物种的消灭、野生动物完整栖息地的获得等都具有长远的指导意义。[①]

五、国家公园的发展经验

（一）增强公众生态保护意识

国家公园是面向所有公众的开放式场所,因此要想公园内的生态环境得到最好的保护,最主要也是最有效的方法就是增强每一个游客的生态意识,从自身出发维护景区内环境。当然,对于相关的行业组织或者政府管理机构,应该大力开展科普宣传和教育,增强公众的环保意识。因此,各国可以通过在公园内开展若干的参与性项目,向人们灌输欣赏、保护、拓展公园资源的思想。

（二）完善法律体系,加强管理力度

法律法规是规制人们行为、减少生态破坏现象的最有效的外界途径。因此,为了加强对国家公园的管理,必须出台相应的国家法律、法规,依托严格的法律规制和规划管理,妥善处理好各方利益关系,例如美国 1894 年国会通过的"雷赛法令",强化规划决策的权威性和合理性。当然,除了颁布相应的正式法律之外,相关部门也应该从国家公园现状出发制定合理的规划或总则。总体规划一般遵守比较原则,在总体规划的指导下还要制定专项规划及其子规划以作为平时管理时的依据。当然,各国必须成立国家公园管理局或其他非政府组织,来实施平时的管理。

（三）注重保护,强调可持续发展

当自然资源或生态环境遭到破坏时,进行及时的修复和弥补纵然重要,但往往成本过

---

①　周年兴,黄震方.国家公园运动的教训、趋势及其启示.山地学报,2006,24(6).

高,效果也不一定令人满意。因此,最有效也是最便捷的方式就是事先预防,坚持保护第一、合理开发的原则,推动旅游可持续发展。对此,英国学者巴特尔认为:"可持续旅游是指一个地区的旅游开发和延续,以这样的方式和规模发展,即在无限长的时间内旅游开发不改变或不降低环境质量(包括人文和自然的),使环境中的人类活动和生态进程得以顺利地实现。"[①]只有这样,才能在维持国家公园现有资源的基础上满足旅游者的游憩需要。

(四)管理方式的多样化

有效的管理为国家公园的健康有序发展提供了强有力的外部保障。目前,许多国家均成立了国家公园管理局,以加强专业管理。如美国实行垂直领导的"三级"管理体制,具体实行人员、经费的全国集中统一调配。此外,还可以实施国家公园内部的分区控制管理。根据具体情况可以把国家公园内部的空间地域范围划分为不同类型和性质的功能区,例如区分成开放区和不开放区,以此来限制某些地方的进入人数。同样,也可以采取分类指导的治理方式和空间管治,比如有些地区则只允许有特别通行证的科学工作者进入。

(五)有效的财务管理制度

美国国家公园之所以能取得那么好的成绩,很大原因就在于它有一套良好的财务运行制度。比如,国家公园在美国属于非营利性机构,主要是以为公众保留良好的休闲娱乐环境为目标和宗旨的,这就避免了管理人员等为了经济收益而做出一些违反自然规则的事情。其次,美国国家公园的经营收入是与公园的管理人员收入不相关的,这些管理人员的财政收入全部由国家有关部门统一发布。第三,对于国家公园的投入经费主要是由中央财政统一拨款,也就避免了其他投资商为求利润入股投资的可能性。同时,国家公园的收入又统一上缴给财政部,相关管理部门也负责对公演的财务监督。当然,为了国家公园的自身长远利益,国家财政部往往会将 一部分收入重新返回给国家公园,以支持其基础设施的建设和维护。最后,国家公园经营权相关旅游公司都可以购买,但前提是严格遵守国家公园的有关法律法规,接受国家部门的监督和管理。

(六)公众参与和支持

国家公园是一个对外开放的地方,这也就决定了国家公园势必受到广大群众的各方面影响。首先,公园的消费群体是公众,因此公园的保护和发展直接受参与公众行为的影响。其次,一些青年群体往往通过国家公园这个平台进行一些义务劳动,进行公园保护的知识宣讲或者公园内部卫生的清理和维护。在此,知识部门的成员可以通过一些途径对公园的发展提出一些技术性支持。最后,除了相关政府部门外,一些非政府组织也可以参与到国家公园的建设和管理当中来,加大公园内部的监督力度。

休闲管理

六、国家公园发展的趋势

随着世界各国对国家公园概念认识的不断加深以及各国在国家公园的开发和持续经营上实践的进一步深入,全球大部分的国家公园逐渐表现出以下三种趋势。

(一)由国家保护走向跨国界保护

在国家公园发展的最初几年中,国家对于国家公园的保护往往属于分散式单独管理。但随着国家公园数量的增加和分布的日益广泛,越来越多的人意识到这种分散型的保护具

---

① 郭晋杰.可持续旅游发展分析与战略研究.中国可持续发展,2004,24(5):33-35.

有局限性,而建立跨国界的保护区则更有利于不同地区的合作与交流,更好地维护广泛区域下的生态系统原貌。目前,美国、加拿大、荷兰、匈牙利、法国、坦桑尼亚、乌干达、澳大利亚、新西兰等国家都已经开始实施国际范围内的保护网络方法,对国家公园进行跨国界的保护。[1] 现在世界上至少有 169 处跨国界的保护区,包括了 113 个国家和地区的 666 个自然保护区。[2]

(二)与自然的和谐统一发展

在国家公园发展的很长时间内,一些经营者为了追求更高的经济利益,往往忽略了自然规律,对国家公园进行了过多的人为干预,导致生态系统遭到严重破坏。之后,自然保护运动开始兴起,才终于唤回了公众对自然环境进行保护的意识。在之后的发展过程中,人们又不幸地走进了另一个极端,即完全排斥人为因素对自然环境的干扰,例如 1969 年 IUCN 通过的国家公园的定义第四条标准中就出现了"维护目前的自然状态,仅允许游客在特殊情况下进入一定范围,以作为现代及未来世代进行科学、教育、游憩、启智活动的资源的地区"这个规定。过度干扰自然环境和完全排斥人为因素,这两者都过于极端、过于激进。正确的方法是人们在遵循自然规律的前提下,发挥人的主观能动性来更好地对自然生态环境进行保护,最终达到国家公园的可持续发展,达到人与自然的和谐统一。

(三)保护国家公园原住民的利益

随着国家公园的逐步开发,很多当地居民的原始生活状态遭到了破坏,外界的干扰让他们的生活开始发生巨大的变化。但从根本上来说,国家公园的开发与原住民的生活是不矛盾的,从某种意义上来说,国家公园的发展还有利于当地居民生活水平的提高、经济收入的增加以及思想观念的更新。因此,开发商在进行国家公园开发时,必须尊重这些居民的本身利益,最好双方达成一致协议,确保当地居民能够享受到公园建设给他们带来的好处,并融入继而支持这项发展运动。

美国的自然保护运动发展相对来说还是比较健全的,1987 年美国国家公园署颁布"原住民事务管理政策"并将其纳入国家公园经营管理政策当中。与美国相邻的加拿大的情况也是如此,在其 1972 年的国家公园法修正案中开始考虑原住民的利益,并于 1990 开始实施原住民计划。关注原住民的权益在发展的早期进行得很慢,但随着社会形势的改变已经取得了长足的进步。随着生态文明时代的到来,原住民已经成为自然保护的中坚力量。

七、国外国家公园建设对中国国家公园建设的借鉴意义

不可否认,由于国情的不同,国外国家公园发展与我国国家公园的发展在发展背景、自然条件和资源禀赋上存在一定的差异性,但国外国家公园建设的实践经验对我国国家日后更好地解决国家公园建设过程中遇到的问题有很好的借鉴意义,无论是在管理制度和原则上,还是在法律规范的制定上,或者是监督执行上,都具有重要的参考价值。而其他国家在发展过程中所犯下的错误和多走的弯路我们也能及时辨别和避免。具体而言主要可以包括以下几个方面。

---

[1]　Jongm an RH G. Nature Conservation Planning in European developing ecological networks. Landscope and Urban Planntry,1995,32:169-193.

[2]　Sand with T. Ghine C,Hamilton L,etal. Trans boundary protected aneas for Peace and Cooperation. IUCN World Commission on Protected Areas,2001.

（一）避免人工干预的过度化

这里讲的人工干预主要包括两个方面，第一是人工设施的过度建设，第二则是人为地干扰自然生态系统。随着我国国家公园的兴起与发展，国内需求也跟着迅速膨胀了，继而带动了供给量的增加，但在这个过程中，一些经营者为了获得较大的经济收入，往往需要大规模修建旅游设备，从而造成人工建筑损坏严重，自然生态系统和自然资源受到了很大的破坏。但实际上，国家公园的建设目的是为了更好地保护稀缺资源，而不是在于设施的高档化和多样化。因此，我国国家公园发展过程中应该尽力避免这种现象，做到适度开发和修建国家公园，适度开发和利用自然资源。

（二）人工干预主要表现在对自然生态系统的干扰上

主要体现为：人们对生态系统的漠视。比如，为了增加公园内的观赏性动物，经营者往往大量引进外来物种，人工驯养动物，或者过度捕杀食物链上游的物种；或者为了保护稀有植物而过多使用杀虫剂，干扰生态系统的自然演替等，都给大自然带来了巨大的危害。同时，自然遗产地内还有非常严重的滥砍滥伐、盗猎等破坏自然资源的现象。为了国家公园的长期发展，开发者必须遵循生态系统的规律性，必须采取谨慎的原则和实验性管理原则进行有效的资源管理。

（三）坚持可持续发展原则，做好资源保护工作

很多时候，人们往往在问题出现了之后才察觉到应该采取措施来弥补所犯下的错误，但往往忽略了保护永远应该放在弥补之前。众所周知，旅游资源不同于普通资源，是不可再生资源，因此一旦遭到破坏就很难恢复原状，即使能也是代价巨大。因此，我国绝对不能走"先污染，后治理"的路子。但就目前而言，中国众多景点都面临过度开发的情况。例如1983年泰山开发商在专家的一致反对下仍然强行修建索道，导致著名的月观峰被炸掉了二分之一。1987年修订的泰山风景名胜区总体规划设专题尖锐批评了这一错误做法，并建议索道使用期满就加以拆除。但结果却更令人失望，非但老索道没有拆除，反而第二条、第三条索道在众人的反对声中建造了起来。这种只注重眼前利益而不顾将来利益，只顾经济效益而漠视环境效益和社会效益的行为应该加以坚决杜绝。①

（四）健全法制体系，建立有效的约束机制

我国现有风景名胜区管理依据的主要法律条文是1985年国务院颁布的《风景名胜区管理暂行条例》和1987年城乡建设环境保护部颁布的《风景名胜区管理暂行条例实施方法》，但可惜的是，这两部法律都是临时性的而不是正式的，而且过去的法律条文基本以资源保护为主，往往缺乏对旅游产业开发行为的规范，致使在对旅游企业的许多违规行为制裁时缺乏理论依据。因此，我国出台一个统一的、具有普遍法律约束力的国家级法规已非常必要。

（五）鼓励公众参与，加强群众监督

对国家公园的管理进行监督一般包括两个方面：国家有关监督部门的监督和广大游客的公众监督。前者相对于后者虽然在监督合法性和权威性上具有一定的优势，但后者在监督范围和监督成本上却又明显胜于前者。因此，我国有必要增强游客的监督意识，完善公众监督体制，从而充分发挥公众的社会监督作用，促进我国国家公园的健康持续发展。此

休闲管理

---

① 陈莘莘.美国国家公园的经验及其启示.合肥学院学报(自然科学版),2006.

外,起到监督作用的除了广大游客之外还可以是公园境内的所有工作人员,特别是志愿者们。像在美国,申请作为志愿者在公园境内为游客提供服务是非常容易通过的,而这些志愿者在进行日常工作的同时往往也可以起到一个良好的监督作用。

（六）明确管理主体,避免多头管理

在国家公园管理上具有100年历史的美国,往往采用直线管理方式,从最底层的基层服务员工到最高的政策制定部门,每一级之间都有明确的直属关系。而我国,由于管理主体不明确,往往会出现多头管理、责任不明等现象,导致执行效率低下,管理水平无法提升等问题。要想彻底有效去除这种现象,就必须明确管理主体,在国家管理部门和地方政府之间明确划分权利与责任,建议可以在借鉴美国的集中统一管理模式的同时,结合我国特有的国情制定出一套科学有效的管理模式。

（七）加强民众教育,加大宣传力度

国家公园的消费者是民众,这就决定了要想国家公园获得长期的健康发展,培养民众文明有序的消费习惯非常有必要。而思想意识是行为的指导,因此我国的有关部门必须不断加大景区保护的宣传力度,让消费者建立起健康的消费意识,培养健康的消费习惯。其次,国家公园的经营商能否重视长远的社会公益和环境利益,而不做一些只注重眼前的、片面的经济利益的行为显得更为重要。因此,我们必须培养民众的高度社会责任感,提高管理人员素质和管理水平,避免景区停留在观光型等低层次发展水平上,重视设计参与型、生态型开发,从而保护好现有的自然资源和珍贵的历史资源。

【案例分析】

美国国家公园的发展历程

美国国家公园的发展一般认为可分为六个阶段:[①]

第一阶段为萌芽阶段(1832—1916)。19世纪初,美国艺术家、探险家等有识之士开始认识到西部大开发将对原始自然环境造成巨大威胁,于是联合保护自然的理想主义者共同反对伐木、采矿、修筑水坝等另外类型的实用主义者,并最终成功地说服国会立法建立了世界上第一个国家公园。

第二阶段为成型阶段(1916—1933)。截至1916年8月,内政部共管辖14个国家公园和21个国家纪念地,但没有专门机构管理它们,保护力度十分薄弱。这种情况下,马瑟(Stephen Tyng Mather)成功筹建了国家公园局,并制定了以景观保护和适度旅游开发为双重任务的基本政策,从而使美国国家公园运动在美国全境基本形成体系。

第三阶段为发展阶段(1933—1940)。1933年,富兰克林·罗斯福总统签署法令将国防部、林业局等下属的国家公园和纪念地以及国家首都公园划归国家公园局管理,极大增大了国家公园的规模。同时,国家公园局与公民保护军团(CCC)配合,雇用了成千上万的年轻人在国家公园和州立公园内完成了数量众多的保护性和建设性工程项目,这些项目对国家公园产生了极其深远影响。

---

① 选自集团经济研究,2007.11月下旬刊(总第249期).

第四阶段为停滞与再发展阶段(1940—1963)。"第二次世界大战"期间国家公园的经费和人员急剧减少,但国家公园却成功地抵制了军事飞机制造业、水电业等行业开发公园内自然资源的蛮横要求。战后由于国家公园的游客大增,旅游服务设施严重不足,国家公园局启动了"66计划",即从1956年起,用10年时间,花费10亿美元彻底改善国家公园的基础设施和旅游服务设施条件。

第五阶段为注重生态保护阶段(1963—1985)。20世纪60年代以前,美国国家公园局保护的仅仅是自然资源的景观价值,而对资源的生态价值没有充分认识。随着美国环境意识的觉醒,在学术界和环保组织的压力下,国家公园局在资源管理方面的政策终于向保护生态系统方面作出了缓慢但重要的调整。

第六阶段为教育拓展与合作阶段(1985年以后)。国家公园的教育功能在1985年以后得到了进一步强化,在教育硬件设施方面进行了较大规模的建设,在人员配备、资金安排等方面优先考虑,使国家公园成为进行科学、历史、环境和爱国主义教育的重要场所。

韩国国家公园的发展历程

韩国国家公园的发展一般认为可分为以下三个阶段:[1]

第一阶段为萌芽阶段。韩国国立公园发端于20世纪30年代,当时在美国、日本的影响下,韩国为金刚山制订了"国立公园指定建议"。而第一个正式成立的国立公园是1967年建立的智异山国立公园。这个时期设立国立公园的目的是保护优美的自然风光,让国民能尽情享受于其中。

第二阶段为发展阶段。1972年自然公园法经过修改,增加了道立公园和郡立公园的概念,形成了国立、道立、郡立公园二级体系。针对自然公园和城市公园的区别,制定了第一部自然公园法。到1996年第9次国立公园法修改时更强调了自然环境保护的重要性,保护自然生态系统也成为设立国立公园的目标。

第三阶段为成型阶段。20世纪60年代,国立公园的管理任务由国土规划、建设的主管部门——建设部来承担;从1991年开始国立公园移交给内务部管理。由于生态环境越来越受到国民的关注和社会的重视,对待国立公园的态度也由利用转变为对自然景观、生态环境的保护。因此,1998年国立公园开始移交到环境部管理。该团体由半民间、半官方性质的民间团体直接管理。

虽然各国的具体情况有所不同,但中国仍然可以适当地借鉴国外国家公园发展过程中的经验,比如同韩国一样在我国建立行政上受垂直一体化领导、所有权及资源保护职能明晰的国家公园,并建立相应的国家公园管理机构。这样一个机构可将国家森林公园、适合开发的国家级自然保护区以及部分风景名胜区包括在内,剔出重复者,进行统一管理,这必将极大地促进我国旅游景区的管理和开发。

休闲管理

① 陈苹苹.美国国家公园的经验及其启示.肥学院学报(自然科学版),2006.

第二节　郊野观光

郊野是城市板块与农村板块的交汇衔接处,其功能主要体现在为城市中心区服务上,因此郊野的功能内涵会随城市中心区整体功能的演化而演化。[①] 在工业化过程中,郊野主要功能是作为城市蔬菜水果、肉禽蛋奶等农副产品的供应基地,但随着后工业社会的到来,郊野的观光旅游功能越来越凸显出来。

一、郊野观光旅游条件

(一)丰富的旅游资源

郊野空间开阔,有清新的空气、和煦的阳光、肥沃的土壤、充裕的水分,自然环境优美;有江河湖泊、绿草森林、烂漫山花、虫吟鸟鸣等这些市区缺乏而市民向往的景观;有不少风景名胜,如名寺古刹、名人故里、名镇古村、名人陵墓、特色民居等;还有观光农业及郊野农村居民热情好客的传统习俗、民俗风情等城市居民心驰神往的人文资源和自然资源。

(二)必要的生活设施

随着经济发展和科技进步,必要的生活设施逐渐从城市覆盖到城郊再覆盖到郊野,从而为郊野观光旅游提供了保障。尽管不包括城市核心区块,但其交通仍具有与市区差不多的道路密、等级高、可选择的交通方式多的特点;固定电话和移动电话的普及、移动信号覆盖面的扩大及信号的加强,使游客能全方位保持通信畅通,不必担心因旅游度假而耽误工作和业务;随着卫星城的建设和农村城市化的发展,郊野区块的食宿、购物和娱乐场所及设施已越来越多,规模也越来越大,从而也为满足游客的全方位需求创造了条件。

(三)有利的区位条件[②]

郊野在城市的周边,位于城市与农村的结合地段,是距城市最近的"自然界"。适当的离城距离既能使游客摆脱嘈杂的城市背景而有一定的回归大自然之感,离家距离近又使人有很强的属地感和安全感。同时,城市郊野旅游又可使游客在时间和资金支配上有很大的可选择性,是满足城市游客既要旅游,又要机动性大、花钱和时间少的最佳结合部。

(四)充足的客源

城市居民是郊野观光旅游的主要客源。而城市人口多而集中,市民可自由支配收入较高,生活工作的压力使其更向往远离喧嚣的郊野。加之国家新的休假制度的实施,短途旅游已成为节假日市民出游的新宠。可见,郊野观光旅游有着充足的客源。

二、郊野观光旅游的特点与功能

(一)郊野观光旅游的特点

相对来说,郊野旅游功能有内容广泛性、层次多样性、较强参与性等特点。[③]

① 肖胜和.浅论郊野旅游开发.桂林旅游高等专科学校校报,1999,10(3):44—46.
② 骆高远.城市郊野旅游资源的开发与管理——以浙江省金华市为例.经济地理,2006,26(5):25—28.
③ 肖胜和.浅论郊野旅游开发.桂林旅游高等专科学校校报,1999(3):44—46.

1.内容广泛性

郊野存在着各种旅游吸引物,同时还可开辟新的度假村、郊野公园、高尔夫球场及其他休闲运动场地,旅游者选择范围很广,如观光、野炊、垂钓、攀登、游泳、温泉浴、森林浴、球类运动、商务活动、宗教活动、农事活动等,可适应不同的需要与口味。游览活动的内容也随季节不同而有所不同,比如春天可踏青,夏天可游泳,秋天可采摘,冬天可滑雪等。

2.层次多样性

按陈传康先生的说法旅游行为可分三个层次:基本层次(游览观光)、提高层次(野炊、垂钓、娱乐、购物等)、专业层次(宗教朝拜、出席会议、考察活动等),这三个层次都能提供相关的旅游内容与场所。从消费水平看,也可满足低档(野炊、游泳、垂钓、观光等)、中档(网球、温泉浴、朝觐等)、高档(高尔夫球、游艇、商务会议等)不同层次的需要。

3.较强参与性

在郊野可进行的旅游项目中,参与性强的项目很多,如攀登、垂钓、游泳、球类运动、采摘、耕作、朝觐等。

(二)郊野观光旅游的功能

郊野观光旅游资源多以自然生态系统为主,包括大面积的森林、草原、山体、丛林、沟谷、水体和海岸、浅滩等,因此其功能既不像市区内公园也不同单个的风景名胜区,有着自身的旅游功能空间。

1.远离喧嚣,亲近自然

城市人口和交通高度集中,城市规模和人口密度越来越大,城市问题日益突现,如"三废"污染、噪声污染、电磁污染、白光污染、交通拥挤、能源危机、绿地稀少等;人为造成的"水泥沙漠"、"五岛"效应等,容易造成各种各样的"城市病"。这使越来越多的市民渴望利用节假日,亲近城郊良好的自然生态环境,以获得片刻的安宁。[①]

2.节假日休闲度假场所

随着城市居民收入水平的提高、闲暇时间的增加、文化素养的提高和健康意识的增强,其生活理念和生活方式正在发生改变。一方面,旅游已成为越来越多市民生活的一个重要组成部分;另一方面,有越来越多的游客已不愿承受长途"人车劳顿"之苦,花费巨额资金进行南北纵横"几千里路云和雨"式的观光游览,而是热衷于足不出户就能观赏到丰富多彩的田园风光和名胜古迹的活动。"五一"长假改为小长假后,市民更倾向于城市边来去几个小时车程的旅游目的地。可见,郊野观光旅游正是以上几个要素组合后的最佳选择。

3.促进身心健康,加快信息传播

郊野观光旅游的开发,特别是与农业观光和乡村景观相结合的旅游开发模式,不仅可为游客提供新的生活空间,释放假期城市人口压力,缓解市区及旅游热点的拥挤程度,同时对保护生态环境、增进市民身心健康、加强城乡文化交流、更新陈旧观念、加快信息传播、缩小城乡差别、增长见识、提高素质有显著的作用。[②]

4.促进郊野经济发展,增加就业

郊野观光旅游的开发,既可改善郊野的生活环境,加快郊野经济发展,又可吸收大量闲

---

① 孟明浩,顾晓艳.近年来国内关于城郊旅游开发研究综述.旅游学刊,2002,17(6):71—75.
② 胡卫华,王庆.深圳郊野公园的旅游开发与管理对策.现代城市研究,2004,19(11):58—63.

置劳动力,增加就业机会。进一步地,其可促进和带动城郊区域经济的发展,实现城乡一体化,缩小城乡差别,有利于构建和谐社会。

三、郊野旅游开发方式

(一)开发原则[①]

郊野旅游客源主要定位在城市中心区居民。都市居民不仅把旅游休闲视为一种消遣消费活动,而且在很大程度上又把它当作一种生产力(即体力、精力)恢复活动。生产力经常性的消耗需要经常性的补充,旅游度假无疑是恢复调整的最佳方式之一,因此出于这种动机的旅游带有重游率高的特征,这在西欧、北美、日本等国家已非常普遍。针对游客的这些特点,郊野旅游开发时应把握下列原则。

1.低收费原则

郊野旅游出游率高,重游率大,出游人数多(多以家庭、单位职工群体为单位),故各种收费不宜过高,有些高档项目还可实行优惠的会员制。

2.保持自然性原则

景区建设要尽量保持原有的自然风貌。但对有些荒山秃岭地、蚊虫出没的水洼地要加以整治,填洼埋坑或挖土成池,种植花草与栽培林木,建成优美的人工自然环境,人造建筑则一要少,二要与环境相融洽、协调,相得益彰。

3.多层次性原则

现代城市居民收入相差很大,为满足不同层次居民的旅游度假要求,设施档次可拉开,但结构要合理。高档场所的建造一定要以详细的市场调研为依据,不能滥建。

(二)开发方式

郊野可作旅游开发的景物内容较广,可发挥的空间相对较宽。旅游开发方式可因具体基础环境不同而有不同的选择,如郊野公园、户外活动区、郊野休闲度假区、农业旅游区、郊野湿地等。

1.郊野公园

郊野公园与城市公园相比,有更多趣味性。郊野公园内有众多原生的自然景观,游人投身其中,探险穿越,溯溪露营,爬山登顶,探访乡村,获得与城市人工环境中截然不同的快乐体验,这就导致郊野公园规划不能全盘套用城市公园的设计条例,不宜在区域内修葺太多的人工构筑物,不宜对游人有太多设定,以避免降低特有的郊野趣味。

2.户外活动区

把环境较好,适于开展户外运动诸如游泳、垂钓、攀登、球类运动、烧烤等活动的区域划定为休闲区,禁止开展农事活动。这种区域除停车场这类设施外,一般不要搞人工设施,但要适当维护绿化和卫生环境。

3.郊野休闲度假区

以郊野中较优越的自然环境,如大片茂密的森林、优质温泉、一定面积的清澈的水体为依托,建成集观光、健身、疗养、娱乐、会议为一体的度假区。

---

① 肖胜和.浅论郊野旅游开发.桂林旅游高等专科学校校报,1999,10(3):44—46.

4.农业旅游区

选取郊野农业活动特色较明显的村落、农场做为农业旅游的指定接待点,比如蔬菜或水果种植园、养殖场、渔村、耕作村、手工作坊都是较理想的地点。

5.郊野湿地

国际湿地公约定义湿地为不问其为天然或人工、长久或暂时性的沼泽地、湿原、泥炭地或水域地带,带有或静止或流动,或为淡水、半咸水或咸水水体,包括低潮时水深不超过6米的水域。它有物质生产功能、大气组分调节功能、水分调节功能、净化功能、提供动物栖息地功能以及调节局部小气候功能。因此,在设计郊野湿地时应因地制宜,尽量保持原生态性,开放经营时要控制游人数量。

四、郊野旅游度假开发中应处理的几个问题

(一)旅游开发与环境自然特性保持问题

郊野观光旅游寻求的主要是清静、野趣、天然,尽量让游客摆脱其居住的城市背景,在郊野观光旅游开发中一定要把握住这点。人工设施不宜多,交通线不宜滥,游玩点不宜集中,而植被覆盖率宜高,水体宜大、宜活,游客行为宜生态规范。

(二)旅游开发与收益分配问题[①]

旅游业的发展只有给当地居民带来收益时才能得到当地居民的支持。根据居民参与旅游开发方式与程度不同,旅游开发方式可以有:

(1)村民自办,获得营业收入。在农业旅游区、户外活动区可采取这种方式。

(2)集资、参股旅游企业,聘人管理,通过资金获得红利。度假村、大型娱乐项目可采取这种方式。

(3)为外来旅游投资企业提供劳动力、农副产品等原材料,获得工资收入与商业利润。

五、小 结

生态旅游与休闲旅游是旅游发展方向,而郊野旅游则是两者在一定程度上的结合。如今,在一些大城市周围已悄然出现乡村俱乐部、高尔夫球场、湿地、郊野公园等,可见以城区为中心的郊野观光旅游已日见雏形。这对旅游研究者、旅游行政管理者及投资者来说无疑又是一个值得研究的新课题。

休闲管理

【案例分析】

中国香港郊野公园

人类对自然界的不断开发,使地球上未受人类影响的原始自然景观越来越少。为保护自然风景资源和人文景观资源,各国相继设立了国家公园、郊野公园或风景名胜区等,作为科学研究、科学普及教育和提供公众娱乐、了解和欣赏大自然景观的理想场所。

一、国外郊野公园的发展概况

---

① 肖胜和,明庆忠.论郊野旅游功能的开发.热门话题.

郊野公园在英国发展最早也最为完善。随着 1872 年世界上第一个国家公园——黄石国家公园的建立,国家公园的理念得到了广泛传播。1929 年,英国 Addison 委员会(Addison Committee)预设了两种国家公园的形式,一种是全世界普遍认同的国家公园形式,即对国家有显著意义的自然资源和文化遗产地区,另一种就是位于城市周边的乡村自然资源区,当时叫做郊野公园。

1966 年,为了使人们能更便利地享受到郊外休闲娱乐,缓解国家公园的压力,同时为了减少对乡村资源的破坏,一份名为 Leisure in the Countryside 的政府白皮书提出了建立郊野公园的决议。

1968 年,乡村法再次提出了为人们提供享受郊野旅游的设施和安全场所和保护乡村自然景观设立郊野公园。郊野公园在提供休闲娱乐、保护生态环境、科普教育等方面发挥了重要作用。

二、中国香港郊野公园的基本情况

香港是中国建立郊野公园最成功的地方。香港最初辟设郊野公园的目的,是为了保护当地自然环境并向市民提供郊野的康乐和教育设施。1972 年,郊野公园发展五年计划(1972—1977)获得立法通过,这标志着香港郊野公园规划和发展进入实质阶段,1976 年香港制定了《郊野公园条例》,目前全港已划定 23 个郊野公园和 15 个特别地区,共占地 41582公顷,已覆盖全港土地面积的 40% 以上。郊野公园分布在全港各地包括丛林、水塘、山岭、海滨地带和离岛,郊野公园迷人的自然景观,如群山之巅、密林草地、海滨浅滩等都是人们良好的户外活动场所,每天吸引大量的游客前来观光游览。

三、中国香港郊野公园的管理

（一）管理机构

中国香港郊野公园现由中国香港渔农自然护理署管理。渔农自然护理署下设检验及检疫署、渔业分署、自然护理署、郊野公园及海岸公园分署和农业及行政分署。郊野的日常管理由管理科和护理科两个机构完成。管理科的主要职责是策划郊野公园各项建设计划、管理建设及维修郊野公园内的各项设施;护理科的主要职责是为游客提供信息及服务、推广自然护理保育的知识。

（二）管理形式

中国香港郊野公园的管理形式主要分为 7 种:植树造林、防止山火、服务游客、保持清洁、执行法规、管制发展、增加生态价值。

（三）管理经验

1.有完备健全的法律

中国香港早在 1976 年就颁布了《郊野公园条例》,由郊野公园及海岸公园委员会切实执行及监督,主要是为了保护生态,提供动植物的庇护场所,使物种自然繁衍,确保良好生态的可持续发展。

2.政府财政给予大力支持

政府在财政上给予全面支持,每年支付约 2.5 亿港元的管理开支,使管理部门可以专注保护中国香港珍贵的自然景观。

3.注重一线管理人员队伍的培训和建设

中国香港渔护署非常注重人才的培训。目前负责推行保育工作的人员一般都属林务主任,而且大部分拥有大专以上的相关学历,员工又不时获派往外地交流,汲取不同经验,改进现有的保育技术。

4.发展生态旅游

中国香港渔农自然护理署积极推进了"以自然为本"的生态旅游,已渐成为市民郊游、休憩的卖点,同时也成为市民认知大自然和爱护大自然的最佳途径之一。郊野公园设计丰富多彩的生态旅游产品,如建立雀鸟巢箱,既方便雀鸟的栖息,又方便游人观鸟。还有野外演习、生态探索、生态日记、海洋保育及设置管辖区等,正吸引着大量游客。

5.注重市民教育和科普宣传

中国香港郊野公园管理和保育做得出色,还有一大原因是注重市民教育和要求,获得市民的认同和支持。渔护署一贯注重提高市民爱护自然的意识,除了设立游客中心、自然教育中心、树木研习外,近年更推出一系列郊野公园及中国香港自然生态的书籍,让市民潜移默化去关心大自然,变成保护郊野公园的支持者。渔护署定期举行的郊野公园及海岸公园游客小组会议让市民直接参与及反映对郊野公园管理的意见,使中国香港郊野公园管理取得了很好的效果。除中国香港市民外,越来越多的外国人也参与会议。另外,郊野公园护理员亦会主动走访郊野公园范围的乡村,宣传保护郊区生态及防止山火,并与村民长期合作,取得成效。

四、中国香港郊野公园的管理经验给我们的启示

郊野公园近年也在我国内地兴起,为了使郊野公园在大陆健康持续发展,笔者认为中国香港郊野公园的管理有以下几点值得借鉴。[①]

(一)立法在先,建设在后

中国香港郊野公园的做法为我国内地郊野公园的建设树立了一面旗帜,中国香港郊野公园管理之所以成功,是因为在建立之初就有较健全的法律为保障。中国香港《郊野公园条例》自1976年以立法形式颁布后,经20多年的不断完善,从郊野公园管理的方方面面进行详实的界定,当前已经成为管辖和管理中国香港郊野公园和特别地区的基本法律,为中国香港郊野公园持续健康发展发挥着重要作用。同时中国香港当局先后颁布的《动植物管理条例》、《郊野公园和特殊地区管理规则》、《官地管理条例》以及《野生动植物管理条例》也同时发挥着作用。为避免法律滞后带来的不良后果,目前亟需解决的是我国内地郊野公园的管理法规的出台,而不是郊野公园的盲目建设。

(二)科学规划在先,开发在后

郊野公园的规划要处理好开发和保护、开发和管理的关系,既要体现自然景观的古朴美,又能满足久居闹市的居民踏青郊野、回归自然和休闲度假的需要。大陆郊野公园目前存在的问题主要有:开发建设滞后,不能满足城市居民日益增长的度假和休闲的需要;前期规划不科学、不完备,基础设施如防火、安全,甚至连卫生、垃圾筒等设备都不具备;郊野公园中房地产开发行为破坏了现有自然植被和水源涵养林等自然资源,其中深圳最为严重。

趁我国内地郊野公园正处在发展的初期,有关的管理部门要高度重视,尽快出台相关科学规划技术标准,指导各地的郊野公园的建设和发展。

---

① 官秀玲.中国香港郊野公园管理及对大陆的启示.林业经济,2007,7:66-68.

（三）人才培养在先，发展在后

高素质管理人才是郊野公园发展的关键。我们不仅要培养高素质的郊野公园的一线管理人员，更重要的是要加大对各级郊野公园主管领导的专业培训，力争使郊野公园的领导基本成为专业型的管理人才，熟悉郊野公园技术规范、质量标准，并能科学地进行宏观调控、监督和指导。只有郊野公园的合法利益得到保护，郊野公园的发展才会步入健康持续之路。

（四）宣传和建设并举

在进行郊野公园建设的同时，一定要将宣传纳入重要的议事日程。对于郊野公园的宣传要做好对生态旅游产品的宣传以及对公民意识环境保护的科普宣传两方面工作。

第十章　休闲房地产

第一节　休闲房地产

一、旅游房地产

旅游房地产发源于法国地中海沿岸。20世纪60年代,法国阿尔卑斯山地区的别墅度假村开发以分时销售的方式招揽客户项目,标志着旅游房地产的开始。

目前国内对旅游房地产的概念存在不同的理解。有人认为旅游房地产就是景观房产,在景区内或周围建房子;有人认为应利用已有的建筑或开发新的度假景区,对此区域进行综合利用开发;还有一种观点,认为用"休闲房地产"代替"旅游房地产"的概念更为确切。时至今日,业内对旅游房地产还没有一个准确和公认的概念。

目前文献研究中出现频率较高、认识较为一致的旅游房地产概念表述如下:旅游房地产是指以旅游度假为目的的房地产开发营销模式,开发项目全部或部分实现了旅游功能。

旅游房地产业在国内尚处于起步阶段,其经营和管理方式尚需进一步探索和完善,因此国外很多该领域中的经营管理经验非常值得我们借鉴。Con Sarah Rezak 在《从客户调研看产权酒店业的若干方面》一文中提到销售成本的控制是旅游房产项目经营成功与否的关键所在,而控制这些成本的关键又在于灵活地使用客户调研的数据。在项目管理方面,要采取一些措施平衡淡旺季客流量和设施设备的使用率。[①]

休闲管理

二、休闲房地产

(一)休闲房地产的概念

随着人们收入水平的提高,可自由支配时间的增多,一个休闲时代正在来临。5+2的生活工作方式,两个黄金周假期、5个小长假,不同程度的带薪休假,私家车的普及,高速公路网的建设,时尚的假日消费观,人们的休闲需求不断膨胀,旅游作为休闲的一种方式,也在从单纯的观光向度假转变,结合了休闲与旅游房地产开发的休闲房地产正酝酿着新一轮旅游和地产经济的兴奋点,成为中国休闲市场和房地产市场消费的新时尚。

休闲房地产是休闲度假旅游和房地产业相结合的产物,由于从国外导入了分时度假的

---

① Con Sarah Rezak. sumer research sheds light on all aspects of resort timesharing business. Hospitality Management,2002(21):245-255.

经营方式,这种度假旅游房地产比不进入度假权交换网络的固定度假地的休闲度假产品更具有发展潜力和魅力。

休闲房地产主要是指满足城市居民短期居住,作为置业者第二居所的可售物业,它以满足客户休闲、度假或部分商务活动需求为主要功能。因而,休闲房地产不仅仅是给旅游者使用的,主要是针对休闲市场。

(二)休闲房地产的类型

从休闲、度假、旅游三者的关系来看,休闲是一个大概念,旅游是休闲的一种方式,而度假又是旅游的一种形式,同时也是休闲的一种形式。所以"休闲房地产"的概念应该大于"旅游房地产",它包括休闲度假村、旅游(休闲)培训基地、会议中心、产权酒店、分时度假酒店、高尔夫度假村、风景名胜度假村、养老型酒店公寓、海景住宅、景区住宅(风格别墅)、民俗度假村、国际休闲度假中心、酒店公寓等旅游置业项目。

1.休闲度假区住宅(别墅、度假村)

主要是房地产商利用旅游开发区、旅游景区、休闲度假区的优越自然条件、地理位置开发的具有投资回报和多种功能的住宅项目,如景区住宅、海景住宅、风景名胜度假村(风格别墅)、民俗度假村等旅游置业项目。

2.时权酒店

主要是将酒店的每个单位分为一定的时间份(如一年51周),出售每一个时间份的一定年限的使用权。消费者拥有一定年限内在该酒店每年一定时间(或一周)的居住权。

3.产权酒店

主要是将酒店的每一个单位分别出售给投资人,同时投资人委托酒店管理公司或分时度假网络管理,获取一定的投资回报。一般情况下,投资人均拥有该酒店每年一定时间段的免费居住权。

4.养老型酒店

主要是投资人(往往是最终消费者),在退休前购买退休养老度假村的某一个单位,委托管理公司经营管理直至退休后自用。管理期间将获取一定的投资回报,一般情况下该度假村在产权人去世后由管理公司回购再出售,收益归其家人所有。

5.高尔夫、登山、滑雪运动度假村

主要是在高尔夫球场,登山、滑雪等运动场地附近开发的度假别墅项目。

6.旅游(休闲)培训基地、国际休闲度假中心

主要是具有集旅游、观光、休闲、度假、运动健身、会议、培训等多功能的房地产开发项目。

7.时权度假型酒店

主要是指消费者购买一定数量的"分数",这些分数就成为他们选购产品的货币。他们可以使用这些"分数",在不同时间、地点、档次的度假村灵活选择其"分数"所能负担的住宿设施,消费者不拥有使用权或产权。

(三)休闲房地产的特点

1.综合性

休闲房地产是综合性十分强的项目,其主要功能不仅仅在于居住,而且是一个集居住、商用、投资于一体的混合项目,并且要满足消费者"旅游、度假、运动、健身、康体"等多方面

的需求,因此休闲房地产项目的首要特点就必须是综合性。

2.复合性

复合性就意味着对应旅游有观光功能,对应度假游有度假功能,对应各类特种需求就有特种的功能,所以要形成一个复合性的产品。

3.创新性

休闲房地产是一项边缘性的产品,因此模仿和照搬旅游或者房地产等领域是没有出路的,只有在经营中创新才能凸显特色,而休闲房地产正因为其边缘性,因此可以充分利用其"杂交"的优势,取众家之所长,采用发散性思维,不断拓宽视野,汲取国外经验,结合中国实际,融合其他产业思路,开发创新性休闲房地产产品。

第二节　休闲房地产现状及发展前景

一、休闲房地产的现状

(一)国外现状

20世纪初,地中海沿岸开发了大量的海滨别墅,欧洲、北美的贵族、富商蜂拥而至,一时间地中海成为欧洲的度假中心。60年代法国阿尔卑斯山地区的别墅度假村首先采用以分时销售(即出售以酒店为主的物业使用时间段)的方式招揽客户,标志着旅游房地产市场的开始。今天遍布世界各地的分时度假酒店、高尔夫度假村、山地度假村、休闲别墅,将旅游房地产市场引向了休闲房地产的领域。

在国外,休闲度假房地产的发展已经从量的增长阶段发展到了质的提高阶段。Randall S. Upchurcha 和 Kurt Gruberb 在《沉睡的巨人——分时度假的演化》一文中提到:目前在美国,不仅产权酒店等旅游房产的数量增加很快,而且产品和服务的广泛性也在不断地加强。现今,如果你在一些分时度假网站上搜寻一些产品和服务的信息,你会发现适合不同细分市场的休闲和娱乐需求的广泛信息。[①]

(二)国内现状

目前,我国北京、上海、大连、青岛、海南、广东、福建、深圳等地已开工的旅游房地产项目已达近百项;以高尔夫、滑雪、野外运动为主题的休闲度假项目超过80家。从1999年海南"南海传说"、三亚"博鳌国家旅游休闲度假区"的成功开发和在全国营销推广后,先后有几十个旅游房地产项目在改造、规划和建设当中。由于一级大城市房地产开发已经非常激烈,现在很多开发商开始向二级旅游城市拓展,休闲旅游地产项目成为开发商关注的焦点。

但是,休闲房地产尽管在国内蓬勃兴起,但依然处于起步阶段。在这样一个发展过程中,出现一些问题是不可避免的。站在行业发展的角度来看,目前中国距离真正的休闲地产还有一定距离。

---

① Randall S. U pchurcha, Kurt Gruberb. The evolution of a sleeping giant: resort timesharing. Hospitality M anagement,2002(21):211-22.

二、休闲房地产的发展前景

我国休闲房地产潜力巨大、前景广阔。广阔的发展空间和市场潜力,使旅游物业开发成为未来十年中国地产业最亮丽的风景线,主要表现如下。

（一）国家政策扶持,提供广阔发展平台

在国家政策上,党中央、国务院及各级政府,相继出台了刺激和拉动旅游及相关产业发展的新政策,无形中为我国旅游房地产的发展提供了一个广阔的发展平台,这是我国旅游房地产可持续发展的坚实基础和动力保证。

（二）消费水平提高,消费群体日渐壮大

正在形成的旅游强国地位和强大的消费群体,为我国休闲房地产市场开发提供了巨大的发展空间。

据统计,到 2008 年,我国入境旅游人数达到 1.30 亿人次,其中过夜海外旅游者 5300 万人次,旅游外汇收入 400 亿美元;国内旅游人数达到 17 亿人次,旅游收入 8700 亿元;出境人数达到 4600 万人次。我国要从亚洲旅游大国走向世界旅游强国。这种旅游假日经济持续增长的行业必将会吸引大量投资,其中很大一部分会投入到旅游物业建设上,为休闲房地产开发提供契机。

同时,在北京、上海等大都市,"5＋2"和"11＋1"的生活方式越来越流行,5 天工作在市区,2 天大休在郊区,或者 11 个月在大城市工作,1 个月的长假（元旦、春节、清明、五一、端午、中秋、国庆休假总和）跑到另外一个城市休闲。调查表明,长三角、珠三角、环渤海湾地区及中西部城市居民都表现出较为成熟的出行氛围,并且旅游经验也日益成熟,对旅游休闲住所也有了较大的认知,甚至对郊区住宅和异地房产有较强的购买欲望。

（三）交通网络完善,自驾车日益兴起

从城市基础设施尤其是高速路的发展来看,北京、上海、广州、深圳等大城市路网系统发展迅速;从人均汽车的拥有量来看,北京已达到 8 个人一辆车的水平,上海 12 个人一辆车,深圳、广州约 10 个人一辆车。对于建立在车轮上的休闲旅游房地产而言,这无疑是一个利好消息。

（四）房地产市场日趋成熟

市场日趋成熟,可利用资金相对充足,强势投资商、房地产开发商利用自己的资金优势、营销优势已捷足先登,划地为界,抢占先机。

市场经济向来遵循"先介入,早开发,先受益"的原则。我们有理由相信,未来几年我国休闲房地产领域发展前景广阔,旅游与房地产横向结合的创新模式必将带来旅游与房地产业的美好明天。

【案例分析】

我国一些地区的休闲房产

1.北京地区休闲房产

北京房地产经过十年发展,有许多迹象表明,传统投资领域已基本饱和,特别是主流房地产开发领域的机会越来越少,销售出现滞胀现象。大量的房地产资金不得不开辟新的领域,包括旅游、休闲、度假置业等非主流市场。

金海湖地区是北京市最大的一片自然风景区,根据规划,金海湖将划分成旅游度假区、公社庄园区、国际会议度假区和工业园区等四大功能区,总面积133平方公里,最终将把金海湖建成高起点高品位的投资平台、世界级的国际会议中心、绿色生态人居新城、国家级旅游区。

2. 南京地区休闲房产

与相关城市比较而言,南京市在旅游房地产的开发和推进上相对滞后。但开发旅游房地产已具备了许多成熟的条件。首先,作为一个六朝古都,从一个文化古城的概念来看,南京有太多的地方值得游人去慢慢地观赏和品位,关键问题是如何留住游人。

随着基础设施的不断完善,高速公路得到了迅速的发展,"一小时都市圈"应运而生。南京山水城林的特点为旅游房地产的发展提供了殷实的硬件条件。除了一些大家耳熟能详的知名景区外,南京还有许多极具魅力的景观。特别是周边郊区、县一些正在开发的旅游项目,其深厚的文化底蕴和优美的自然风光都令人叫绝,如浦口区的老山森林公园和温泉、江宁区的杨柳村和将军山等。不过,景区的开发却显得形式单一,江心洲也好,八卦洲也罢,虽然景区整体包装策划都较为成功,但如能开发能够留住人的、与之相匹配的旅游度假项目,必然会有着广泛的市场前景。

应思考如何将风景优势、文化优势、交通优势、区域优势、经济优势有机地结合起来,采用租售结合等灵活的营销方式推向市场。届时,除投资商在短期内取得骄人的业绩之外,作为一个集旅游、休闲、娱乐为一体的综合度假村,它必定会吸引大批游人,从而为南京旅游业的整体发展注入新的活力。

3. 西南地区休闲房产

四川、云南、西藏正计划联合创建"中国香格里拉生态旅游区",总投资为500亿～800亿元,并在旅游规划、开发、促销等诸多方面进行全方位合作。至2010年,三省区交界处将成为世界最大的高原生态旅游区。根据初步的规划,未来的"香格里拉"区域初步界定为川西南、滇西北、藏东南的范围内,具体行政辖区为三省区相邻的9个地州、50个县域范围。包括四川的甘孜、凉山、攀枝花,云南的迪庆、大理、怒江、丽江地区,西藏的昌都地区和林芝地区。这里具有独特的高原雪山、湖泊、草原、森林、野生动植物等自然景观。

同时三省区计划分别以康定、迪庆、昌都为核心,每年开展一个"香格里拉"节庆,联合制作宣传资料,联合对外促销。在2003—2004年,主要筹措项目建设资金,加大招商引资,加大开放力度和整体对外促销力度。在2004—2010年,进一步完善各项设施建设,实现该区域的生态建设和旅游资源综合开发上规模、上档次,使其成为符合国际标准的一流旅游度假胜地。

据了解,1997年,中坤投资集团开始对安徽省黄山市黟县进行整体旅游开发,下辖的黄山京黟旅游开发有限公司拥有综合型现代涉外宾馆"中城山庄"及宏村、南屏村、关麓村等国内外著名古村落风景区。2000年11月,宏村被联合国教科文组织列入了"世界文化遗产名录"。几年来,《卧虎藏龙》、《菊豆》、《风月》、《大决战》、《芬妮的微笑》等数十部名片在宏村、南屏村拍摄。2003年8月,国家旅游局为宏村颁发了4A级旅游景区牌照。

中坤投资集团还着手进行开发位于宏村旁的黄山宏村奇墅湖国际旅游度假村项目,该项目拥有山水面积近 5000 亩,风光秀美异常,被誉为"人间仙境"。奇墅湖国际旅游度假村将建设徽派村落式别墅面积 10 万平方米,四星级宾馆一座,并经安徽省政府批准,在景区内捐资恢复重建唐代寺庙——梓路寺,占地百亩,宏伟庄严,并在中国佛教协会领导和支持下进行设计、施工。度假村总计投资 5 亿元,2005 年前建成。2003 年中坤集团还向中国的大西北——新疆拓展,在 5 年内一期投入 5 亿元,整体促进以喀什、克州、阿克苏为主体的南疆帕米尔风光旅游、国际登山、探险及跨境游的特色旅游,全面发展旅游房地产项目。

第三节　休闲房地产的经营模式

在休闲房地产的发展过程中,分时度假将是其最主要的一种经营模式。从长远看,我国休闲房地产业得以发展的主体和经营模式应是分时度假产权酒店产品。如果说我国分时度假发展得益于旅游业和房地产业的发展,那么分时度假产权酒店则是我国在探索分时度假如何本土化发展历时 10 多年来的经验产物。

一、分时度假

分时度假(Timeshare),又称 Vacation ownership 或者 Holiday ownership。到目前为止,国际上对此还没有统一的定义,但基本都涵盖了以下几个核心要素:第一,对某个分时度假产品的购买,消费者所购买到的是 3 年以上的使用某处房产或者某项设施的权利;第二消费者要获得未来的住宿权利,需要按照协约的规定提前支付所需要的款项;第三消费者购买的每年在某处设施住宿的时间不得低于 7 天,第四消费者可以通过交换系统对不同房产的使用权实行交换。

分时度假由德国人亚历山大·奈特首创,他将度假地房产的股份出售给消费者,然后给予每个购买者在度假地住宿的权利,所有购买者都被称为股东或合伙人。分时度假最早出现在美国,发展是在 20 世纪 60 年代晚期的佛罗里达地区。过度的房地产建设造成了大量在建或尚未销售的公寓、酒店以及汽车旅馆的空置。于是,开发商把这些财产通过完成的住宿单元合法地再分成 52 个周时段的形式转变为分时度假产品。在 20 世纪 80 年代初,分时度假在欧洲发展,并开始它在全球范围内的扩张。

目前,RCI 即国际分时度假交换公司是全球最大的分时度假公司,总部设在美国印第安纳州,在世界 90 个国家拥有 3500 个分时度假村,会员家庭超过 250 万个。

(一)分时度假产品分类

1.固定时间的标准产品

此类产品通常以预先固定的一周或者几周为销售单位,也就是说消费者每周购买一个或者几个单位的分时度假产品,就购买了在某住宿单元中的每年住宿一周或者几周的权利。

2.灵活选择时间

此类产品以不固定的一周或者几周位为销售单位,由于时间的灵活性,消费者选择分时度假产品的自主性就较大。消费者如购买连续 3 个月的季度分时度假产品就可以根据个人的时间安排享用分时度假的权利。但需要指出的是,这类产品的销售单位会受到季节的限制。如 4 周单位往往要求在一年四季中各选一周,而季度产品就是选择每年连续的 3 个月等。

3.购买使用权

此类产品中,消费者仅仅购买分时度假房产的使用权,而非所有权,一旦房产交付使用,顾客就获得了在某一特定年限内房产的使用权,一般为 20 年或者 30 年。当年限到期后,开发商可以将房产的使用权重新出售。

4.度假俱乐部

作为购买使用权的形势之一,俱乐部的会员不需要购买固定的一周,也不需要确定住宿单元、房间大小、季节或者每年的天数。其购买的是俱乐部提供的住宿和旅游的综合服务单位。

5.签约所有权

通过签署合约的形式表明开发商与消费者之间的房产所有权的转移,以确保顾客的权益。

6.点数制

点数制作为最新的灵活度假观念,已经逐渐取代了原有的以购买固定时间段为特征的分时度假产品。购买点数的消费者可以随意选择任何时间、房间大小和度假地点。当然,点数也可以用来交换固定时间段的分时度假产品。

RCI 成立名为 RCI Points 的全球点数体系,其成员可以用其拥有的、把固定时段折合后的点数交换成其他固定的或者分割的分时度假时段,也可以用来交换航空、租车、高星级饭店住宿、高尔夫等其他旅游产品。

(二)分时度假产品的特点

1.实体化产品,虚拟化形式

因为客人追求的是度假,是一个实体概念,而不仅仅是网上的虚拟行为,所以总体来说,任何一个分时度假公司都必须以各类度假酒店、度假村和各类一般性的酒店,包括其他各类产品作为基础,其基础是实体化的。但是,它具体的表现形式可以说是虚拟化的,集中表现的形式是点数和点卡。

2.差异化产品,均质化形式

可以说目前各类酒店的差异很大,实际享受的也是各种各样的产品,但在分时度假公司体现出来的,是一种均质化的形式,这种形式把差异化集中起来,并且以均质化的形式进行销售。

3.时间分割、空间整合

分时度假,从产业的角度理解是"时间分割,空间整合",从消费者的角度理解是"时间分享,空间共享"。

综合来说,分时度假是伴随全球一体化,按照时间分割、空间整合的理念,赋予不动产以流动特征的网络化经营模式。作为一个新兴的萌芽产业,其组成部分是:由公寓、酒店、度假村等不动产构成的物业网络;由完整产权、共有产权、星期产权、时段使用权、点数制等概念和规则设计的产品系列;由购买者、会员、家庭、继承人及业主委员会等构成的消费群体；由发展商、营销商、交换商、俱乐部、物业管理、信托公司、咨询公司、行业协会等角色构成的组织结构；由行业规则、法律规范、消费者权益保障系统等构成的规范体系。

4.高度分散的产权

分时度假产品的房产所有权是高度分散的，分属于加入该系统下的千千万万个具有一定度假房产所有权的个人，并且同一房产在不同时段的产权所有者不同。这种产品所有权高度分散的特点，是分时度假交换系统产权结构、产权模式的创新。

5.网络性基础

网络性是分时度假的基础，正是在这个基础上，才产生了交换性消费这种特殊的形式，使交换性的消费成为可能。网络和电子商务是分时度假产品进行交换的支点。

（三）分时度假交换网络保障机制

分时度假交换的含义是拥有度假房产使用权的消费者，可以将自己的度假房产使用权，通过全球交换网络系统换取同等级单位与其他地区的度假房屋的使用权。[①] 分时度假交换网络系统是基于网络电子商务技术的分时度假得以发展的基础和平台。

分时度假交换系统一般由分时度假交换公司经营，以提供交换服务为主。在技术上，它需要有大型的计算机网络支持；在经营上，它则注重分时度假产品资源的集结，以满足系统中交换的需要。交换系统所拥有的网络度假村或度假饭店资源越多，分布面越广，就越容易吸引消费者，促成交换。成功的分时度假系统往往从开始就形成规模，为旅游者提供充分的选择余地。[②]

1.国际主要交换系统

（1）RCI 交换系统

国际分时度假交换公司（Resort Condominiums International，RCI）于 1974 成立，总部设在美国印第安纳州，是世界首家分时度假交换公司，也是为全球分时度假行业提供相关产品和服务的最大供应商。

RCI 在度假物业交换、出租和度假村管理方面具有市场领导地位。对合作顾客来说，RCI 是发展极快的伙伴，对品牌、网络及合作等方面的核心收入起着重要影响。而这些方面又与假期拥有者、房地产服务行业旅游等资产最大价值的释放有着密切的联系。RCI 在全球近 100 个国家拥有 3700 多个加盟度假村，会员家庭已超过 300 万个，在 30 年的发展过程中，RCI 已为全球 5400 多万人提供了度假交换服务。

不过 RCI 只为分时度假拥有者提供度假交换，RCI 绝不拥有任何度假村，不销售也不代理销售任何加盟度假村的产品。RCI 是 Cendant Corporation（NYSE：CD）集团的全资子公司。该集团主要是为全球旅游业和房地产业提供服务产品的供应商。

（2）Ⅱ交换系统

1976 年组建的Ⅱ（Interval International）公司也是目前世界上实力最雄厚的分时度假交换公司之一。它自组建起就一直以卓越而且高标准的服务质量在同行业中处于领先地位。目前它已拥有分布在世界各地的 2000 个度假村和超过 150 万个会员。

目前，我国加入国际分时度假交换网络体系的度假村或者饭店还为数不多。但从 20 世

---

① 刘菲.旅游饭店新业务——分时度假交换系统.北京商学院学报，2000(4)：56-59.
② 巫宁.旅游电子商业理论与实务.北京：中国旅游出版社，2003.

纪 90 年代分时度假进入中国后,很多大型的旅游和饭店集团都做了新领域的尝试和创新,为我国本土化的分时度假开辟了先河。

2.国内五种交换模式

(1)华夏之旅模式

华夏之旅模式,即营销、酒店及交换"三权分离",它的利润来源于发展会员的会员费和交换费。

华夏之旅的范围是中国境内的大中城市及旅游风景区,服务的对象是家庭、个人和社会团体。加盟者是全国范围内的三至五星级的饭店或者度假村,或者与此等级差别不大的管理物业。目前华夏之旅经营同一标准的双标房市场,按天数的时段,根据国际公平的方式,时间 7 天;每间客房最多可以出售 50 个,时间为两周,年限可以是 20 年或者 30 年。交换时段和交换单位,可以是 3、4、7 天,甚至某些地方可以缩短到 1 天,如海南地区。

(2)爱特乐模式

爱特乐是专业的分时度假销售公司,它所代理的产品是广州花园酒店,营运成本较大。

(3)云南太阳模式

云南太阳是组建了 20 多家酒店的度假俱乐部,销售对象是俱乐部成员。

(4)康乐园模式

它是按照产权式酒店的方式来实施分时度假营销的。

(5)房东卡模式

房东卡模式指的是 5 年有效的免费住房卡,网络中不同酒店以不同的会员价格结算。

二、产权酒店

产权酒店作为分时度假产品的一种特殊模式,是指将酒店或者度假村每一个单位按房地产的方式出售给投资人,投资人一次性或者交纳首付后余款按揭买断物业产权,从而拥有全部产权。

产权酒店最早源于欧洲 20 世纪 70 年代,风行于世界著名旅游城市和地区,如美国夏威夷、佛罗里达、亚利桑那,澳大利亚黄金海岸等地。经数十年发展,此种模式已成为一种被社会广泛接受的房产和旅游投资品种。

投资者可自主选择使用方式:一是长期自住,只需支付相应的物业管理及物资消耗,就可以得到酒店的全套规范的客房服务。二是委托经营,与酒店签订一份《委托经营协议》,几年续签一次,该类投资者除了每年享有若干天(2 至 5 个星期)的免费入住权,其余时间(47 至 50 个星期)则交由酒店代为经营,收取平均回报或者固定回报用于交纳按揭月供款或者作为投资收益。三是较长期自住与委托经营混合,没有固定的入住天数和年终回报,视实际使用情况和经营情况而定。

(一)产权酒店的分类

根据对产权酒店的用途,可将其分为三种类型。①

1.退休住宅型

退休住宅型,也称为养老型酒店,是指投资人为自己或为老人在退休前购买退休养老

休闲管理

---

① 刘赵平.我国分时度假和产权酒店业发展研究.http:www.cttr.cn.

酒店(度假村)的某一个单位,每年和家人去使用一段时间,其余时间委托管理公司出租管理获取一定的租金回报,直至退休后完全自用。一般情况下,该酒店度假村在产权人去世后由管理公司回购再出售,收益归其家人所有,这是一种为自己退休后准备后路的住房投资方式。

2.有限自用的投资型酒店公寓

有限自用的投资型酒店公寓,是指开发商将酒店的每间客房分割为独立产权出售给投资者,投资者一般不在酒店居住,而是将客房委托酒店管理公司统一出租经营获取年度客房利润分红,同时获得酒店管理公司赠送的一定期限免费入住权,而且客房年度利润分红通常足以抵销分期付款的费用,并有可观的盈余。

3.公司自用型

公司自用型,是指集团购买产权酒店产品,一方面用于投资,另一方面用于企业员工度假或公司年会使用。

(二)产权酒店的意义

1.制度的变化

因为酒店的传统经营模式是使用权的分租,而产权酒店则是产权的分割,这是个根本性的变化,也带来了制度层面的变革。这种变革打破了现有酒店市场的单一产权或者说相当一部分是国有产权占主体的制度格局,新的制度格局的产生会进一步激发了酒店市场的竞争性,同时也将产生先导性的作用。[①]

2.管理的变化

原来的酒店管理当局主要是对投资者负责,而产权酒店则是发生了根本性的变化,从管理转向了服务,但这个服务又包含着管理的要素,于是形成了复杂的状态。原来酒店的服务对象主要是客人,如今不但要服务于客人,还要服务于业主,服务对象形成了两个市场。

3.经营的变化

产权酒店经营的变化主要是从单一转变成复合,从原来单一的产品经营转变成产品经营、市场营销和资产经营的结合。因为产权酒店的普遍模式是对其购买者提供经营承诺、回报承诺。所以在一定意义上,产权酒店的购买者也是投资者,提高回报率成为经营过程中更为重要的环节。

4.市场的变化

市场的变化简而言之就是从简单到群体。原来的房地产市场的目标只是出售楼盘,但产权酒店面对的市场则是包括以休闲度假和商务会议为主的旅游市场、房地产市场以及资本市场,这三大市场有各自的消费群体和消费需求,使得市场细分的要求更高。

(三)我国产权酒店面临的问题

在国内,产权酒店从1995年开始流行。到目前为止,产权酒店的分布地域越来越广,数量也越来越多。但是,我国的产权酒店的消费不同于外国的先有需求后有消费。我国是企业先引进国外的分时度假和产权酒店的理念,然后由企业进行推广和促销,让消费者逐步认可并接受产权酒店的概念。由于缺乏相应的法律规范的保障,产权酒店中的纠纷也越来

---

① 魏小安.中国休闲经济.北京:社会科学文献出版社,2005.

越多,同时国内分时度假体系还不成熟,即使全球最大的分时度假交换公司 RCI 在中国的成员酒店也不足 20 家;在分时度假消费中存在强迫性销售和欺骗性销售,这些都使得分时度假交换体系赋予产权酒店的优势没有得到足够的体现,产权酒店在我国发展中出现的问题也越来越多。大体而言,包括以下几个方面。[①]

1. 国家相关的法律规范不健全

在欧美成熟的产权酒店产品运营中,已经有了一整套相关的法律法规来明确各类主体的责任与义务,避免纠纷的产生。目前,欧洲《欧盟分时度假指令》(*European Union Timeshare Directive*)已经生效,而美国各个州也制定了相应的完备法律。而中国目前尚未出现一部关于产权酒店的专门法律,只能从《合同法》等相关法律中寻求规范。

建设部曾在 2002 年 7 月公布《商品房销售办法》,对产权酒店并不赞许。同时国家建设部明文规定,不得以承诺固定回报作为销售手段,而在实际中许多产权酒店的开发商承诺的投资回报率从 5%~12% 不等,所以严格地讲,固定回报是违反国家规定的变相集资或变相融资。但是如果没有固定的回报,会对消费者失去吸引力,这又给酒店未来的经营带来沉重的负担,并可能成为纠纷的根源。而且,一旦出现法律纠纷,由于国家尚无这方面的法律规范,业主的合法权益很难得到有效维护。一般酒店的投资方是唯一的业主,可以委托酒店管理集团公司来管理,但是产权酒店将客房出售给不同的投资者,很可能委托者并不代表真正所有者的利益,中小投资者的利益可能会受到侵害。

目前由于没有相关的法律制度对产权酒店加以约束,导致开发商在制定合同时往往尽可能朝有利于自身方面着手,合同也不规范。消费者权益因受到损害却没有相应法律的保障,处于交易中的弱势群体。在出现产权酒店纠纷时,消费者胜诉的寥寥无几。根本原因就是没有相关规范对企业加以约束,消费者在争取权益时,没有相关的法律依据。

2. 我国企业信用体系缺失

消费者在购买产权酒店的客房时,对开发商的信用状况并不了解,而且部分房地产开发商就是想借产权酒店来盘活资产。同时,产权酒店涉及的未知因素太多,消费者很难把握;合同中很多都只是种种承诺,承诺能否成为现实也需要开发商的努力和负责。所以消费者主要是看开发商的信用如何、是否具有强大的实力,其运作是否规范。但是,在我国企业的信用制度还没有建立起来,企业信用历史无法考证,即使买卖拿到经过国家有关部门认证和颁发的房屋产权证,心里踏实,但是隐患问题也不少。例如有些开发商就是借产权式酒店来盘活资产,它可能将一个房间分别签给不同的消费者来投资,这种欺诈行为严重损害了消费者的利益。

3. 业主的权利没有得到明确

产权酒店与股份制公司极为相似,在手续齐全、经营合法的前提下,其风险高低的关键在于能否建立起一系列规范的管理和监督方式。通常,产权酒店首先应聘请酒店管理公司独立进行日常经营,聘请注册会计师事务所审核财务报表,成立业主委员会监督经营。这对降低购房者的投资风险无疑有一定的积极作用。而在监督酒店经营管理方面,业主委员会究竟有多大的权力,能否像上市公司的股东大会那样可以否决董事会的提案?经营一段时间后,酒店如果要重新装修,费用该怎么分摊?酒店的远期发展规划如何制定?这些投

① 樊邦勇. 产权酒店产业发展现状分析. 特区经济,2005(4).

休闲管理

资人关心的问题,如果在签购房合同时不能详细界定,以后很可能会产生纠纷。

4.业主的经营风险大

产权酒店这种出卖客房所有权的方式实际隐含着巨大的经营风险。对业主而言,还存在后续风险。例如,在你想享受免费居住权时,管理方可能以无空房拒绝;在你索要年度投资回报时,管理方可能用很多理由搪塞。而你远在外地很难知道酒店的实际经营情况,出现问题也不便处理。在你收回客房不再委托其代为经营时,管理方可能向你收取高额物业管理费。

在税务上,一般酒店的物业作为酒店的固定资产计提折旧进入成本,而产权酒店的物业严格意义不属于开发商的,因为已经卖出,无法提折旧,也就无法记入成本。开发商承诺给予现金回报,如果是分红,只有在缴纳了全部税费后的纯利才能分红。在目前全国酒店业本身利润率很低的情况下,是否能有红利可分并不确定,更何况分红后的钱还应缴纳所得税。这些问题都是今后我们在实际运作当中应当得到解决的。

5.销售环节问题突出

目前媒体曝光的产权酒店的问题主要集中在销售环节上,主要包括下面一些行为:①强制购买:销售人员先把消费者请进某个场所进行几个小时的高密度销售宣传,待消费者心理进入某个高潮阶段时鼓动消费者购买,并称只有当天才能优惠,过期不候;消费者过后如若反悔,想拿回定金难上加难,有被强制购买的感觉。②宣传不实:产权度假产品无法如销售时所承诺的那样办理多国签证,不能保证消费者如愿到国外旅游区度假。③以次充好:部分开发商将以前未销售出去的商品房未加改造,或者是未能改造成符合产权酒店产品标准的商品房以次充好卖给消费者。④合同欺诈:消费者先交钱,再看合同,而销售商事先的承诺却并未写入合同。待消费者冷静下来发觉以后,要求退回押金,却被合同上"因乙方(会员)过失不按约付款,公司可以终止合同,已收的费用不予退还"的条款予以拒绝,不规范的合同内容成为销售商非法牟利的工具。

(四)我国产权酒店发展对策

由于产权酒店兼具旅游、房地产开发、酒店管理等诸多行业要素特征,无法按传统行业的那样实现归口管理,所以产权酒店产业在快速发展的过程中面临着诸多问题与挑战,需要政府、社会与相关从业者妥善应对,才能保证产业的健康可持续发展。大体而言,应该向以下几个方向努力。

1.制定行业相关规范,创建良好的市场环境

从政府层面上,应加紧对产权式酒店、分时度假消费市场的规范和管理,有关法规的尽快出台将使消费者心里更踏实,有利于更多的消费者接受产权酒店。特别值得注意的是,我国消费者对这一市场的认知还有待引导,而一些投机者介入分时度假消费市场,在没有任何实体保障的基础上大肆推销其"分时度假交换体系",将对这一市场产生负面影响,使消费者对产权式酒店产生质疑。加大力度整顿国内分时度假市场,将对产权酒店的健康发展起到有益作用。产权酒店市场的无序情况已引起国家旅游局的注意,其已开始相关的调研工作,拟介入产权酒店行业,并设立相关的管理规范。

从行业层面上,由于政府法律法规的出台需要一段时间,而行业中的产权酒店正如火如荼地展开,为了创建良好的市场环境,有利于产权酒店行业的顺利发展,可以由相关的行业协会带头,在调查行业的具体情况后,制定出行业自律的行为规范。

从微观层面上,开发商自身要在行业中诚信、可靠的声誉,在消费者中建立好的口碑,让潜在的购买者易于了解自己的声誉和形象,这样才能带来源源不断的顾客。在制定合同时,尽可能考虑双方的利益,而不仅仅是从自身出发。

2.平衡开发商、购买者和酒店管理方三方的利益

产权酒店是不同利益主体相结合的产物,其中涉及开发商、购买者和酒店管理方。开发商可以把销售价格和投资回报率设计得很高,但管理方则从未来酒店经营的角度,考虑能否实现这么高的回报率。只有双方最终达到利益相互均衡时才会有合作。在市场经济的链条中,一个合理的运作模式是各方利益最终趋向均衡的模式。同样,在产权酒店的开发、销售、回报、运营等模式设计上必须顾及开发商、酒店管理方、购买者三方利益,其均衡点在于酒店的长期稳定经营。产权酒店是多方利益相综合的中间产品,把握利益的平衡是项目成功的关键。同时要建立起三方相互监督、相互制衡的企业体制。

3.开发商要注重后期的经营

产权酒店的硬件固然重要,但是目前酒店在同等条件下竞争的就是酒店的软件——服务水平。产权酒店要想拥有预期的长久生命力和稳定收益,拥有各项硬件指标的同时,服务这一软件显得尤为重要。优质的服务可以给酒店带来附加值,在竞争中拥有优势。因此,服务是未来产权酒店竞争的焦点。

在管理上,目前国内的产权酒店虽然数量不少,但是引进专业的国际酒店管理集团来进行经营管理的却是凤毛麟角。因为物业公司没有高效、系统专业的市场开发能力,业主最终只能采用一种传统粗放的出租方式,投资者最初期望获得稳定和较高投资回报的初衷无法实现。现在,很多产权酒店已经意识到这些问题,并且已经开始在管理上下功夫,这样不仅可以给自己带来更多的收益,给业主带来更高的投资回报率,同时也给专业的酒店集团提供施展才能的机会和平台。

4.明确市场定位,加快网络建设

针对产权酒店在旅游产品中的地位、我国目标消费者的度假习惯、我国现实法律法规障碍等因素,推出适合我国市场的产品。如在确定价格时,参照国外销售价格与有效可支配收入的比重,根据我国收入结构予以确定;针对我国消费者周末度假的习惯,将度假时段拆细;根据我国企业的生命周期,可以缩小时权使用年限至 5～10 年;产权酒店房产以 2 卧室、卧室单元为主等。

目前我国虽有少数从业者加入了 RCI 或者 II 国际交换网络,但是由于国家公布的旅游目的地国家有限,很多国际网络资源实际上并不可用。所以,一方面政府相关部门应努力增加公民可出游的国家数量,利用已有国际网络;另一方面在国际网络受限的情况下,应充分利用中国得天独厚的旅游资源,建立成熟的国内交换网络。

总之,只有解决了产权酒店在我国发展过程中出现的种种问题,才能不断得到完善和发展。由于我国的人口众多,经济发展迅速,市场潜力大,随着产权酒店进一步走向规范化和市场化,将会有越来越多的人参与进来,相信产权酒店必将有一个广阔的发展前景。

【案例分析一】

田园式休闲养老社区[①]

北京怀柔区田仙峪国奥颐悦乡村休闲养老社区是北京市首个农村休闲养老社区,为以养生养老为主题的市郊乡村旅游和农业休闲度假提供了一种新方式。它有以下几个特点:

城镇居民休闲养老市场和农村闲置资源的对接。由于城市住房拥挤,环境污染严重,随着老龄化社会的到来,城市有大批的老年人希望能够居住在宽敞、安静、环境优美的养生养老场所。而近年来,大批量的农村劳动力涌入城市弥补城市缺乏的劳动力。这一方面加剧了城市的人口数量以及城市的拥挤度,另一方面加剧了农村的闲置房屋数量。田园式的养老满足了城市和乡村两种市场需求的对接和共赢。

养生养老和休闲度假的结合,是城市居民到田野山村休闲的一种方式。例如,家人亲友来访,在基地体验农事、走访邻里,同时也带动了乡村旅游的季节性变化。这样的方式很好地结合了养生与休闲度假,拓展了乡村旅游的产品和市场,由乡村观光升级为乡村度假。

经营方式的变化。农村住宅的改建虽然灵活方便,但是管理水平有限,在操作运营层面会遇到各种各样的问题,例如无序租赁、财务纠纷、私搭乱建、环境损害、服务水平不足等。一旦企业经营和农民经营结合,可以进行统一规划,配套公共设施,规范服务管理。使用"企业＋合作社＋农户"的经营模式,使农民闲置住宅和宅基地所有权、使用权、经营权"三权分离",做到可持续性发展。

建设新农村的同时保存乡村风貌。养老社区保留了郊区农村院落的原有格局,主要改造内部设施,完善公共设施,美化乡村环境,保存当地的文化脉络,保护当地的生态环境。在原有的基础上最大限度地挖掘农村的社会、人文和自然资源,投资小而效益大,是发展资源节约型与环境友好型的休闲养老产业的一种新方式。

【案例分析二】

联众集团[②]

联众集团致力于乡村休闲产业的发展,通过自建、收购、合作、租赁等经营方式,将乡村闲置资源转化为乡村休闲度假区。联众结合分时度假的经营模式满足消费者对乡村度假的需求。

联众计划形成以乡村度假休闲为主的多业态共同发展格局。例如,其一,乡村度假公寓,以农民原有住宅为基础,建4层楼房,一楼由农户自住,可以经营餐饮农家乐,二楼以上租给游客,30年后房子归还农户。该模式不仅给游客带来具有乡村风情的体验,也带动了整个农村的发展。其二,乡村度假综合体,建设集酒店、餐饮、健康养生、休闲娱乐、乡村购

---

① http://mp.weixin.qq.com.
② http://mp.weixin.qq.com.

物、周边旅游、度假房产等休闲为一体的休闲平台,满足城市居民对乡村度假休闲的需求。其三,古村落度假酒店,保留外部原有形态,仅对古村落住宅进行装修改造,每间房间都改造成舒适的酒店;同时保留古村落原有手工艺、土特产小吃,游客可以进行农事体验。其四,高端主题民宿,在风景特别优美的地方用新建或者租赁的方式开发民宿,屋内装修舒适,可以选择各种装修风格,如简约或奢侈。民宿房间一般控制在15个房间以内,配套设施包括餐厅、SPA以及其他休闲设施。其五,养生度假小镇。一般在山水环境优美的地方选址建设以健康养生、休闲度假为主题的养生度假小镇。小镇的配套设施包括养老度假房产、多品质酒店、民宿、休闲商业、健康疗养院以及其他配套设施。同时还有有机农业园、休闲景点等。

联众集团项目举例:

其一,三国风情特色度假区。龙门印象度假酒店是以三国时期东吴文化为主题的酒店,通过改造数百年历史的厅堂,开发主题民宿、写生客栈、酒吧、茶馆、餐厅等各种形式发展休闲产业。

其二,知青部落。地理位置在上海海湾国家森林公园,酒店以知青文化为主题,集观光、休闲、体验和怀旧于一体;以历史上真实的知青生活为背景,选址于五四农场,加上景区的自然景观优势,打造集知青宿舍、鱼塘、菜园、食堂于一体的知青场景。

其三,长寿乡里的旅居综合体。浙江安吉素有"中国竹子之乡"之称,具有良好的自然生态资源,是休闲度假的首选之地。"山水统里"位于安吉报福镇,由7栋多层建筑组成,主要包含了综合服务区(度假酒店)、度假公寓和度假排屋三大区块,另外还有农业体验园。山水统里的建筑风格极具中国传统特色,同时结合了全景设计,每户都是山景房,极大地提升了游客的休闲度假体验。

其四,赋石山居。赋石水库位于浙江的"竹子之乡"安吉县的孝丰镇,隐藏在安吉深山中,有"浙北第一库"之称。"赋石山居"建在赋石水库旁,是夏季避暑之地,夏季平均温度28℃。另外,赋石山居也是浙江省内空气质量最好的地方。赋石山居设计了各种形式的休闲房产,包括独栋别墅式排屋、度假公寓和乡村度假酒店,同时配套有服务中心及休闲广场。

其五,元老级湖畔旅居地。九思湖畔正如《桃花源记》中所描述的世外桃源,依山面湖而建四层乡村度假公寓,一楼是当地村名的餐馆农家乐,二楼至四楼为城市游客提供居住场所,给游客带来原汁原味的乡村度假体验。

【案例分析三】

万达、华润等 5 大开发商 13 个旅游综合体①

1.万达旅游综合体

（1）武汉楚河汉街

武汉楚河汉街是万达集团投资 500 亿元巨资建造的"武汉中央文化区"一部分，项目总建面 340 万平方米，汉街规划面积约 18 万平方米，按照文化、旅游、商业、商务、居住五大功能规划设计。

项目围绕楚河汉街设置了八大文化项目，分别是剧场、电影城、电影文化公园、名人广场、大戏台、蜡像馆、文华书城、画廊，实现以文化产业带动商业发展，打造世界文化旅游项目。

（2）西双版纳国际度假区

万达西双版纳国际度假区位于西双版纳景洪市西北部，项目占地 5.3 平方公里，由万达集团斥巨资在西双版纳倾力打造，借助西双版纳独特的人文风情和得天独厚的气候环境打造了独具特色的西双版纳国际度假区项目。

整个项目共分为七大业态，分别为主题公园、雨林体育探险公园、商业中心、傣秀剧院、三甲医院、高端酒店群和旅游新城。

（3）长白山国际度假区

长白山国际度假区是一个集旅游、会议、休闲、商业、娱乐等功能于一体的山地度假综合体，被规划为滑雪场、高端度假酒店群、高尔夫球会、旅游小镇等 5 个主要功能区。

其欧洲小镇与滑雪服务中心、星级酒店群有机结合，同时根据不同的项目，再配合以文化商业和旅游的要素，如商业街、美术馆、博物馆、医疗、教育中心等，形成了集"主题项目＋商业地产＋酒店＋住宅＋文化产业＋百货业"于一体的复合旅游地产模式。

（4）南昌万达文化旅游城

南昌万达文化旅游城位于南昌市九龙湖新区，总投超过 400 亿元，占地 4000 余亩，总建筑面积 475 万平方米，是江西省近 30 年来最大的投资项目。

该项目拥有全球最大的室内海洋馆、大型舞台秀、科技电影乐园、大型室外主题公园、国际度假酒店群、滨湖酒吧街等娱乐项目的文化中心单元。除南昌外，在哈尔滨、合肥、无锡三地分别规划布局类似的万达文化旅游城。

（5）青岛东方影都

青岛东方影都项目占地 376 万平方米、总建筑面积 540 万平方米，涵盖旅游、商业、休闲等多种功能，囊括了影视产业园、电影博物馆、影视会展中心、汽车极限秀、万达文化旅游城、度假酒店群、游艇俱乐部、国际医院等 8 个重点项目，将打造影视拍摄、影视制作、影视会展、影视旅游综合功能的全产业链。

2.华侨城旅游综合体

---

① http://mp.weixin.qq.com.

深圳东部华侨城

深圳东部华侨城，占地近9平方公里，由华侨城集团斥资35亿元精心打造，是国内首个集休闲度假、观光旅游、户外运动、科普教育、生态探险等主题于一体的大型综合性国家生态旅游示范区。

项目主要包括大峡谷生态公园、茶溪谷休闲公园、云海谷体育公园、大华兴寺、主题酒店群落、天麓大宅六大板块，是集多个主题于一体的综合性都市型山地主题休闲度假区。

3. 恒大旅游综合体

(1)北京恒大世纪旅游城

北京恒大世纪旅游城，是华北地区独一无二的原生态休闲度假城。该项目继承欧陆新古典主义建筑风格，独创"6+1"国际一流功能配套模式：超白金五星级酒店+国际会议中心+全功能运动中心+中西饮食中心+娱乐中心+顶级健康中心+大型商业中心。

目前，恒大世纪旅游城已经在广东、重庆、天津、武汉、成都、济南、石家庄、南京、昆明、海南、启东、乌鲁木齐等全国多个省市布局20余处，致力于成为中国规模最大，档次最高，功能最全，集酒店、会议、运动、文化、餐饮、娱乐、健康、商业于一体的原生态国际旅游度假胜地。

(2)恒大海上威尼斯

恒大海上威尼斯水城是一个集酒店、会议、饮食、娱乐、运动、保健与商业于一体的超大型综合旅游度假居住区。项目建设用地规划总用地面积为8967.9亩，总建筑面积为119.5万 m²。

以水为特色打造东方威尼斯的品牌，各个组团甚至住宅均以水系为主体贯通相连。以水岸、水域、水体为中心的园区规划理念，用不同风格情趣的水岸空间组合出多姿多彩的建筑空间，生动地演绎出威尼斯水城的居住情怀。

4. 华润旅游综合体

海南万宁石梅湾

海南万宁石梅湾旅游度假区，是一个集高端度假酒店群、度假别墅、度假公寓、购物、餐饮、健康养生、特色水疗、人文艺术、海洋运动于一体的国际性生态型热带滨海旅游度假区。

项目总投资50亿元，项目规划三个功能分区：游客度假区、贵宾度假区及辅助设施区；八个各具特色的度假小区：棕影湖区、山谷湖景区、生态和文化吸引区、海洋活动中心、海滨休闲区、山谷运河区、海滨景区及生态岛区。

5. 观澜湖旅游综合体

(1)深圳观澜湖高尔夫球会

观澜湖高尔夫球会横跨深圳、东莞，成立于1992年，先后投资50亿港元，总占地面积20平方公里，是集运动、商务、养生、旅游、会议、文化、美食、购物、居住等为一体的国际休闲旅游度假区。

观澜湖高尔夫球会拥有世界十二大高尔夫巨星设计的球场、高尔夫别墅群、亚洲第一大乡村俱乐部、观澜湖水疗度假酒店、国际会议中心、大卫利百特高尔夫学院和辛迪瑞学院、亚洲第一大水疗中心、特色荟萃的中西美食及多种休闲设施。

(2)观澜湖新城

观澜湖新城是深圳市第一个横跨深圳、东莞双城的"HOPSCA"国际城市综合体项目；

其汇聚酒店(H)、商务(O)、休闲(P)、购物(S)、文化(C)及创意(A)六大功能,为海内外宾客和当地及周边居民提供一站式国际化的购物、娱乐、休闲生活新体验。

(3)观澜湖·兰桂坊·海口

观澜湖·兰桂坊·海口总投资20亿元,是集购物、娱乐、餐饮及文化于一身的世界级大型综合旅游项目。

项目设五大主题内容:兰桂坊娱乐街区、户外主题购物娱乐长廊东方汇、国际高端品牌时尚大道、每晚呈献光影表演的石矿湖、丽思卡尔顿、万丽和 Hard Rock 三家五星级酒店,给海口旅游休闲市场带来全新的一站式度假体验。

参考文献

[1] A J Veal. Leisure and Tourism Policy and Planning (Second Edition), CABI, Publishing,2002.

[2] Alan D. AMA Handbook for Customer Satisfaction:A Complete Guide to Research. Planning & Implementation,1997:20.

[3] Albrecht K. Customer value. Executive Excellence,1994(11):14.

[4] Aliza Fleischer, Anat Tchetchik. Does Rural Tourism Benefit from Agriculture Tourism Management,2005,26:493-501.

[5] Anderson J C,Narus,J A. Capturing the value of supplementary service. Harvard Business Review,1995(73):75.

[6] Anne-Mette Hjalager. Agricultural Diversification into Tourism:Evidence of A European Community Development Programme. Tourism Management,1996,17(2): 103-111.

[7] Anthony J Fedler. Are Leisure, Recreation, and Tourism Interrelated. Annals of Tourism Research,1987(14):311-313.

[8] Antreas D A thanassopoulos. Another look into the agenda of customer satisfaction: focusing on service providers' own and perceived viewpoints. International Journal of Bank Marketing,1997(15):264-278.

[9] Arjan Burgers,Ko de Ruyter,Cherie Keen et al. Customer expectation dimensions of voice-to-voice service encounters:a scale-development study. International Journal of Service Industry Management,2000(11):142-161.

[10] Banwari Mittal, Walfried M Lassar. Why do customers swith? The dynamics of satisfaction versus loyalty. The Journal of Servives Marketing,1998(12):177-194.

[11] Barsky J D,Labagh R. A strategy for customer satisfaction. The Cornell Hotel and Restaurant Administration(Quarterly),1992(33):32-37.

[12] Burtenshaw D,bateman M,Asbworb G J. The European City. London:David Fulton Publishers,1996(4):26-29.

[13] Campbell etc. The Quality of American Life. New York:Russell Sage Foundation, 1976 Chales K. Brightbill. The Challenge of Leisure, New Jersey:Prentice Hall,1963.

[14] Cardozo,Richard N. A Experimental Study of Cosumer Effort. Journal of Markteting Research,1965(8):42-43.

[15] Carr N. The Tourism-Leisure Behavioural Continoum. Annals of Tourism Research,

2002,29(4):972-986.

[16] Cathy Parker, Brian P. Mathew s Customer Satisfaction: contrasting academic and consumers' interpretations. Marketing Intelligence & Planning,2001(19):38-44.

[17] Cecilia Hegarty, Lucyna Przezborska. Rural and Agri-tourism as A Tool for Reorganizing Rural Areas in Old and New Member States— A Comparison Study of Ireland and Poland[J]. International Journal of Tourism Research,2005,7(2):63-77.

[18] Charles K Brightbill. Educating for Leisure-Centered Living,1966.

[19] Chon-bum Seo,Leisure Industry in the 2000s,1997,Kia Economic Research Institute.

[20] Christopher R E et al. Leisure and Life satisfaction. 1998.

[21] Claes Fornell, Michael D Johnson, Eugene W Anderson, et al. The American Customer Satisfaction Index:Nature,Purposes,and Findings. Journal of Marketing, 1996(6):7-18.

[22] Con Sarah Rezak. sumer research sheds light on all aspects of resort timesharing business Hospitality Management,2002(21):245-255.

[23] Cronin J J,Brady, M K,Hult G T M. Assessing the effect of quality, value, and customer satisfaction on consumer behavior intention in service environment. Journal of Retailing,2000,76(2):193.

[24] Crouch D. Leisure/Tourism Geographies:Practices and Geographical knowledge. Routledeg,London. 1999:299.

[25] De Grazia S. Of time,work, and leisure. New York,NY:The Twentieth Century Fund. .

[26] Dube L,Renaghan L M,Miller J M. Measuring customer satisfaction for strategic management. Cornell Hotel and Restaurant Administration Quarterly, 1994(35): 39-47.

[27] Dumazedier J. Toward a Society of Leisure. New York:Macmillan,1967.

[28] Elgin D,et al. City Size and the Quality of Life. Washington D. C. :National Science Foundation,1974.

[29] Eugene W Anderson, Claes Fornell. Foundations of the American Customer Satisfaction Index. Total Quality Management,2000,11(7):869-882.

[30] Fleischer D, Felsenstein. Support for Rural Tourism-Does it Make a Difference. Annals of Tourism Reasearch,2000,27(4):1007-1024.

[31] Forehlich G S,Welch H. Meeting walk-in patients' expectations for testing effects on satisfaction. 3 Gen Intern Med,1996(11):470.

[32] Fornell C. A national customer satisfaction barometer:The Swedish experience, Journal of Marketing,vol. 56,1992,6-12.

[33] Fornell C,Johnson M D,Anderson E W,et al. The American Customer Satisfaction Index:nature,purpose,and findings. Journal of Marketing,1997,16(2):129-145.

[34] Forza C & Filippini P. TQM impact on quality conformance and customer satisfaction:A causal model. International Journal of Production Economics,1998,1

(55):11-20.

[35] Geoffrey Godbey. Leisure in Your Life:An Exploration. State College,PA:Venture Publishing,1999.

[36] Getz D. Planning for Tourism Business Districts,Annals of Tourism Research,1993 (20):583-600.

[37] Goffman E. The Presentation of Self in Everyday Life. Harmondsow rth: Penguin,1959.

[38] Graeme Evans. Urban Leisure:Edge City and the New Leisure Periphery. British, Genesis,1998. 182.

[39] Graham Gould. Why it is customer loyalty that counts(and how to measure it). Managing Service Quality,1995(5):15-19.

[40] Grigoroudis E,Siskos Y. A survey of customer satisfaction barometers:Some results from the transportation-communications sector. European Journal of Operational Research,2004,01(152):334-353.

[41] Gurin Gerald,Veroff & Felcd. Americans View Their Mental Health,New Yorkinc Books,1960.

[42] Haksik Lee, Yongki Lee & Dongkeun Yoo. The determinants of perceivedservice quality and its relationship with satisfaction. Journal of Services Marketing. 2000 (14):217-231.

[43] Hirst P. Discipline and the Nature of Knowledge London:Rout-ledge,1974.

[44] Holbrook,M. B. Consumcr valuc:a framework for analysis and reseach. London;New Yok:Routledge,1999.

[45] Holdgate M. The Green Web:A Union for World Conservation. London:Earthscan PublicationsLtd,1999.

[46] Huang C T, Beaman J, Shelby L B. Using action-grid in tourism management. Tourism Management,2002(23):255-264.

[47] Hudson S,Hudson P,Miller G A. The Measurement of Service Quality in the Tour Operating Sector:A Methodological Comparison. Journal of T ravel Research,2004, 42(3):305.

[48] [美]Jack D Ninemeier. 餐饮经营管理. 张俐俐,纪均超等译. 北京:中国旅游出版社,2002.

[49] Jay Kandampully. Dwi Suhartanto. Customer loyalty in the hotel industry:the role of customer satisfaction and image. International Journal of Contemporary Hospotality Management,2000(12):346-351.

[50] Jiri Kaspar. Leisure, Recreation and Tourism in Socialist Countries. International Journal of Tourism Management,1981.

[51] John T Bowen & Shiang-Lih Chen. The relationship between customer loyalty and customer satisfaction. International Journal of Contemporary Hospotality Management,2001(13):213-217.

休闲管理

[52] Johnson M D,Gustafsson A,Andreassen T W,et al. The evolution and future of national customer satisfaction index models. Journal of Economic Psychology,2001, 22(2):217-245.

[53] Johnson M D, Nader G & Fornell C. Expectations, perceived performance, and customer satisfaction for a complex service: The case of bank loans. Journal of Economic Psychology,1996,17(2):163-182.

[54] Josef Pieper. Leisure:the Basis of Culture,Random House,inc. 1963.

[55] Juhl H J,Kristensen K & Ostergaard P. Customer satisfaction in European food retailing. Journal of Retailing and Consumer Services,2002,9(6):327-334.

[56] Kaplan. Leisure in America. New York:John Wiley & Sons,1960.

[57] Kau A K,Wang Siew Hooi. Assessing Quality of Life in Singapore:an Ex-plor-atory Study. Social Indicators Research,1995(35).

[58] Kevin Moore, Grant Cushman & David Simmons. Behavioral Conceptualizationof Tourism and Leisure,Annals of Tourism Research. 1995(22):67-85.

[59] Kinney W C. Simple and Valuable Approach for Measuring Customer Satisfaction. Otolaryngology-Head & Neck Surgery,2005,133(2):169-172.

[60] Klaus Weiermair. Tourists' perceptions towards and satisfaction with service quality in the cros-cultural service encounter: implications for hospotality and tourism management. Managing Service Quality,2000(10):397-409.

[61] Kuhn T. The Structure of Scientific Revolution Chicago:University of Chicago Press, 1970.

[62] Hendry L B,Shucksmith J,et al. Review of Young People's Leisure and Lifestyles. European Journal of Combinatorics. 1995,18(1):123-128.

[63] Lehtinen U & Lehtinen J R. Two approachs to service quality dimensions. Service Industries Journal,1991,11(3):287.

[64] Levi,et al. Population,Environment and Quality of Life,Royal Ministry for Foreign Affair,1987.

[65] Lewis R & Pizam A. The measurement of guest satisfaction. The Practice of Hospotality Management,1982:189-201.

[66] Lynch K. The Image of the City. Boston:MIT Press,1958.

[67] Nancy G McGehee,Kyungmi Kim. Motivation for Agri-Tourism Entrepreneurship. Journal of T ravel Research,2004,43(2):161-170.

[68] Neil K A. Methodologic Issues in Assessing the Quality of Life of Cancer Patients. Cancer,1991,67:844-850.

[69] Nigel Walford. Patterns of Development in Tourist Accommodation Enterprises on Farms in England and Wales. Applied Geography,2001,21:331-345 .

[70] O'Leary S & Deegan J. Ireland's Image as a Tourism Destination in France: Attribute Importance and Performance. Journal of T ravel Research, 2005, 2 (43):247.

[71] Oliver Richard L. Dissatisfaction and complaining behavior. Journal of Consumer Satisfaction,1980(2):1-6.

[72] Oliver R & Desarbo W S. Response determinants in satisfaction judgments. Journal of Consumer Research,1988(14):495.

[73] Olshavsky R W & Miller J A. Consumer expectations, product performance, and perceived product quality. Journal of Marketing Research,1986(9):19.

[74] Oppermann M. Rural tourism in southern Germany. Annals of Tourism Research, 1996,23:86-102.

[75] Parasuraman A. Reflecting on gaining competitive advantage through customer value, Academy of Marketing Science. 1997,25(2):154.

[76] Parasuraman A & Grewal D. The impact of technology on the quality-value-loyalty chain:A research agenda. Academy of Marketing Science,2000,28(1):168.

[77] Per A Ke Nilsson. Staying on Farms—An Ideological Background. Annals of Tourism Research,2002,29(1):7-24.

[78] Pierce R. Dimensions of Leisure III:Characteristics. Journal of Leisure Research,1998 (12).

[79] Randall S. Upchurcha, Kurt Gruberb. The evolution of a sleeping giant: resort timesharing. hospitality Management,2002(21):211-225.

[80] Ransdell L B, Well C L. Physical activity in urban white, African American and Mexican-Americanwomen. M ED. SCI. SPORTSEXERC,1998,30(11):1608-1615.

[81] Raymor L A. Facilitators to Leisure. Journal of Leisure Research,2002,34(1):37-51.

[82] Roger J B. Market-based management: strategies for growing customer value and profitability. Prentice-Hall International,Inc,1997.

[83] Schwarts S H. Universals in the Content and Structure of Values: TheoreticalAdvance and Epirical Tests in 20 Countries, in M. P. Zunna (ed.), Experimental Social Psychology, vol. 25. NY:Academic Press. 1992.

[84] Sinha I & DeSarbo W S. An integrated approach toward the spatial modeling of perceived customer value. Journal of Marketing Research,1998,35(2):236.

[85] Smith L J. Dictionary of Concepts in Recreation and Leisure Studies. Greenwood Press,1990.

[86] Stansfield and Rickert J E. The Recreational Business District. Journal of Leisure Research. .

[87] Stephen L J Smith,Geoffrey C. Godbey, Annals of Tourism Research,1991,18(1): 85-100.

[88] Sternfeld B, Ainsworth B E & Quesenberry C P. Physical Activity Patterns in aDiverse Population of Women. Preventive Medicine,1999,28:313-323.

[89] Swain M. Gender in Tourism. Annals of Tourism Research,1995(22):247-266.

[90] Taylor Y. The Recreational Business District:A Component of the East London Urban Morphology. South African Geographer,1991(5):23-25.

休
闲
管
理

[91] Vavra T G. Improving Your Measurement of Customer Satisfaction. ASQ Quality Press,Milwaukee,Wisconsin,1997:(4).

[92] Rostow W W. Politics and the stages of Growth,Cambridge,1971.

[93] [美]艾略特·艾登伯格著.4R营销:颠覆4P的营销新论.文武等译.北京:企业管理出版社,2003.

[94] 保继刚,古诗韵.城市RBD初步研究.规划师,1998(4):59—64.

[95] [美]保罗·彼得,杰里·C.奥尔森著.消费者行为与营销战略(第四版).韩德昌主译.大连:东北财经大学出版社,2000.

[96] 保罗·朗格让.终身教育论.北京:华夏出版社,1989.

[97] 毕爱萍.闲暇的特点、意义与质量分析.浙江师范大学学报,1996(4).

[98] 郧绍倩,张相国.当前我国休闲渔业的发展状况及其战略研究.上海水产大学学报,2003,12(3):278—281.

[99] 查奇芬,徐文松.江苏省城市居民生活质量的综合评价研究.江苏大学学报(社会科学版),2003,5(4):106—109.

[100] 柴寿升,张佳佳.美、日休闲渔业的发展模式对我国休闲渔业发展的启示.中国海洋大学学报.2007,1:27—31.

[101] 柴彦威.城市空间.北京:科学出版社,2000.

[102] 陈刚,陈卫忠.对美国渔业管理模式的初步探讨.上海水产大学学报,2002(3):237—241.

[103] 陈露.茶艺馆的文化营销.中国食品,2005(20).

[104] 陈鲁直.民闲论.北京:中国经济出版社,2005.

[105] 陈鸥.我国休闲渔业的发展现状及其对策.内陆水产,2007(8):4—6.

[106] 陈苹苹.美国国家公园的经验及其启示.合肥学院学报(自然科学版),2004(2).

[107] 陈世平,乐国安.城市居民生活满意度及其影响因素研究.心理科学,2001,24(6):664—666.

[108] 陈义平.关于生活质量评估的再思考.社会科学研究,1999(1):84—87.

[109] 陈钰芬.我国城镇居民生活质量的评估方法.数理统计与管理,2006,25(2):178—185.

[110] 陈昭郎.台湾休闲农业发展策略.郑健雄,郭焕成.2004海峡两岸休闲农业与观光旅游学术研讨会,中国台湾,2004.

[111] 陈正伟.居民休闲方式统计分析.改革,2002(5):111—117.

[112] 陈祝平.服务市场营销.大连:东北财经大学出版社,2001.

[113] 成升魁,徐增让,李琛等.休闲农业研究进展及其若干理论问题.旅游学刊,2005,5(20):26—30.

[114] 程道品.高尔夫休闲文化探析.广西民族学院学报(哲学社会科学版),2005(6):110.

[115] 程叙,雷炎炎,杨晓霞等.休闲农业用地浅议.安徽农业科学,2006,34(13):3217—3218.

[116] 程爵浩,高欣.全球邮轮旅游市场发展研究.世界海运,2004,27(4).

[117] 戴美琪,游碧竹.国内休闲农业旅游发展研究.湘潭大学学报(哲学社会科学版),

2006,30(7):144—148.

[118] 邓伟志.生活的觉醒——漫话生活方式.上海:上海人民出版社,1985.

[119] 董观志,李立志.城市 RBD 的成长机制与产业结构演变研究——以深圳华侨城为例.规划师,2006(3).

[120] 樊邦勇.产权酒店产业发展现状分析.特区经济,2005(4).

[121] 范剑平.中国城乡居民消费结构的变化趋势.北京:人民出版社,2001.

[122] 方远平,朱杏平.基于消费者行为视角的城市游憩商业区功能分析——以广州市北京路步行街为例.经济问题探索,2007(10).

[123] [美]菲利普·科特勒著.市场营销导论.梅汝和等译.北京:中国人民大学出版社,2001.

[124] 丰广.假日经济模型分析及其开发利用对策.中国地质大学学报,2003(6):43—46.

[125] 风笑天,易松国.城市居民家庭生活质量:指标及其结构.社会学研究,2000(4):107—119.

[126] 风笑天,赵延东.当前我国城市居民的闲暇生活质量——对武汉市 1008 户居民家庭的调查分析.社会科学研究,1997(5):91—98.

[127] 冯立天.中国人口生活质量研究.北京:北京经济学院出版社,1992.

[128] 高弘,高伶弘,高俐弘.我国各地区居民生活质量评价初探.生产力研究,2006(9):119—120.

[129] 高舜礼.现代化城市需要中央休闲区.中国旅游报,2015-01-07.

[130] 勾维民.休闲渔业特征、发展动因、开发优势和产品设计.沈阳农业大学学报,2006,8(2):196—198.

[131] 谷惠敏.旅游市场营销.北京:旅游教育出版社,2002.

[132] 关丽萍,何瑛.乌鲁木齐市居民休闲活动特征研究.新疆师范大学学报(自然科学版),2005,24(3):244—246.

[133] 关丽萍等.中国休闲产业发展的趋势及对策.新疆师范大学学报(自然科学版),2004(6):64—68.

[134] 官卫华,姚士谋.国外国家公园发展经验及其对我国国家风景名胜区实践创新的启示.江苏城市规划,2007(2).

[135] 官秀玲.中国香港郊野公园管理及对大陆的启示.林业经济,2007(7):66—68.

[136] 桂雅文.爱上博物馆.桂林:广西师范大学出版社,2003:24—25.

[137] 郭焕成,刘盛和.观光休闲农业与农业生态旅游.郑健雄,郭焕成.2004 海峡两岸休闲农业与观光旅游学术研讨会.中国台湾,2004.

[138] 郭焕成,任国柱.我国休闲农业发展现状与对策研究.北京第二外国语学院学报,2007(1):66—71.

[139] 郭晋杰.可持续旅游发展分析与战略研究.中国可持续发展,2004,24(5):33—35.

[140] 郭景萍.中国社会闲暇生活方式解析.嘉兴大学学报(哲学社会科学),2003,21(1):99—103.

[141] 郭鲁芳.中国休闲研究综述.商业经济与管理,2005(3):76—79.

[142] 国家统计局小康课题组.中国小康标准.北京:中国统计出版社,2001.

[143] 韩海荣.森林资源与环境导论.北京:中国林业出版社,2002.

[144] 韩淑丽,刘燕喃.关于提高大连市居民生活质量的思考.财经问题研究,1998(9):77—79.

[145] [美]亨利·阿塞尔著.消费者行为和营销策略(第六版).韩德昌等译.北京:机械工业出版社,2000.

[146] 侯国林等.城市商业游憩区旅游开发的原则与产品体系.城市问题,2001(1):18—21.

[147] 侯水平主编.四川蓝皮书:四川文化发展报告(2007).北京:社会科学文献出版社,2008.

[148] 胡怀亮.构建社会主义和谐社会的休闲文化.大连干部学刊,2006,12(22):4—5.

[149] 胡卫华,王庆.深圳郊野公园的旅游开发与管理对策.现代城市研究,2004,19(11):58—63.

[150] 胡卫华."农家乐"旅游开发探析.城乡建设,2002(8):62—63.

[151] 胡志坚,李永威,马惠娣.我国公众闲暇时间文化生活研究.清华大学学报(哲学社会科学版),2003,18(6):53—58.

[152] 黄瑞.日本海洋渔业资源管理现状.现代渔业信息,2001(1):11—15.

[153] 黄亚钧等.微观经济学教程.上海:复旦大学出版社,1995.

[154] 黄勇,吴晓波.浙江省服务业企业商业模式创新案例.杭州:浙江大学出版社,2011.

[155] 黄震方,侯国林.大城市商业游憩区形成机制研究.地理学与国土研究,2001(4):44—47.

[156] 江流水.从茶馆到茶艺馆.体育文史,2001(2):1.

[157] 江荣吉.入世后两岸农业的合作.台湾农业探索,2003(1).

[158] 江荣吉.休闲农渔业经营企划与策略.贺东升,刘军萍.观光农业发展的理论与实践.北京:中国农业科学技术出版社,2001.

[159] 将青.城镇居民生活质量及其影响因素.财经科学,2004(1):118—121.

[160] [美]杰弗瑞·戈比.21世纪的休闲与休闲服务.昆明:云南人民出版社,2000.

[161] 金光得.现代休闲论.沈阳:白山出版社,1995.

[162] 卡拉·亨德森等.女性休闲——女性主义视角.昆明:云南人民出版社,2000.

[163] 康进.医疗服务体系顾客满意度测评体系研究.浙江大学硕士学位论文,2004.

[164] 李光,任定成.交叉科学导论.武汉:湖北人民出版社,1989.

[165] 李萌.休闲产业助推城市功能转型提升.中国旅游报,2014-7-16(11).

[166] 李向.杭州市居民余暇体育消费水平的调查研究.浙江体育科学,2002,24(6):7—9.

[167] 李小建,乔家君.居民对生活质量评估与区域经济发展的定量分析.地理科学进展,2002,21(5):484—490.

[168] 李新家.论评价生活质量的指标和影响生活质量的因素.湘潭大学学报(哲学社会科学版),1995(5):52—55.

[169] 李学东.西南地区观光农业发展与经营特点初探:以成都市龙泉驿区"农家乐"为例.经济地理,2001(5):367—370.

[170] 李彦和.共建生态环境,提高居民生活质量.消费经济,2001(3):19—21.

[171] 李益.近年来学术界关于休闲问题的研究综述.广西社会科学,2003(1):169—171.

[172] 李仲广,卢昌崇.基础休闲学.北京:社会科学文献出版社,2004.

[173] 李舟.体验经济时代休闲农业旅游的发展策略.新疆农垦经济,2004(3):18—20.

[174] 梁新阳.新昌:发展休闲农业大有可为.政策望,2006:44—45.

[175] 梁彦明.基于旅游者体验的旅游产品设计.江苏商论,2005(5):73.

[176] 廖朝霞,刘明丽.我国老年旅游市场特征及发展趋势观察.中国旅游报,2011-03-18.

[177] 林法玲.关于发展福建海洋休闲渔业的探讨.现代渔业信息,2003(3).

[178] 林新媚.青年群体休闲文化的价值及其构件.湖南文理学院学报,2007,3(27):112—113.

[179] 刘春香.发展观光休闲农业实现农业可持续发展.生态经济,2006(2):97—98.

[180] 刘菲.旅游饭店新业务——分时度假交换系统.北京商学院学报,2000(4):56—59.

[181] 刘俊,马风华,苗学玲.基于期望差异模型的RBD顾客满意度研究——以广州市北京路步行商业区为例.旅游学刊,2004(5).

[182] 刘清荣.乡村茶文化旅游发展谫论.农业考古,2005(5):173—179.

[183] 刘少和.中国休闲教育发展初探.当代教育论坛,2005:46—47.

[184] 刘水良,吴吉林,徐颂军.广州市北京路步行街旅游形象策划.云南地理环境研究,2005(2).

[185] 刘薇.浅谈城市外围绿化带的规划与用地管理.规划师,2001(2):96—98.

[186] 刘宇.顾客满意度测评.北京:社会科学文献出版社,2003.

[187] 刘煜,张延龙.台湾休闲农业发展及其对大陆的启示.西北农林科技大学学报,2007,7(1):48—51.

[188] 刘志林,柴彦威,龚华.深圳市民休闲时间利用特征研究.人文地理,2000,15(6):73—78.

[189] 柳树芬.天一阁博物馆文化休闲活动研究.绍兴文理学院学报,2001,21(4):114—116.

[190] 楼嘉军.休闲新论.上海:立信会计出版社,2005.

[191] 楼嘉军.休闲初探.桂林旅游高等专科学校学报,2000(2).

[192] 楼嘉军.休闲科学理论发展简析.北京第二外国语学院学报,2001(3):7—13.

[193] 楼嘉军.休闲文化结构及作用浅析.北京第二外国语学院学报,2002,79—84.

[194] 卢福玲,钱文军.南阳市社区居民休闲生活方式的现状和发展.南阳师范学院学报,2005,4(6):65—67.

[195] 卢纹岱.SPSS for Windows统计分析.北京:电子工业出版社,2002.

[196] 卢云亭.论新型交叉产业——观光农业.卢云亭,刘军萍.观光农业,北京:北京出版社,1995.

[197] 陆伟芳.英国近代海滨休闲城市初探.世界历史,2001(6):13—14.

[198] 吕明伟,郭焕成.观光休闲农业园区景观规划设计的理论与实践.郭焕成,郑健雄.海峡两岸观光休闲农业与乡村旅游发展.徐州:中国矿业大学出版社,2004.

[199] 罗萍,殷燕敏,张学军等.国内生活质量指标体系研究现状评析.武汉大学学报:人文社科版,2000(5),645—649.

[200] 骆高远.城市郊野旅游资源的开发与管理——以浙江省金华市为例.经济地理,2006,26(5):25—28.

[201] 马惠娣,刘耳.西方休闲学研究述评.自然辩证法研究,2001(5):45—46.

[202] 马惠娣,张景安.中国公众休闲状况调查.北京:中国经济出版社,2004.

[203] 马惠娣.21世纪与休闲经济、休闲产业、休闲文化.自然辩证法研究,2001,17(1):48—52.

[204] 马惠娣.城市与休闲.中国城市经济,2004(11).

[205] 马惠娣.人类文化思想史上的休闲.自然辩证法研究,2003(1).

[206] 马惠娣.文化精神之域的休闲理论初探.齐鲁学刊,1998(3):90—107.

[207] 马惠娣.西方休闲学研究一瞥——兼及中国休闲学研究的思考.自然辩证法研究,2000(5).

[208] 马惠娣.休闲:人类美丽的精神家园.北京:中国经济出版社,2004.

[209] 马惠娣.走向人文关怀的休闲经济.北京:中国经济出版社,2004.

[210] 马惠娣.实施国民休闲教育规划刻不容缓.中国旅游报,2015-02-16.

[211] 马庆国.管理统计.北京:科学出版社,2002.

[212] 马天芳,谭文秀.广州市女性休闲生活实证分析.职业圈,2007(9).

[213] 马艳霞.以村野文化内涵塑"农家乐"旅游核心:浅析重庆市农家乐旅游开发现状及发展趋势.西南民族大学学报,2003(4):228—232.

[214] [美]曼蒂,奥杜姆.闲暇教育理论与实践.叶京,潘敏译.北京:春秋出版社,1989.

[215] 毛大庆.城市居民生活质量评价理论与方法研究.北京:原子能出版社,2003.

[216] 毛帅,聂锐.浅谈休闲农业游客行为与环境容量的冲突及解决思路.生态经济,2006:197—200.

[217] 毛泽东同志论教育工作.北京:人民教育出版社,1992.

[218] 孟明浩,顾晓艳.近年来国内关于城郊旅游开发研究综述.旅游学刊,2002,17(6):71—75.

[219] [英]默林·斯通(Merlin. Stone),[英]尼尔·伍德科克(Neil. Woodcock).关系营销.上海:上海远东出版社,1998.

[220] 穆广杰.居民生活质量评价指标体系的完善.郑州航空工业管理学院学报(社会科学版),2004,23(6):117—118.

[221] 潘振华:邮轮旅游在中国升温.观察视点,2007-10-16.

[222] 彭念一,李丽.我国居民生活质量评价指标与综合评价研究.湖南大学学报,2003,17(5):21—25.

[223] 钱利安,我国休闲经济兴起的因素分析.商场现代化,2008(1):273—274.

[224] 秦晓林.休闲教育:概念阐述、文化取向及性质深化.四川教育学院院报,2006(23):11—13.

[225] 秦学.城市游憩空间结构系统分析——以宁波市为例.经济地理,2003(2).

[226] 秦学.广州市民休闲生活的调查与研究.消费经济,2005,21(6):72—75.

[227] 丘萍,张鹏,程道品,崔岩.高尔夫休闲层次特征的理论探讨.桂林旅游高等专科学校学报,2006(4):394—398.

[228] 上海市城市社会经济调查队课题组.城市居民生活质量评价指标体系构建.上海统计,2002(12).

[229] 宋瑞.国内外休闲研究扫描——兼谈建立我国休闲学科体系的设想.旅游学刊.2004,19(3):46—54.

[230] 苏平,党宁,吴必虎.北京环城游憩带旅游地类型与空间结构特征.地理研究,2004(5).

[231] 孙林叶,董美珍.国外休闲教育的发展及启示.教育理论与实践,2006,10(26):3—5.

[232] 孙樱,陈田,韩英.北京市区老年人口休闲行为的时空特征初探.地理研究,2001(11).

[233] 谭力.川西平原上一个城市交融的新亮点——成都"农家乐".小城镇建设,2000(2):40—42.

[234] 唐·E.舒尔茨.整合营销传播.北京:中国财政经济出版社,2005.

[235] 唐晓芬.顾客满意度测评.上海:上海科学技术出版社,2001.

[236] 田松青.休闲经济.北京:新华出版社,2005.

[237] 田喜洲.论"农家乐"旅游经济.农村经济,2002(11):61—62.

[238] [美]托玛斯·古德尔著.人类思想史中的休闲.昆明:云南人民出版社,2000.

[239] 汪杨岚.我国居民生活质量的评价.市场论坛,2004(7):34—36.

[240] 王凯,周长城.生活质量研究的新发展:主观指标的构建与运用.国外社会科学,2004(4):38—42.

[241] 王露.博物馆的休闲教育研究.东方博物,2007(1):124—129.

[242] 王琪延,石磊.北京市城市居民休闲状况分析.科学对社会的影响,2004(3):48—50.

[243] 王琪延,张卫红,龚江辉.城市居民的生活时间分配.北京:经济科学出版社,1999.

[244] 王琪延.休闲经济.北京:中国人民大学出版社,2005.

[245] 王书宽,霍瑞红.旅游统计基础.北京:中国经济出版社,2006.

[246] 王婉飞.餐饮消费心理与经营策略.北京:中国发展出版社,2001.

[247] 王婉飞.分时度假研究.北京:经济科学出版社,2005.

[248] 王婉飞.中国旅游业发展及创新研究——以分时度假为突破口.北京:经济科学出版社,2006.

[249] 王婉飞.浙江乡村旅游发展与创新.北京:北京大学出版社,2008.

[250] 王婉飞,铃木.基于顾客满意度的温泉度假区营销力提升研究——以南宁市九曲湾温泉度假村为例.浙江大学硕士学位论文.

[251] 王婉飞,王毅菲,城市游憩商业区(RBD)深度体验研究国家哲学社会科学基金项目"促进旅游业快速健康发展研究"阶段成果(项目编号:05BJY085).

[252] 王婉飞,周丹.城市职业女性参与休闲运动的影响因素实证研究.浙江大学硕士学位论文.

[253] 王威,陈云.欧洲生活质量指标体系及其评价.江苏社会科学,2002.

[254] 王雅林,董鸿扬.构建生活美——中外城市生活方式比较.南京:东南大学出版社,2003.

[255] 王雅林、董鸿扬.闲暇社会学.哈尔滨:黑龙江人民出版社,1992.

[256] 王雅林,徐利亚,刘耳."双休制"对城市在业者休闲生活质量的影响.哈尔滨工业大学学报(社会科学版),2002(6).

[257] 王雅林.城市休闲——上海、天津、哈尔滨城市居民时间分配的考察.北京:社会科学

休闲管理

文献出版社,2003.

[258] 王亚芝,文化,胡艳霞等.北京观光休闲农业发展的现状及思考.农业新技术,2004
(4):1—4.

[259] 王艳平.中国温泉旅游——来自地理学的发现及人文主义的挑战.大连:大连出版
社,2003.

[260] 王迎宾,余存根.舟山市休闲渔业现状及发展探讨.休闲渔业,2008,2:77—78.

[261] 韦林娜,甘永红,陈兴鹏.兰州观光休闲农业发展研究.甘肃农业,2004(11):80—81.

[262] 魏小安.旅游目的地发展实证研究.北京:中国旅游出版社,2002.

[263] 魏小安.中国休闲经济.北京:社会科学文献出版社,2005.

[264] 文崇一.观光游憩与社会文化分析.台北:台湾省发展国民旅游研讨会,1995.

[265] 文启湘.提高居民生活质量的战略思考.消费经济,2001(2):47—49.

[266] 巫宁.旅游电子商业理论与实务.北京:中国旅游出版社,2003:32.

[267] 吴必虎,贾佳.城市滨水区旅游、游憩功能开发研究——以武汉市为例.地理学与国土
研究,2002(5).

[268] 吴必虎,方芳等.上海市民近程出游力与目的地选择评价研究.人文地理,1997,12
(1).

[269] 吴必虎.大城市环城游憩带(ReBAM)研究——以上海市为例.地理科学,2001,21
(4).

[270] 吴维宁,卢卫平.美国国家渔业信息网络建设及其启示.中国水产,2005(6):33—34.

[271] 吴卫东,魏卫.武汉休闲农业发展对策研究.商场现代化,2005(2):139—140.

[272] 吴文智,庄志民.体验经济时代下旅游产品的设计与创新——以古村落旅游产品体验
化开发为例.旅游学刊,2003(6):66—70.

[273] 吴亚初.高尔夫概论.北京:人民体育出版社,2011.

[274] 吴玉韶、党俊武.老龄蓝皮书:中国老龄产业发展报告(2014).北京:社会科学文献出
版社,2014.

[275] 夏海明.舟山市海洋休闲度假旅游形象设计.浙江国际海运职业技术学院学报,2007,
3(1):28—31.

[276] 夏杰,林炳耀.南京居民休闲态势与特征分析.科技与经济,2006(5):41—43.

[277] 夏怡然.女性闲暇生活状况——以福建省为例.南京人口管理干部学院学报,2004,20
(1):28—33.

[278] 肖胜和.浅论郊野旅游开发.桂林旅游高等专科学校校报,1999,10(3):44—46.

[279] 邢占军.心理体验与幸福指数.人民论坛,2005(1):31—33.

[280] 徐明宏.休闲城市.南京:东南大学出版社,2004.

[281] 徐茜.杭州休闲产业链的整合研究.经济论坛,2008(3):36—37.

[282] 许峰.休闲产业发展初步探析.中国软科学,2001(6):112—115.

[283] 阎水玉等.泰晤士河在伦敦城市规划中的功能定位、保证措施及其特征的分析.国外
城市规划,1999(1):34—36.

[284] 杨国良.城市居民休闲行为特征研究——以成都市为例.旅游学刊,2002(2).

[285] 杨瑞霞.国有农场旅游开发思路与产品设计.商业时代,2006(14):84—86.

[286] 叶南客.都市社会的微观再造——中外城市社区比较新论.南京:东南大学出版社,2003.

[287] 叶文等.城市休闲旅游.天津:南开大学出版社,2006:22—25.

[288] 易松国.生活质量研究进展综述.深圳大学学报(人文社会科学版),1998,15(1):105—111.

[289] 殷燕敏,潘艳艳,胡实盼.西部城市居民主观生活质量比较研究——以昆明、兰州为例.武汉大学学报(哲学社会科学版),2006,59(2):271—275.

[290] 于光远,马惠娣.休闲,游戏,麻将.北京:文化艺术出版社,2006.

[291] 于光远.论普遍有闲的社会.北京:中国经济出版社,2005.

[292] 于光远.漫谈竞赛论.北京:国际文化出版社,1995.

[293] 于玲.城市居民生活质量统计初探.现代财经,1998(5):47—49.

[294] 俞来雷."休闲城市"研究.武汉大学硕士学位论文,2005.

[295] 俞晟.城市旅游与城市游憩学.上海:华东师范大学出版社,2003.

[296] 俞晟,何善波.城市游憩商业区(RBD)布局研究.人文地理,2003,18(4).

[297] 俞斯佳,孙姗.从头认识邮轮经济·上海城市规划,2005(2):30—31.

[298] 原梅生,郭梅军,张艳辉.休闲经济与休闲产业.山西财经大学学报,2001(5):35—37.

[299] 袁定明.我国休闲农业现状及发展对策分析.农村经济.2006:53—56.

[300] 袁燕才,杨贤智.台湾休闲农业的崛起及其对我省的启示.广东农业科学,1994(1):1—3.

[301] 约翰·凯利.走向自由——休闲社会学新论.赵冉译.昆明:云南人民出版社,2000.

[302] 丘俊芳.浅谈我国老年休闲市场的开发.成人高教学刊,2005(1):30—33.

[303] 张建国,俞益武,朱志良等.浙江休闲观光农业现状评析与发展对策.浙江林学院学报,2006,23(5):581—587.

[304] 张蕾,郭娜.中部地区城市居民生活质量的现状与评价——郑州、武汉和长沙主观生活质量比较研究.武汉大学学报(哲学社会科学版),2006,59(2):265—270.

[305] 张莉.关于我国城市居民休闲消费的调查分析——以江苏无锡市居民为例.经济纵横,2002(11):20—23.

[306] 张琴.上海女性白领休闲行为研究.上海师范大学,2011.

[307] 张顺,李东来.论城市游憩业空间分布特征与分级关系.吉林师范大学学报,2006(3).

[308] 章海荣."FLOW(畅)"阐释与"游"比较——休闲美感初探.青海师范大学学报(哲学社会科学版),2004(2):108—111.

[309] 赵琳琳.休闲、游憩、旅游辨析.中国科技信息.2007,20:169—171.

[310] 赵龙.大学生运动休闲阻碍因素的分析.四川大学硕士学位论文,2003.

[311] 赵彦云,李静萍.中国生活质量评价、分析和预测.管理世界,2000(3):32—40.

[312] 甄明霞.步行街:欧美如何做.城市问题,2001(1):12—15.

[313] 郑健雄.观光休闲农业与乡村旅游之定位策略.郭焕成,郑健雄.海峡两岸观光休闲农业与乡村旅游发展.徐州:中国矿业大学出版社,2004.

[314] 郑健雄.两岸观光休闲农业与乡村旅游发展模式之比较.郑健雄,郭焕成.2004海峡两岸休闲农业与观光旅游学术研讨会.中国台湾,2004.

休闲管理

［315］郑时龄.创建充满城市精神的步行街.建筑学报,2001(6):35—39.

［316］郑欣淼.社会主义文化新论.北京:中国青年出版社,1996.

［317］郑向敏,宋伟.运动休闲的概念阐述与理解.北京体育大学学报,2008(3):316—317.

［318］郑怡清,朱立新.上海市民休闲行为研究.旅游科学,2006,20(2):60—64.

［319］郑雨尧,娄钰华,陈国定.休闲农业发展的实证研究——以浙江绍兴县为例.农业经济,2006(6):31—33.

［320］中国统计年鉴编委会.中国统计年鉴2001.北京:中国统计出版社,2002.

［321］周长城,蔡静诚.生活质量主观指标的发展及其研究.武汉大学学报(哲学社会科学版),2004(5):584—585.

［322］周长城,任娜.经济发展与主观生活质量——以北京、上海、广州为例.武汉大学学报(哲学社会科学版),2006,59(2):259—264.

［323］周长城.全面小康:生活质量与测量——国际视野下的生活质量指标体系.北京:社会科学文献出版社,2003.

［324］周长城等.中国生活质量:现状与评价.北京:社会科学文献出版社,2003.

［325］周长城等.社会发展与生活质量.北京:社会科学文献出版社,2001.

［326］周年兴,黄震方.国家公园运动的教训、趋势及其启示.山地学报,2006,24(6).

［327］周庭锐.顾客价值管理与顾客忠诚度的建立.电子化企业:经理人报告.2000:21—29.

［328］朱明,程勤阳.日本的都市农业与休闲农业.农村实用工程技术温室园艺,2004(9):16—18.

［329］朱庆芳,吴寒光.社会指标体系.北京:中国社会科学文献出版社,2001.

［330］朱跃东.温泉旅游休闲度假旅游之新宠——论温泉主题度假酒店的开发建设与经营管理.中国旅游报,2005-02-16.

［331］邹统钎.基于生态链的休闲农业发展模式——北京蟹岛度假村的旅游循环经济研究.北京第二外国语学院学报,2005(1):64—69.

［332］邹益民,吴雪飞.饭店企业CSI测评体系的理论与方法初探.商业研究,2003(18):138—140.